Katharina Ceming, Jürgen Werlitz
Die verbotenen Evangelien

Zu diesem Buch

Wenn wir das Neue Testament aufschlagen, finden wir dort die Evangelien von Lukas, Markus, Matthäus und Johannes. Doch es gibt noch weitere Überlieferungen, die von den Ereignissen um Jesu berichten. Warum aber wurden nur einige Evangelien in die Bibel aufgenommen, also kanonisiert? Warum sonderte die Kirche andere Evangelien aus und verbot ihren Gebrauch in den Gemeinden? Die Theologen Katharina Ceming und Jürgen Werlitz gehen diesen Fragen nach und erklären die Geschichte der Kanonisierung ebenso wie die Entstehung der kanonischen Evangelien. Ihr Hauptaugenmerk gilt aber den apokryphen Schriften, die hier in einer modernen Übersetzung vorliegen und jeweils mit einer geschichtlich fundierten Einleitung versehen sind. Ein spannendes Stück Urchristentum, das ein faszinierendes Licht auf die Gestalt Jesu und sein Umfeld wirft.

Katharina Ceming, promovierte Philosophin und habilitierte Theologin, arbeitet derzeit als wissenschaftliche Mitarbeiterin am Lehrstuhl für Fundamentaltheologie an der Universität Augsburg.

Jürgen Werlitz ist habilitierter Theologe und seit Januar 2005 außerplanmäßiger Professor für Alttestamentliche Exegese an der Universität Augsburg. Zudem lehrt er seit 2005 als Gastprofessor an der Philosophisch-Theologischen Hochschule in Benediktbeuern Altes Testament. Freiberuflich ist er als Buchautor, Dozent und Vortragsredner tätig.

Katharina Ceming
Jürgen Werlitz

Die verbotenen Evangelien

Apokryphe Schriften

Piper München Zürich

Teil A: Bearbeitung von Katharina Ceming
Teil B: Einführung und Kommentar von Jürgen Werlitz und Katharina Ceming;
Neuübersetzung der Evangelientexte von Jürgen Werlitz

Mix
Produktgruppe aus vorbildlich bewirtschafteten
Wäldern und anderen kontrollierten Herkünften
www.fsc.org Zert.-Nr. GFA-COC-1223
© 1996 Forest Stewardship Council

Ungekürzte Taschenbuchausgabe
Piper Verlag GmbH, München
September 2007
© 2004 Marix Verlag GmbH, Wiesbaden
Umschlag: Büro Hamburg, Heike Dehning, Stefanie Levers
Bildredaktion: Alke Bücking, Charlotte Wippermann, Daniel Barthmann
Umschlagfoto: The Bridgeman Art Library, Berlin; Dorling Kindersley / Getty Images
Autorenfotos: privat
Satz: GGP Media GmbH, Pößneck
Papier: Munken Print von Arctic Paper Munkedals AB, Schweden
Druck und Bindung: Clausen & Bosse, Leck
Printed in Germany   ISBN 978-3-492-25027-6

www.piper.de

Vorwort zur Neuausgabe der Verbotenen Evangelien

Daß unsere Auswahl apokrypher Evangelien fünf Jahre nach der Erstveröffentlichung im Pattloch-Verlag eine Neuausgabe erfährt, freut uns sehr, zumal wir als Wissenschaftler mit unseren Fachwerken in ganz anderen zeitlichen Dimensionen beim Ausverkauf verschwindend kleiner Auflagen zu rechnen gewöhnt sind, und zeigt, welch großes Interesse an dieser Art frühchristlicher Literatur in breiten Leserschichten besteht. Bei dem einen oder anderen Leser mag dieses Interesse mit einer Affinität zu Verborgenem und Verbotenem schlechthin, zu esoterischem Wissen gepaart sein, mit der Erwartung auch, in diesen Texten ein anderes, vielleicht wahreres Bild vom historischen Jesus zu erhalten. Das ist durchaus legitim, aber nicht der einzige Grund für das aktuelle Interesse an den Apokryphen. Auch in der Bibelwissenschaft treten diese Schriften gegenwärtig aus dem Schatten einer lange Zeit stiefmütterlichen Beachtung und Pflege. Vor allem im Blick auf die hoch aktuelle leserorientierte, kanonisch-intertextuelle Lektüre der Schrift (Georg Steins), die „Biblische Auslegung" im Sinne Christoph Dohmens, gewinnen die Apokryphen derzeit entscheidend an Bedeutung. Die jüngst an der Katholisch-Theologischen Fakultät der Universität Regensburg im Fach Neues Testament eingereichte Habilitationsschrift von Tobias Nicklas beschäftigt sich unter dem Titel „Christliche Apokryphen lesen: Definition – hermeneutisches und methodisches Programm. Mit einer Interpretation des ‚unbekannten Evangeliums‘ auf P. Egerton 2" genau mit diesem Ansatz. Um so mehr freut es uns, dass unser an ein breiteres Publikum gerichtetes Werk selbst in der „hohen" Wissenschaft rezipiert wird, so z. B. in dem Lehrbuch „Apokryphe Evangelien. Eine Einführung" von Hans-Josef Klauck (Stuttgart: Katholisches Bibelwerk 2002).

Doch – es ist fast schon eine Binsenwahrheit – mit der Wissenschaft allein werden in der Regel nur wenige Bücher verkauft. Der Erfolg unseres Buches, der sich in der Neuausgabe zeigt, steht auch und vor allem auf anderen Füßen. So gilt unser Dank primär den Käufern und (hoffentlich immer auch) Lesern unseres Buches. Wie uns die zahlreichen positiven Rückmeldungen bestätigen, ist uns der Versuch, das Thema Apokryphe Evangelien wissenschaftlich fundiert, aber dennoch allgemein verständlich zu präsentieren – aus unserer Sicht formuliert –, ein wenig aus dem Elfenbeinturm der Wissenschaft herauszutreten, offenbar nicht gänzlich mißlungen.

Herzlicher Dank gilt aber auch Frau Miriam Zöller, die als Geschäftsführerin des Marix-Verlags die Neuausgabe gewagt und uns jederzeit zuvorkommend mit allumfassender Kompetenz von Vertrags- bis hin zu Layout-Fragen unterstützt hat. Eine Neubearbeitung oder Ergänzung des Werkes lag dabei nicht im Interesse aller Beteiligten. Als Auswahl sind die „Verbotenen Evangelien" ein unseres Erachtens nach wie vor stimmiges und rundes Werk, eine Durchsicht des Textes hielten wir für hinreichend.

Nachdem wir im Rahmen dieses Vorwortes zur Neuausgabe nun erstmals die Möglichkeit haben, uns auch persönlich zu unserem Werk zu äußern, wollen wir auch eine Zueignung aussprechen und widmen dieses Buch unseren Studierenden in Augsburg, Eichstätt, Paderborn und Regensburg, unseren Hörern, von deren Zuhören, Fragen und Mitarbeit in Vorlesungen, Seminaren, Übungen und Kolloquien wir immer wieder profitieren.

Katharina Ceming und Jürgen Werlitz

INHALTSVERZEICHNIS

TEIL A

1. Einleitung   7
Der Fund von Nag Hammadi   7

2. Die kanonischen Evangelien   11

Begriffserläuterung   11
Entstehung der kanonischen Evangelien   13
Die Spruchquelle   15
Die Synoptiker und Johannes   17
  Markus   17
  Matthäus   19
  Lukas   22
  Johannes   24

3. Geschichte der Kanonisierung   29

Gründe für die Kanonisierung   29
Zur Abwehr marcionitischer, montanistischer und gnostischer
  Interpretationen der Tradition durch die Großkirche   31
  Marcionismus   31
  Montanismus   33
  Gnosis   34
Die Bezeichnung der neutestamentlichen Schriften im
  frühen Christentum   38
Die Kanonbildung in den ersten drei Jahrhunderten   39

Kriterien für die Kanonisierung 44

Der Kanon des Alten Testaments im Judentum und Christentum 47

4. Die Apokryphen 51

Begriffserläuterung und Entwicklung 51

Die literarischen Gattungen der Apokryphen 53

Die Quellen apokryphen Schriftgutes 54

Die Geschichte der Apokryphenforschung 56

Verschiedene Arten apokrypher Evangelien 57

Motive für die Entstehung der Apokryphen 59

5. Weiterentwicklung apokrypher Zeugnisse 63

Zur Wirkungsgeschichte apokrypher Literatur 63

Teil B

Das Protevangelium des Jakobus 67

Das Kindheitsevangelium des Thomas 93

Das Ebjonitenevangelium 109

Der Papyrus Egerton 2 114

Das Geheime Markusevangelium 118

Das Thomasevangelium (koptisch) 122

Das Petrusevangelium 151

Das Nikodemusevangelium 162

Literaturhinweise 202

TEIL A

1. EINLEITUNG

DER FUND VON NAG HAMMADI

Ein sensationeller archäologischer Fund Mitte des 20. Jahrhunderts in Ägypten lenkte das Interesse weiter Kreise auf die Schriften des Neuen Testaments. Im Dezember 1945 stießen die Brüder Muhammad und Khalifah Ali, zwei Fellachen, auf einem Friedhof in der Nähe der ägyptischen Stadt Nag Hammadi bei Grabungen auf einen Tonkrug. Hin und her gerissen, ihn zu öffnen oder verschlossen zu halten, entschieden sie sich für das erstere, da ihre Hoffnung auf einen Goldfund größer war als ihre Angst, einen im Krug verschlossenen Geist zu befreien. Es traten weder Gold noch ein Geist ans Tageslicht. Vor ihnen breitete sich der Inhalt einer mehr oder weniger gut erhaltenen koptischen Bibliothek aus. Ohne zu wissen, was es mit diesen Texten auf sich hatte, nahmen sie diese mit nach Hause. Der Weg, den die Schriftstücke aus den Händen ihrer Finder bis zu den Forschern zurücklegten, war mehr als abenteuerlich. Muhammad Ali vertraute die Schriften einem koptischen Priester zur Aufbewahrung an, nachdem er erfahren hatte, daß es sich um christliche Texte handelte. Die Frau des Priesters – in der koptischen Kirche dürfen Priester heiraten – zeigte diese ihrem Bruder bei einem seiner Besuche. Der Bruder, ein Englischlehrer, erkannte ihren Wert sofort und brachte sie einem Freund in Kairo, der sich mit der koptischen Sprache beschäftigte. Dieser stellte Kontakte zum Ministerium für Altertum her, das für die Schriften 250 $ zahlte und sie dem Koptischen Museum übergab. Ein Teil der Texte war wahrscheinlich zuvor von Alis Mutter verbrannt worden, die ihren Wert nicht kannte und diese Schriften für ein ungutes Omen hielt. Den Rest erwarben Nachbarn, die diese wiederum an Händler verkauften. Eine Schriftensammlung gelangte außer Landes. Sie wurde 1952 vom C. G. Jung-Institut in Zürich erworben und trägt nun den Namen Codex Jung. Auch sie wurde schließlich dem Koptischen Museum in Kairo übergeben. Letztendlich wurden die Texte im Jahr 1956 zum ägyptischen Staatseigentum erklärt und dem Koptischen Museum in Kairo zur Veröffentlichung anvertraut, wo sie sich auch heute noch befinden.

Die Erforschung, Auswertung und Veröffentlichung der 52 Abhandlungen in 13 Handschriftensammlungen von Nag Hammadi dauerte einige Jahre, ja Jahrzehnte. Bei dem Fund handelte es sich nicht um Schriftrollen, sondern um Codices, d. h. gebundene Blattsammlungen mit Ledereinbänden. Der Vorteil der Codices gegenüber den Rollen liegt im buchstäblichen Sinne auf der Hand. Die Suche von Textstellen gestaltet sich auf einer mehrere Meter umfassenden Rolle weitaus beschwerlicher als in einem Buch.

Die Bibliothek von Nag Hammadi beinhaltet koptisch verfaßte Texte aus dem 4. Jahrhundert, die Übersetzungen griechischer Schriften des 2. und 3. Jahrhunderts darstellen. Beim Koptischen handelte es sich um die in Ägypten gesprochene Sprache. Es wurde mit griechischen Buchstaben sowie einigen im Griechischen nicht enthaltenen zusätzlichen Zeichen geschrieben. Noch heute wird koptisch von der kleinen christlichen Minderheit Ägyptens gesprochen. Die Texte von Nag Hammadi sind in zwei unterschiedlichen koptischen Dialekten abgefaßt. Der Inhalt der Codices gibt die Lehren und Anschauungen verschiedener gnostischer Schulen – die in Kap. 3 ausführlicher behandelt werden – wieder. Das gnostische Gedankengut ist zum Teil eng mit christlichen, zum Teil mit jüdischen Vorstellungen, verwoben. Fast alle Verfasser dieser Werke waren jedoch Christen. Einige der nicht-christlichen Texte wurden christlich überarbeitet. Bei den Sammlern handelte es sich ausnahmslos um Christen. Man ist sich nicht sicher, ob diese Schriften Teil einer Klosterbibliothek waren, die vor einer Säuberungsaktion der Orthodoxie versteckt wurden, oder ob es sich um die Sammlung eines Privatmannes handelte. Sicher ist jedoch, daß sie zur Bewahrung und nicht zur Vernichtung, in das Tongefäß gegeben wurden. Hätte man sie vernichten wollen, um gnostische Lehren zu beseitigen, wäre es leichter gewesen, sie zu verbrennen. Denn Bücherverbrennungen und das Anzünden von Bibliotheken hatten sich schon im Altertum als ein äußerst wirksames Mittel zur Auslöschung gegnerischen Gedankenguts erwiesen.

Was machte den Fund von Nag Hammadi nun so interessant? Er ließ einen ungeheuren Schatz an christlich-gnostischen und rein gnostischen Texten der ersten drei Jahrhunderte zum Vorschein kommen, die eine Richtung des Christentums repräsentierten, die sich von der sich durchsetzenden christlichen Kirche unterschied. Damit ist unter anderem gezeigt, daß die Kirche der ersten Jahrhunderte noch nicht in der Einheitlichkeit existierte, wie es oft vermutet und behauptet wurde. Im Christentum der ersten zwei Jahrhunderte existierten durchaus verschiedene Gruppen und Anschauungen bezüglich der wahren Lehre Christi nebeneinander, von denen noch keine die absolute Macht hatte, den anderen den Rang des Christseins abzusprechen. Die gängige Ansicht von der einen, wahren, rechtgläubigen Kirche, die die Lehre Jesu von Anfang an gegen häretische Gruppen bewahrte, ist eine nachträgliche Zurechtlegung historischer Tatsachen, die so erst möglich wurde, nachdem sich eine Gruppe gegen alle anderen durchgesetzt hatte. Die Ablehnung und Verdammung der Gnostiker als Häretiker durch kirchliche Autoritäten, z. B. Bischöfe, Kirchenväter u.a., hatte ihre Wurzeln sowohl in einem unterschiedlichen Verständnis dessen, wie die Nachfolge Jesu und das Leben der Christen auszusehen hätte, als auch in der häufig unterschiedlichen Ausdrucksweise der gnostischen Schriften selbst. Die gnostischen Christen sahen sich nicht außerhalb der christlichen Tradition, im Gegenteil, oftmals verstanden sie sich als die wahren Christen.

Des weiteren liegt die Bedeutung der Nag Hammadi Handschriften vor allem darin, daß in ihnen Werke überliefert sind, von deren Existenz man bis dato gar nichts wußte oder nur durch einzelne Zitate verschiedener Kirchenväter unterrichtet war. Die durch die Kirchenväter überlieferten Bruchstücke wurden meistens aus rein apologetischem Interesse angeführt, d. h. man zitierte diese Schriften nur, um die darin enthaltenen Lehren anzuprangern oder lächerlich zu machen. Manchmal wurde dabei deren Sinn nicht erkannt und bewußt oder unbewußt verstellt, so daß das aus diesen Schriften rekonstruierte Bild der christlichen Gnosis oft nur ein Zerrbild darstellte.

Worin liegt nun der Unterschied der christlich-gnostischen Schriften zu denen, die uns im Neuen Testament entgegentreten? Die wesentliche Differenz besteht in der jeweiligen Beantwortung der Frage, wie das Heil des Menschen erlangt werden kann. Für die christlichen Gnostiker war nicht der Glaube das ausschlaggebende Instrument, sondern das Wissen. Zu diesem Wissen gehörte in erster Linie die Erkenntnis, was der Mensch in sich und an sich sei. Gefordert war Selbsterkenntnis. Die Aufgabe Christi in seinem irdischen Wirken bestand darin, diese Erkenntnis zu vermitteln und den Menschen zu ihr zu führen. Die Vorstellung der Rechtfertigung und Heilserlangung des Menschen durch den Glauben an Tod und Auferstehung Jesu teilte die Gnosis also nicht. Nicht durch Jesus, sondern durch wahre Selbsterkenntnis, die Jesus vermittelt, konnte das Heil erlangt werden. Durch Unwissenheit entfernte sich die menschliche Seele von ihrem Ursprung, Gott, und verstrickte sich immer mehr im Materiellen bis sie letztendlich in dieser Welt in einem körperlichen Leib geboren wurde. Diese irdische Welt ist wie alles Materielle nicht wahrhaft an sich seiend, sie ist nur Trug und Illusion, die es zu überwinden gilt, um wieder in die lichthafte Welt des Göttlichen aufzusteigen. Die Gnosis rang um eine sinnvolle Erklärung von Leid und menschlichem Leben mit all seinen Schwierigkeiten. Das Geworfensein in eine Welt von Schmerz und Unrecht wurde ihr zum Problem, das nicht durch die Antworten der sich langsam etablierenden Kirche zu befriedigen war.

Daß die Antworten der Gnosis eine nicht zu leugnende Nähe zu den östlichen Religionen aufweisen, wurde schon von verschiedenen Seiten gezeigt. Insbesondere die Betonung der Selbsterkenntnis, und damit einhergehend der Aspekt der Selbsterlösung, lassen die Parallelen deutlich werden. Unklar ist, ob es direkte Einflüsse des Ostens auf die Gnosis gab, denn historisch lassen sich diese nirgendwo bezeugen. Man muß aber festhalten, daß der Austausch zwischen dem Vorderen Orient, Kleinasien und Griechenland auf der einen Seite und Asien auf der anderen Seite auch ohne moderne Kommunikations- und Reisemittel weit ausgeprägter war, als wir uns dies heute vorstellen können. Dennoch scheint es, daß die Ähnlichkeit der Antworten, die die Gnosis und die östlichen Weisheitslehren auf die Fragen nach dem Sinn des menschlichen Daseins gaben und geben, eher in der Universalität des menschlichen Geistes begründet sind als in einer historischen Abhängigkeit.

2. Die kanonischen Evangelien

Begriffserläuterung

Bei dem griechischen Wort „Kanon" handelt es sich um ein Lehnwort aus dem Semitischen. Die ursprüngliche Bedeutung war „Rohr". Man muß sich wohl ein Schilfrohr oder einen Getreidehalm vorstellen. Im weiteren Sinne bedeutete es „Maßrohr", „Maßstab". Gebräuchlich waren im Griechischen die Bedeutungen von „Norm", „Regel", „Vorschrift", aber auch „Liste" und „Verzeichnis". Im 4. Makkabäerbuch heißt es in Kapitel 7,21: „Sollte nicht der, der nach dem ganzen Kanon der Philosophie philosophiert, Gewalt über die Triebe erlangen?" Der Kanon der Philosophie war die Regel, die verbindliche Gültigkeit hatte. Sie galt fast schon wie ein Gesetz. Es handelte sich also nicht mehr um das Maß für räumliches Messen, sondern vor allem um das Maß als Norm des Ethischen. Die Kirche behielt diese Bedeutung bei. Unter Kanon verstand man die verbindliche Glaubensnorm für alle. Man sprach z. B. vom Kanon des Glaubens, dem Kanon der Wahrheit. Daneben wurden aber auch Tabellen etc. als Kanon bzw. Kanones bezeichnet. Ab Mitte des 4. Jahrhunderts hatte der Begriff Kanon in der Kirche jedoch noch eine weitere Bedeutung, die nun für unser Verständnis von Kanon und kanonisch prägend wurde und ist. Unter Kanon verstand man jetzt die Schriften des Alten und Neuen Testaments. Die Bibel war Kanon. Die Geschichte der Kanonisierung der Schriften des Neuen Testaments wird noch in Kap. 3 dargestellt.

Das Wort Evangelium leitet sich vom griechischen „Euangelion" ab und bedeutet so viel wie „Gute Nachricht", „Frohbotschaft", „Heilsbotschaft". Im Evangelium wurde Jesus Christus verkündet. Es beinhaltete die frohe Botschaft von Tod und Auferstehung Jesu. Der Begriff wurde auf Werke übertragen, die zum einen Berichte der Passion und Auferstehung lieferten, und zum anderen auf Sammlungen mit Jesus-Worten, die seine Lehre und Verkündigung wiedergaben.

Es lassen sich aber auch Einflüsse etlicher anderer literarischer Gattungen in den Evangelien nachweisen. Die Sammlungen von Wundergeschichten Jesu haben in der hellenistischen Aretalogie (Darstellung göttlicher Menschen) ihre Vorläufer. Die Spruchsammlungen lassen einen deutlichen Einfluß der jüdischen Weisheitsliteratur erkennen. Kennzeichen dieser Schriften sind ihr Sammelcharakter sowie die stark biographischen Züge, ohne Biographie zu sein. Sie wollen über das Leben Jesu berichten, aber nicht um einen Menschen darzustellen, sondern um zu zeigen, daß dieser Mensch Sohn Gottes ist.

Erwachsen ist die Evangelienliteratur aus dem Interesse der frühchristlichen Gemeinden am Leben und Lehren Jesu. War in den ersten Jahren des Christentums die Überlieferung noch vorwiegend mündlich, so kam die schriftliche Weitergabe schnell hinzu. Neben den alttestamentlichen Schriften, stellten für die Urkirche die mündliche Überlieferung sogenannter Herrenworte Jesu sowie kurze Erzählungen über Jesus die höchste Autorität dar. Maßgeblich für die Verschriftlichung war nicht die Sorge, daß die mündliche Tradition ungenauer sei und das Wesentliche vergessen könnte, sondern der im kulturellen Umfeld verbreitete Gebrauch der Schrift.

Nicht nur die griechische Welt liebte die Schrift. Im Judentum spielte das Buch der Bücher, vor allem die Tora, die fünf Bücher Mose, die zentrale Rolle. In der jüdischen Gemeinde gab es kein männliches Gemeindemitglied, das nicht lesen und schreiben konnte. Daneben war die schriftlich fixierte Botschaft der Lehre Jesu Christi eine Art Verkündigungsersatz bei Abwesenheit des Verkündigers. Man denke nur an die Missionsarbeit des Paulus, der in vielen, weit auseinanderliegenden Gemeinden predigte und diese nur sehr unregelmäßig besuchen konnte. An der in seinen Briefen niedergelegten Verkündigung konnte sich die jeweilige Gemeinde während seiner Abwesenheit orientieren. Die ältesten schriftlichen Dokumente des frühen Christentums stellen somit die Paulus-Briefe dar. Daneben wurden Gemeindeordnungen, Sprüche Jesu, Gleichnisse und Wundergeschichten zusammengestellt und gesammelt. Die mündliche Überlieferung wurde noch einige Zeit gepflegt und hoch geachtet.

Die apostolische Tradition, d. h. die Berufung auf die Autorität eines Apostels, war ein Produkt der nachapostolischen Zeit. Genannt seien hier nur die Petrustradition im westlichen Syrien – auf das aus dieser Tradition stammende apokryphe Petrusevangelium wird noch gesondert eingegangen – die Thomastradition im östlichen Syrien – auch deren Schrifttum wird noch genauer dargestellt – sowie die Johannestradition, die in syrischen Randgebieten zu Hause war, deren Schriften zum Teil kanonisiert wurden, zum Teil nicht. Ferner gab es eine ausgeprägte Tradition der 12 Apostel, die sich in den verschiedenen Apostelgeschichten niederschlug. Im 2. Jahrhundert machten viele gnostische Gruppen ausgiebig Gebrauch vom Namen der Apostel, wenn sie Schriften verfaßten, um diesen damit apostolische Autorität zu verleihen. Nahezu jeder Apostel wurde durch die Apokryphen zum Verfasser einer eigenen Schrift.

Daß es sich dabei aber nicht um einen unüblichen Akt handelte, der unlautere Absichten des eigentlichen Schreibers dokumentierte, zeigt ein Blick in die Geschichte. Wollte man einer Schrift besonderes Gewicht verleihen oder wähnte sich der Verfasser im Einklang mit der Lehre einer berühmten Persönlichkeit, wurde der Name dieser Person als Urheber des Werkes angegeben. Solche Texte finden sich unter anderem auch im neutestamentlichen Kanon, denn einige der Paulus zugeschriebenen Briefe stammen nicht von ihm selbst. Man bezeichnet sie heute als Deuteropaulinen, als zweite Paulusschriften. Dazu rechnet man den Epheserbrief, den Kolosserbrief, den zweiten Thessalonicherbrief. Ähnliches gilt für die Pastoralbriefe, den ersten und zweiten Petrusbrief, den Judasbrief und den Jakobusbrief. Sie alle stammen nicht von den Personen, deren Namen sie tragen.

Aber auch in anderen Bereichen der antiken Literatur findet sich dieses Phänomen. So waren z. B. unzählige philosophische Schriften unter den Namen großer Denker im Umlauf, die diese nie verfaßt hatten.

ENTSTEHUNG DER KANONISCHEN EVANGELIEN

Wie bereits angesprochen, verdanken die kanonischen Evangelien ihre Entstehung dem Interesse einer Gemeinde am Leben und Lehren Jesu. Für gewöhnlich wurde ein Evangelium für eine bestimmte Gemeinde verfaßt. Es handelte sich dabei also um Schriften, die auch auf die Probleme, Fragen und Glaubensvorstellung einer bestimmten Gruppe, nämlich für die sie geschrieben wurden, eingingen. Jedes der kanonischen Evangelien spiegelt einen ganz speziellen sozio-kulturellen Hintergrund wider, der deutlich in der Konzeption und Darstellung des Lebens und Verkündens Jesu zum Tragen kommt. Dabei konnten die Verfasser der Evangelien auf bereits vorhandene Stoffe und Sammlungen zurückgreifen. Wichtig ist hierbei, daß es den Evangelisten nicht um eine möglichst genaue historische Wiedergabe des Lebens Jesu ging, sondern um die Heilsverkündigung Jesu. Die Stärkung und Verbreitung des Glaubens an Jesus Christus war das Ziel und die Absicht dieser Schriften.

Bei der Betrachtung der vier kanonischen Evangelien läßt sich ein großer Unterschied zwischen Markus, Matthäus und Lukas auf der einen Seite und Johannes auf der anderen Seite feststellen. Der Unterschied liegt darin, daß das Johannesevangelium eine eigene Darstellung des Lebens und Wirkens Jesu gibt, die ohne erkennbare Einflüsse der anderen drei Evangelien ist, während die anderen drei Evangelien sehr stark von einander abhängen. Genauer gesagt, Matthäus und Lukas weisen eine deutliche Abhängigkeit von Markus auf. Diese Abhängigkeit und Ähnlichkeit läßt sich sehr leicht zeigen, wenn man die Texte in Spalten angeordnet nebeneinanderstellt und vergleicht. Dabei erhält man eine Zusammenschau der Texte. Der griechische Begriff für Zusammenschau lautet Synopse.

Seit Ende des 18. Jahrhunderts, mit Beginn der kritischen Bibelwissenschaft, werden die ersten drei Evangelien auch als synoptische Evangelien bezeichnet bzw. deren Verfasser als Synoptiker. Beim Vergleich der drei Evangelien hatte man bemerkt, daß der Stoff des Markus auch bei Matthäus und Lukas vorhanden war, und daß Matthäus und Lukas gemeinsame Passagen hatten, vor allem im Bereich der Jesus-Sprüche, die nicht bei Markus zu finden waren. Ferner gab es Stellen bei Matthäus und Lukas, die nur bei diesen beiden vorkamen.

Seit dem Entstehen der kritischen Bibelwissenschaft wurden vier verschiedene Theorien entwickelt, um dieses Phänomen der Abhängigkeit zu erklären. Die erste und älteste ging von einem nicht erhaltenen aramäischen Urevangelium aus, das von den Synoptikern eigenständig übersetzt wurde. Eine Erweiterung dieser These – sie wurde Traditionshypothese genannt – vermutete, daß die Übersetzer den Text bearbeiteten. Sie nahm ein mündliches Evangelium an, das von den einzelnen Evangelisten übersetzt, umgestaltet und schriftlich fixiert wurde. Die dritte Hypothese, die sogenannte Fragmentenhypothese, ging davon aus, daß verschiedenste Einzeltexte bekannt waren und von den Evangelisten gesammelt und eigenständig und damit verschieden angeordnet wurden. Der letzte Erklärungsversuch ging nun einen anderen Weg als die ersten drei. Hier wurde eine direkte Abhängigkeit der Evangelien durch gegenseitige Benutzung untereinander angenommen. Es gab dabei verschiedene Thesen, wer wen zum Vorbild gehabt hatte. Deswegen spricht man hier von der Benutzungshypothese. Aus dieser Hypothese entstand die heute in der Exegese, der Bibelauslegung, anerkannte Zweiquellentheorie. Denn allen zuvor genannten Theorien haftete das Manko an, nicht erklären zu können, weswegen bei Lukas und Matthäus Stoff vorkommt, den beide mehr oder weniger identisch verwenden, den Markus aber nicht kennt.

DIE SPRUCHQUELLE

Die Zweiquellentheorie geht von zwei Quellen für die Entstehung der synoptischen Evangelien aus. Die erste Quelle ist das Markusevangelium, die zweite Quelle stellt eine allein aus den Evangelien des Matthäus und Lukas rekonstruierte Spruchsammlung dar, die in der Forschung Logienquelle genannt und in der Regel mit Q abgekürzt wird. Diese Sammlung wurde beim Vergleich der Synoptiker entdeckt. Bei der Durchsicht von Lukas und Matthäus stellt man nämlich fest, daß nur ein kleiner Teil des Markusstoffes nicht übernommen wurde. Auch in der Reihenfolge der Erzählungen weichen niemals beide gemeinsam von ihrer Vorlage ab. Einer übernimmt immer die markinische Anordnung. Gemeinsam ist Lukas und Matthäus auch, daß sie sachliche und sprachliche Verbesserungen an ihrer Markusvorlage vornahmen. Anhand dieser Punkte erscheint es wahrscheinlich, daß das Markusevangelium das älteste ist, das von den anderen als Vorlage benutzt wurde, die sie jedoch nach eigenen Maßgaben veränderten.

Daneben findet sich ein nicht unerheblicher Teil von Jesus-Sprüchen, die Markus nicht kennt, die Lukas und Matthäus jedoch beide oftmals in Wortlaut und Reihenfolge identisch wiedergeben. Aufgrund dieser Tatsache geht die Exegese von der Vorlage einer schriftlichen Spruchsammlung aus, auf die beide zurückgreifen konnten. Bis heute hat man aber nirgendwo eine solche Sammlung finden können. Seit der Entdeckung der Nag Hammadi Bibliothek mit ihren Schriften, scheint es jedoch gesichert, daß diese Sammlungen existierten. Dem koptischen Thomasevangelium liegt nämlich eine solche Spruchsammlung zugrunde. Die von den Synoptikern verwendete Quelle Q war vermutlich eine griechische Übersetzung des ursprünglich aramäischen Originals. Sie ist sicher älter als das Markusevangelium und enthielt überwiegend Redestoff, aber so gut wie keine Erzählungen, ebenso fehlte die Leidensgeschichte Jesu. Ein weiterer Tatbestand scheint für die Existenz von Q zu sprechen. Es lassen sich sowohl bei Matthäus als auch bei Lukas Doppelüberlieferungen aufweisen. Diese Dubletten bezeichnen Texte, die ein Evangelium zweimal hat. Einmal übernahmen die beiden Synoptiker den Text von Markus, das andere Mal aus einer Quelle, die Markus nicht zur Verfügung stand.

Daneben bleibt ein kleiner Restbestand bei Lukas und Matthäus, der dem jeweiligen Evangelium eigen ist, d. h. er findet sich in keinem anderen Evangelium. Diese Teile bezeichnet man als Sondergut.

Für die Spruchquelle stellt sich nun die Frage: Handelt es sich um eine eigene Gattung oder nur um eine Zusammenstellung von Aussagen Jesu mit kurzen Erzählpassagen? Sollte man sie als Halbevangelium bezeichnen, wie dies einige Exegeten fordern? Betrachtet man den religionsgeschichtlichen Hintergrund, so scheint es doch eher so, daß man von einer eigenen Gattung sprechen kann, denn bereits in der jüdischen Weisheitsliteratur lassen sich solche Sammlungen nachweisen und in der Gnosis erfreuten sich diese großer Beliebtheit. Aus den Nachbildungen bei Lukas und Matthäus – die in Klammern genannten Stellen bei den Synoptikern entsprechen vermutlich der Spruchquelle – läßt sich folgender Inhalt erschließen. Q beginnt mit einer Darstellung der Anfänge Jesu (Lk 3,2–4,13), auf welche die Feldrede (Bergpredigt bei Mt) folgt (Lk 6,20–26). Die Geschichte des heidnischen Hauptmanns von Kaparnaum wird aufgenommen (Lk 7,1–10). Hier zeigt sich bereits die Einbeziehung des Heidentums in das Heilsgeschehen. Es folgen die Täufersprüche (Lk 7,18–30) und Aussagen über die Nachfolge und Sendung (Lk 9,57–10,24); sowie Aussagen über das Beten (Lk 11,2–13) und die Auseinandersetzungen zum Beelzebul-Vorwurf der Juden Jesus gegenüber (Lk 11,14–52) sowie Belehrungen zum rechten Bekennen (Lk 12,2–14), über das Sorgen und Wachen (Lk 12,22–53). Es gibt noch Sprüche und Gleichnisse sowie eine Darstellung der Endereignisse (Lk 17,22–19,27). Innerhalb des Redestoffes läßt sich ein deutliches Gewicht auf den Mahn- und Drohworten feststellen.

Wie bereits angesprochen, dürfte die ursprüngliche Quelle Q aus dem Raum Palästina stammen und um das Jahr 40/50 n. Chr. schriftlich fixiert worden sein. Die Verfolgungen der christlichen Gemeinden durch jüdische Gruppen finden in ihr bereits ihren Niederschlag. Einzelne Teile sind mündliche Tradierungen aus der Zeit Jesu, die durch wandernde Anhänger Jesu sowie durch Gemeinden weitergegeben wurden. Welche Stellung hat nun Jesus in dieser Schrift? Ist er nur Verkündiger des Gottesreiches, ähnlich den Propheten, oder ist er selbst das zu Verkündigende? Jesus ist Repräsentant der göttlichen Weisheit, er verkündigt das Gottesreich, ist aber selbst die Präsenz dieses Reiches. Durch ihn vollzieht sich die Hinwendung Gottes zu den Menschen.

DIE SYNOPTIKER UND JOHANNES

Markus

Das älteste kanonische Evangelium ist also das Markusevangelium. Der Titel „Evangelium nach Markus" ist aber eine spätere Einfügung und stammt nicht vom Verfasser dieser Schrift. Sie wurde zunächst anonym überliefert. Wer war dieser Markus? Bischof Papias von Hierapolis berichtet um 130 n. Chr.: „Markus war Dolmetscher des Petrus und schrieb sorgfältig auf, was er im Gedächtnis behalten hatte, jedoch nicht der Reihe nach, was vom Herrn gesagt oder getan worden war. Denn er selbst hatte den Herrn ja nicht gehört, noch war er ihm nachgefolgt, später aber folgte er dem Petrus..." Auch im 1. Petrusbrief wird Markus als Begleiter des Paulus und Schüler des Petrus genannt. Die Absicht ist deutlich, es soll eine direkte Abhängigkeit zu einem Zeitzeugen und Apostel hergestellt werden.

Bei einer genaueren Analyse des Markusevangeliums muß man jedoch feststellen, daß zu viele Indizien gegen diese These sprechen. Die geographischen

Kenntnisse Palästinas sind bei Markus äußerst mangelhaft, auch sprechen seine Sprache und die theologische Konzeption eher gegen einen Judenchristen als Verfasser. Das Markusevangelium ist wie alle kanonischen Evangelien in Griechisch verfaßt. Der Adressatenkreis entstammt damit eindeutig dem griechisch sprechenden Milieu. Der Großteil seiner Leser waren Heidenchristen, ansonsten hätte Markus nicht jüdische Bräuche und Begriffe erklären müssen. Auch die Einbeziehung der Heiden in die Verkündigung Jesu im Evangelium spiegelt deutlich den heidenchristlichen Hintergrund wider. Daß die Frage nach reinen und unreinen Speisen thematisiert wird, zeigt aber, daß in der Gemeinde auch Judenchristen lebten. Wenn man nach dem Ort der Abfassung des Markusevangeliums fragt, so scheint Syrien am ehesten dafür in Frage zu kommen, denn dort gab es eine Tradition, in der Markus eine anerkannte Autorität darstellte. Nachdem in seinem Werk der Jüdische Krieg, der 69–71 n. Chr. stattfand, und die Tempelzerstörung bereits angedeutet werden, vermutet man die Entstehung seines Evangeliums um das Jahr 70 n. Chr.

Bei der Zusammenstellung seiner Schrift konnte Markus bereits auf ein reichhaltiges Gut an Sammlungen und überlieferten Stoffen zurückgreifen, so z. B. auf einen Passionsbericht, eine Sammlung galiläischer Streitgespräche, eine Gleichnisquelle etc. Auffallend bei Markus ist die relativ große Anzahl von Wunderberichten und Exorzismen, während die Überlieferung von Jesus-Worten eher gering ist. Die von Matthäus und Lukas ausgiebig zitierte Spruchquelle Q kennt Markus nicht. Ebenso fehlt bei Markus eine Kindheitsgeschichte Jesu, wie sie später Matthäus und Lukas ihren Evangelien voranstellten.

Inhaltlich läßt sich das Markusevangelium in drei Hauptteile gliedern. Der erste Teil umfaßt Jesu Wirken innerhalb und außerhalb Galiläas, der zweite seinen Weg zur Passion und der dritte Jesu Aufenthalt in Jerusalem. Die theologische Richtung seiner Schrift ist vom Kreuz und von der Auferstehung her bestimmt. Sie ist ein Ruf an die Gemeinde, bereit zu sein für die Leidensnachfolge Jesu. Diese beiden Ereignisse, nämlich das Kreuz und die Auferstehung, bestimmen vom ersten Moment an sein Evangelium. Jesus ist der Christus, der erhöhte Herr, der Sohn Gottes. Die gesamte Erzählstruktur ist auf die Passion und das Osterereignis in Jerusalem hingerichtet. Jesus weiß, was ihn in Jerusalem erwartet. Dreimal kündigt er im Vorfeld sein Leiden an. Bezeichnend für diese Konzeption ist das Schwanken zwischen dem offenen Hervortreten der Gottessohnschaft und deren Verborgensein. Damit hängt auch das immer wiederkehrende Unverständnis der Jünger gegenüber Jesu Weissagungen und seiner Person zusammen. Sie können und wollen ihren Lehrer nicht verstehen. In diesem Verhalten sind die Jünger eine Negativfolie für das Verhalten der Menschen der Person und Botschaft Jesu gegenüber. Auf der anderen Seite führt Markus die Jünger als die von Jesus in die Nachfolge gerufene und mit seiner Vollmacht ausgestatteten Personen vor. Allgemein spielt der Unglaube bei Markus eine große Rolle. Eng damit verbunden ist die Wunderdichte. Weil die Menschen Jesus nicht glauben, fordern sie Zeichen des Himmels. Markus setzt die Wunder nicht zum Beweis der Göttlichkeit Jesu ein, sondern um die falsche Haltung der Menschen Jesus gegenüber aufzuzeigen. Das Hauptaugenmerk richtet Markus auf die Bewältigung der Gegenwart. Er ist weniger zukunftsorientiert wie die anderen Evangelisten. Von Bedeutung ist auch der ursprüngliche Schluß des Markusevangeliums (Kapitel 16, Vers 8), denn er endet äußerst abrupt. Die weiteren Verse, die die Erscheinung des Auferstandenen beinhalten, sind spätere Anfügungen.

Matthäus

Bis Ende des 18. Jahrhunderts galt das „Evangelium nach Matthäus" als das älteste. Dafür gab es zwei Gründe, die wohl miteinander verbunden waren. In der Reihenfolge des Kanons nahm Matthäus den ersten Platz ein. Der Kirchenvater Augustinus schloß aus dieser Voranstellung, daß Matthäus der älteste Evangelist sei. Genährt wurde diese Ansicht durch eine Aussage des Bischofs Papias zu Beginn des 2. Jahrhunderts, der sagte: „Matthäus hat nun in hebräischer Sprache die Worte zusammengestellt, ein jeder aber übersetzte sie wie es ihm möglich war."

Auch Clemens von Alexandrien überliefert die Meinung, daß Evangelien mit einer Genealogie, d. h. einem Stammbaum, zuerst entstanden seien und bezieht sich dabei auf eine von Priestern überlieferte Tradition. Nahezu zwei Jahrtausende hielt man an dieser Reihenfolge fest. Ein nicht unwesentlicher Grund dafür lag in der außerordentlichen Wertschätzung dieser Schrift innerhalb der

Kirche. Das Matthäusevangelium war das Evangelium schlechthin. Kein anderes wurde so häufig benutzt.

Ähnlich wie das Markusevangelium wurde Matthäus ursprünglich anonym überliefert. Die Überschrift „Evangelium nach Matthäus" ist eine nachträgliche Einfügung. Aber bereits Anfang des 2. Jahrhunderts wird der Jünger Matthäus als Verfasser dieser Schrift genannt. Im Matthäusevangelium läßt sich zwar ein Interesse am Jünger Matthäus erkennen. Der bei Markus als Jünger berufene Zöllner mit Namen Levi, wird im Matthäusevangelium umbenannt. Er heißt nun Matthäus. Diese Umbenennung hatte ihren Grund aber eher darin, daß man den Jüngerkreis auf 12 Personen beschränken wollte. Wenn man jedoch davon ausgeht, daß Matthäus Markus als Vorlage hatte, ist diese Zuschreibung höchst unwahrscheinlich, denn aus welchem Grund hätte ein Augenzeuge einen Nicht-Augenzeugen als Quelle verwenden sollen? Es wird sich auch zeigen, daß einiges der Konzeption und zeitlichen Gegebenheiten, die sich in dieser Schrift widerspiegeln, gegen die Verfasserschaft durch einen Augenzeugen spricht. Man vermutet, daß das Matthäusevangelium in den achtziger bzw. neunziger Jahren des 1. Jahrhunderts entstanden ist, setzt es doch Markus und die Zerstörung des Jerusalemer Tempels voraus. Geschrieben ist es im syrischen Raum, darauf verweisen geographische Vorstellungen im Text. Judäa und Galiläa werden jenseits des Jordans lokalisiert; von Syrien aus betrachtet stimmt dies auch. Ferner wird es 110 n. Chr. von Ignatius aus dem syrischen Antiochia bezeugt. Kontrovers wird die Frage diskutiert, für wen es verfaßt wurde. Bestand die Gemeinde des Matthäus aus Judenchristen oder aus Heidenchristen? War er demgemäß Juden- oder Heidenchrist? Für beide Thesen sprechen gute Gründe. Für den heidenchristlichen Hintergrund lassen sich die Kritik am Gesetz, der Heilsuniversalismus und die Distanz zur Synagoge anführen. Für den judenchristlichen Hintergrund die Sprache, der Aufbau, der häufige Rückgriff auf das Alte Testament und die grundsätzliche Bejahung des Gesetzes trotz seiner Kritik. Wenn man sich die hellenisierten jüdischen Gemeinden in der Diaspora, d. h. außerhalb Palästinas ansieht, so könnte man die matthäische Gemeinde als aus dieser Tradition stammend charakterisieren. Denn das hellenistische Diaspora-Judentum zeichnete sich durch eine größere Offenheit dem Gesetz und fremden Einflüssen gegenüber aus. Die historische Realität der matthäischen Gemeinde bestand im vollzogenen Bruch mit Israel und einer regen Heidenmission. Dennoch ist das Judentum nicht völlig verworfen.

Wesentliche theologische Merkmale bei Matthäus sind der Nachweis der Gottessohnschaft Jesu in Verbindung mit seiner Abstammung von David. Dem dient auch die Vorgeschichte des Evangeliums, die eine Genealogie Jesu bis hin zu David bietet. Sie nimmt auf die im Judentum verbreitete Messiaserwartung Bezug. Jesus ist der Heilsbringer für Israel, da dieses ihn aber ablehnt, wendet sich Gott den Heiden zu. Mit der Fixierung auf das Judentum hängt auch zusammen, daß Jesus niemals mit dem Gesetz in Konflikt gerät, ja dieses durch ein innerliches Verstehen vervollkommnet. Das spannungsvolle Verhältnis zwischen Juden und Heiden durchzieht das gesamte Evangelium. Anders als bei Markus sind die Jünger hier nicht durch ein Nicht-Verstehen-können der Heilsbotschaft Jesu bestimmt. Sie hören die Botschaft und handeln danach. Damit werden sie zu Vorbildern der nachösterlichen Gemeinde. Die Umsetzung der jesuanischen Botschaft im Leben steht für Matthäus im Mittelpunkt.

Das Matthäusevangelium besteht aus vier Teilen, dem Prolog, zwei Hauptteilen und dem Schluß. Der Prolog liefert die Vor- und Kindheitsgeschichte Jesu, die Begegnung mit Johannes dem Täufer, die Taufe und Versuchung Jesu. Dieser Prolog hat bei Markus keine Entsprechung, ebensowenig der ausführliche Schlußteil. Bei Matthäus findet sich zum ersten Mal ein Verweis auf Jesu Geburt. Der erste Hauptteil umfaßt das öffentliche Wirken Jesu in Galiläa mit der Verkündigung der Gottesherrschaft. Der zweite Hauptteil beinhaltet Jesu Weg nach Jerusalem und seine Leidensvoraussage. Im Schlußteil wird die Leidensgeschichte und der Auferstehungsbericht sowie Jesu nachösterliches Erscheinen in Galiläa thematisiert.

Das Besondere bei Matthäus ist sein einheitlicher und geschlossener Stil. Wo ihm seine Markusvorlage zu uneindeutig war, glättet er sie. Die vielen Wundererzählungen des Markus übernimmt er nicht alle, Gemütsbewegungen und anstößige Szenen werden eliminiert. Die einfache Sprache des Markus verbessert er, wo es möglich ist. Auch die Einfügungen der anderen Quellen vollzieht er ohne Brüche. Es entsteht der Eindruck großer räumlicher und örtlicher Geschlossenheit der Erzählung. Matthäus ordnet seinen Stoff thematisch in Gruppen. So finden sich bei ihm die Zusammenziehung der Wunderberichte sowie fünf große Redekompositionen, die als zusammenhängend betrachtet werden müssen, durch ihr gleichförmiges Ende „Und es begab sich, da Jesus vollendet hatte…". All diese Teile fügt er in einen erzählerischen Rahmen. Im Gegensatz zu Lukus und Markus findet sich bei Matthäus jedoch kein ausgeprägtes Interesse an anschaulichen erzählerischen Elementen.

Lukas

Dem Evangelisten Lukas werden zwei kanonische Texte zugeschrieben, einmal das nach ihm benannte Evangelium sowie die Apostelgeschichte, auf die hier nicht eingegangen werden soll. Auch für das Lukasevangelium gilt, was bei den beiden anderen Schriften festgestellt wurde: die Betitelung „Evangelium nach Lukas" stellt eine spätere Einfügung dar. Was es jedoch von den anderen unterscheidet, ist das Vorwort, das den Grund für die Entstehung des Werkes angibt. Lukas möchte die Ereignisse genau darstellen, so daß es Theophilus, dem Adressaten, möglich sein soll, sich ein eigenes Urteil zu bilden. Lukas möchte informieren und Wissen verbreiten, dazu bedient er sich der Mittel der Geschichtsschreibung. Er ist dennoch ein großer Erzähler, der darauf achtet, daß trotz der Informationsvermittlung erzählerische Momente nicht zu kurz kommen. Lukas scheut sich nicht, anders als Matthäus, auch das Gefühl seiner Leser anzusprechen. Er berichtet von Freude und Leid. Wenn die Zuschreibung dieser Schrift an Lukas sekundär ist, stellt sich die Frage, wer verbirgt sich hinter dem Verfasser? Im Canon Muratori, der Ende des 2. Jahrhunderts in Rom entstand und ein Verzeichnis der kanonisierten Schriften enthält, findet sich ein Hinweis auf den möglichen Autor. Es wird ein Lukas genannt, der Arzt und Begleiter des Paulus gewesen sei; dafür würden auch Berichte aus der Apostelgeschichte sprechen. Vergleicht man aber die Wiedergabe der paulinischen Theologie durch Lukas mit der, die Paulus selbst in seinen Briefen überliefert hat, so muß man zugestehen, daß sie sich in einer Weise unterscheidet, die darauf schließen läßt, daß Lukas kein direkter Augenzeuge und Begleiter von Paulus war. Auch die Verweigerung des Titels Apostel für Paulus durch Lukas, obwohl sich Paulus selbst so nannte, spricht gegen eine direkte Bekanntschaft der beiden, ebenso eine zum Teil falsche Darstellung der Paulusreisen. Die zeitliche

Einordnung des Evangeliums erscheint wiederum etwas leichter. Nachdem er den Markus-Text und eine (Matthäus gegenüber) leicht veränderte Spruchquelle Q als Vorlage benutzte, ferner die Zerstörung des Tempels in Jerusalem bereits als geschichtliches Faktum voraussetzt und das Verhältnis zwischen Christentum und Staat noch nicht durch Verfolgungen getrübt war, wie dies dann ab den neunziger Jahren der Fall war, vermutet man dessen Entstehung zwischen 85 und 90 n. Chr. Der Abfassungsort hingegen ist völlig offen, es kann in Rom, aber auch in Syrien oder Kleinasien geschrieben worden sein. Die Zielgruppen waren vorwiegend Heidenchristen wie Lukas selbst. Dafür sprechen sein geringes Interesse am Gesetz, seine zum Teil falschen geographischen Kenntnisse Palästinas, sein gutes Griechisch und die Vermeidung bzw. Übersetzung aramäischer Begriffe.

In der Theologie des Lukasevangeliums spielt die Auseinandersetzung mit der Parusienaherwartung, d. h. dem baldigen Wiederkommen Christi nach seiner Auferstehung, eine große Rolle. In der frühen Gemeinde – die Jesus noch persönlich erlebte – war der Gedanke der baldigen Parusie von äußerster Bedeutung. Doch fast 60 Jahre nach Tod und Auferstehung schwand der Glaube an die bevorstehende Wiederkunft Jesu. Lukas nutzt die zeitliche Spanne, um seine Gemeinde vor der Erschlaffung im Glauben und im ethischen Handeln zu warnen, ohne den Glauben an die Parusie völlig aufzugeben. Daneben spielt die Auseinandersetzung mit Armut und Reichtum eine zentrale Rolle im Evangelium. Nicht umsonst wurde Lukas eine Vorliebe für Randgruppen nachgesagt. Die gesellschaftlich Geächteten genießen bei ihm ein hohes Maß an Sympathie, denn sie sind es, die sich der Heilsbotschaft Jesu öffnen.

In der lukanischen Gemeinde scheint es bereits beachtliche Spannungen zwischen wohlhabenden und armen Mitgliedern gegeben zu haben. Ein ums andere Mal warnt der lukanische Jesus vor Reichtum und Besitz, da diese die Menschen binden und damit die Nachfolge verhindern. Die Feldpredigt ist ein eindrucksvolles Stück zur Verdeutlichung dieser Lehre. Es ist aber nicht der Reichtum an sich, der kritisiert wird, sondern die falsche Haltung des Menschen ihm gegenüber. Ferner spiegelt sich in seinem Evangelium das Verhältnis zwischen dem römischen Staat und den christlichen Gemeinden wider. Es scheint eine Duldung des Christentums gegeben zu haben. Alle römischen und damit staatlichen Instanzen werden von Lukas vom Vorwurf, an Jesu Tod Schuld zu tragen, freigesprochen. Die allein Schuldigen sind die Juden. Auf ihr Betreiben hin wurde Jesus getötet. Die Römer erfüllen den Wunsch der Juden, Jesus zu verurteilen, sehen aber keine Schuld an ihm.

Lukas behält die dreistufige Gliederung seiner Markusvorlage bei, in die er dann seinen restlichen Stoff in zwei Blöcken einordnet. Diese Montage erfolgt nach gestalterischen Regeln, die den einheitlichen Stil des gesamten Werkes sichern sollen. Das besondere des lukanischen Sondergutes, das fast die Hälfte seines Stoffes ausmacht, besteht darin, daß es Überlieferungen enthält, die sich bei keinem anderen Evangelisten finden, so z. B. das Gleichnis vom barmherzigen Samariter, vom verlorenen Sohn, einige Gebete und Hymnen in den Passagen der Ankündigung der Geburt Jesu und Johannes des Täufers. Insbesondere das Kindheitsevangelium, das er verfaßt, enthält sehr viel Sondergut und unterscheidet sich erheblich von der Darstellung bei Matthäus. Inhaltlich gliedert sich seine Schrift in acht Teile. Der erste ist eine kurze Einleitung, in der er den Grund für das Verfassen seines Werkes angibt. Danach kommt die Vorgeschichte mit der Ankündigung der Geburten von Jesus und Johannes und den Geburten selbst. Es folgt die Vorbereitung des Wirkens Jesu. Danach folgen wieder drei größere Blöcke. Der erste beschreibt Jesu Wirken in Galiläa, der zweite seine Reise nach Jerusalem, der dritte sein Wirken dort. Die letzten beiden Teile beinhalten die Passion sowie die Auferstehungserzählungen.

Johannes

Das Johannesevangelium ist nicht nur in der Reihenfolge der kanonischen Evangelien das letzte, es ist wahrscheinlich auch das jüngste – in der Exegese mehren sich die Stimmen derer, die entgegen der bisherigen Praxis, nun das Johannesevangelium für das älteste Evangelium halten – und wurde als letztes kanonisiert. Bereits ein kurzer Blick in diese Schrift zeigt deutliche Differenzen zu den Synoptikern. Doch zunächst einmal stellt sich die Frage: Wer war dieser Johannes, von dem im 21. Kapitel des Evangeliums gesagt wird, er war der „Jünger, den Jesus liebte"? Es ist das einzige Evangelium, das überhaupt einen Hinweis auf seinen Autor gibt. Doch wie bei den Fremdzuschreibungen bestimmter

Personen als Verfasser der synoptischen Evangelien durch die Tradition ist eine gewisse Skepsis bezüglich der Identifizierung des Schreibers des Johannesevangeliums mit dem Herrenjünger Johannes angebracht. Die gesamte Darstellung des Lebens und Lehrens Jesu durch Johannes ist von einer eigenständigen Theologie geprägt, die sich stark von den Synoptikern unterscheidet. Man könnte nun einwenden, daß es sich hier vielleicht um eine ursprüngliche und direkte Wiedergabe der jesuanischen Lehre handeln könnte. Dem ist zu entgegnen, daß der historische Jesus bei Johannes nahezu keine Rolle spielt. Sein Jesus ist der erhöhte, nachösterliche Gottessohn, der in die Welt kam, um die Wahrheit zu verkünden und das Licht zu bringen, aber von dieser Welt nicht erkannt wurde. Das ganze Evangelium verfolgt einen theologischen Aufriß, der an historischen Ereignissen wenig Interesse hat. Nicht das Gottesreich, das durch Jesus verkündigt wird, steht hier im Mittelpunkt, sondern Jesus, der sich selbst verkündigt. Es ist daher anzunehmen, daß diese Schrift nicht von einem Augenzeugen Jesu verfaßt wurde, sondern von einem Menschen, der bereits auf verschiedene Überlieferungstraditionen der Ereignisse von Leben, Leiden und Auferstehung Jesu blicken konnte. In diesem Zusammenhang muß auch erwähnt werden, daß die drei johanneischen Briefe des Neuen Testaments in engem sprachlichen und theologischen Zusammenhang zum Evangelium stehen. Man spricht daher heute von der johanneischen Schule. Einer der wenigen Tatbestände, der in bezug auf das Johannesevangelium als gesichert gelten kann, ist die redaktionelle Überarbeitung und Erweiterung dieser Schrift durch die johanneische Schule. Sowohl Abfassungszeit und Umfang der redaktionellen Überarbeitung des Textes sowie seine Quellen sind in der Exegese heftig umstritten. Einer der Hauptgründe liegt in der Frage, ob das vierte Evangelium gnostisch beeinflußt ist oder nicht, ja ob es nicht sogar eine Abwehr der Gnosis darstellt. Unumstritten ist hingegen, daß es sich in gnostischen Kreisen, so z. B. bei den Manichäern, größter Beliebtheit erfreute. Exegeten, die bei Johannes gnostische Einflüsse sehen, tendieren zu Syrien als Abfassungsort, diejenigen, die kaum oder keine gnostischen Elemente verwendet sehen, verlegen den Abfassungsort nach Kleinasien, genau nach Ephesus, denn für Ephesus läßt sich eine überlieferte altkirchliche Johannestradition nachweisen. Der Legende nach soll der Jünger Johannes in Ephesus begraben sein. Auch wenn er nicht der Verfasser des Evangeliums war, so beruft sich die johanneische Tradition auf ihn. Ferner verweist die Wirkungsgeschichte nach Kleinasien. Man vermutet seine Abfassung zwischen 100 und 110 n. Chr, da das Johannesevangelium, wie die Synoptiker auch, den Untergang des Jerusalemer Tempels voraussetzt, aber bei den christlichen Schriftstellern der ersten Hälfte des 2. Jahrhunderts noch nicht bezeugt ist. Der erste sichere Beleg für die Existenz dieser Schrift datiert aus der zweiten Hälfte des 2. Jahrhunderts.

An wen richtete sich das Johannesevangelium? Die starke Ablehnung des Judentums setzt einen Bruch mit der Synagoge voraus, der von der Zeit der Abfassung schon etwas zurückliegt. Die radikale Ablehnung des jüdischen Gesetzesverständnisses, die Distanz zu jüdischen Bräuchen, aber auch sprachliche Hinweise wie die Übersetzung aramäischer Begriffe, lassen auf eine dem Judentum nicht mehr verhaftete Gemeinde schließen. Die sehr negative Zeichnung der Juden ist jedoch nicht antisemitisch zu interpretieren, sondern theologisch. Das Judentum ist Sinnbild für die Welt, die Jesus ablehnt.

Der Aufbau des Evangeliums folgt nicht dem der Synoptiker. Der Weg Jesu führt nicht von Galiläa nach Jerusalem, wo sich seine Bestimmung erfüllt. Bereits zu Beginn hält sich Jesus zur Tempelreinigung in Jerusalem auf. Sein Aufenthaltsort wechselt ständig zwischen Galiläa und Jerusalem. Auch stirbt Jesus nicht, wie bei den Synoptikern, am Paschafest, sondern am Tag zuvor. Dieser Darstellung liegt eine bestimmte theologische Konzeption zugrunde. Das Gottesreich wird in der Gegenwart Jesu realisiert, es liegt nicht mehr in der Zukunft. Wer Jesus erkennt, erkennt den Vater, daher auch die vielen Selbstaussagen Jesu, „Ich bin die Wahrheit, das Licht, das Brot des Lebens…", die sich in keinem anderen kanonischen Evangelium finden. Das bei Markus aufgewiesene Messiasgeheimnis ist Johannes fremd. Jesus offenbart sich vom ersten Moment an, ohne von der Welt erkannt zu werden. Von Bedeutung bei Johannes ist der Prolog, der sich bei den Synoptikern nicht findet. In ihm wird das Wesentliche seines Evangeliums zusammengefaßt. Dieser Christushymnus hat jedoch innerhalb des Christentums Vorläufer. Die Thematisierung der Schöpfung durch das Wort und die Stellung des Wortes als erstem Ausfluß aus dem Göttlichen läßt sich aber auch außerhalb des Christentums nachweisen. Innerhalb des Vedentums Indiens stellt dies eine vertraute Lehre dar. Aber auch dem chinesischen

Taoismus ist sie zueigen. Damit soll jedoch nicht eine historische Einfluß-
nahme behauptet werden. Es zeigt sich hierin eher eine universelle Konzeption.

Auf den Prolog folgen drei Hauptteile. Der eine beinhaltet die Offenbarung
Jesu in der Öffentlichkeit, der zweite seine Offenbarung vor den Jüngern und
der dritte die Passions- und Auferstehungsgeschichte. Darauf folgt ein Epilog,
d. h. ein Nachwort, an den ein Nachtrag angehängt ist. In diesem wird das Wirken des Auferstandenen geschildert. Für die Nachträglichkeit der Passage sprechen einige Gründe, so z. B. daß bereits Kapitel 20 über einen eigenständigen
Schluß verfügt, Petrus in den ersten 20 Kapiteln nicht herausgehoben wird, im
21. Kapitel jedoch von Jesus in das Hirtenamt eingesetzt wird, ferner wird die
Nachträglichkeit in diesem Kapitel selbst betont. Innerhalb des Johannesevangeliums vermutet man weitere spätere redaktionelle Bearbeitungen. Ein Hinweis darauf scheint die Unordnung in der Reihenfolge einiger Kapitel zu sein,
insbesondere der Kapitel 5 und 6, die wahrscheinlich vertauscht sind. Vom Ab-
lauf der Erzählung her müßten die Ereignisse von Kapitel 6 vor denen von 5
stattgefunden haben. Man vermutet, daß das Johannesevangelium auf lose Blätter geschrieben war, die in Unordnung gerieten und von einem späteren Re-
daktor wieder in eine sinnvolle Reihenfolge gebracht wurden. Dabei unterlief
ihm der Fehler, Kapitel 5 und 6 nicht wieder in die ursprüngliche Anordnung
zu bringen. Eine andere These besagt, daß die Kapitel richtig angeordnet waren, vom Bearbeiter aber umgestellt wurden. Auch Kapitel 15–17 stehen nicht
am richtigen Ort, denn die Forderung Jesu in Kapitel 14 wird erst in 18 erfüllt.
Für die Entstehung des Johannesevangeliums lassen sich drei Entwicklungssta-
dien annehmen. Die Vorlage der Quellen, auf die sich Johannes stützt, die Zusammenstellung und Ausarbeitung dieser durch Johannes sowie die spätere Bearbeitung durch einen oder mehrere Redakteure.

Spricht man von den johanneischen Quellen, so stellt sich auch die Frage
nach der Kenntnis der Synoptiker durch Johannes. Man geht davon aus, daß
Johannes zumindest das Markusevangelium in einer Grundschrift kannte,
vielleicht auch Lukas und Matthäus, ohne diese jedoch als direkte Quellen benutzt zu haben. Johannes schöpfte vermutlich aus einer großen mündlichen
Tradition sowie einigen bereits schriftlich fixierten Quellen. Sicher ist, daß die
johanneische Gemeinde in der Großkirche eine eigene Gruppe darstellte. Die

Selbstaussagen Jesu, die immer mit „Ich bin" beginnen, entstammen einer solchen Sammlung, auch der Passionsbericht des Johannes lag als eigene Tradition bereits vor. Umstritten ist die Existenz einer Zeichenquelle, in der die Wunder Jesu gesammelt worden sein sollen.

Das Johannesevangelium war das Evangelium, gegen das sich am meisten Widerstand bezüglich seiner kanonischen Bedeutung regte. Ein wesentlicher Grund dafür lag in der Beliebtheit dieser Schrift bei den verschiedensten häretischen Gruppierungen. In der Frage der Kanonisierung spielte die Auseinandersetzung zwischen den Montanisten – die in Kapitel 3 ausführlicher behandelt werden – und den Alogern eine erhebliche Rolle. Die Montanisten schätzten dieses Evangelium mehr als die anderen drei, während die Aloger es aufgrund dieser Tatsache ablehnten. Der Begriff Aloger war eine Erfindung des Theologen Epiphanius. Er wählte ihn aus zwei Gründen. Zum einen bezeichnete er damit die ablehnende Haltung dieser Gruppe gegenüber dem im Johannesevangelium verkündigten Logos. A steht im Griechischen oft für die Verneinung; sie waren A-Logiker, gegen den von Johannes verkündeten Logos, also Aloger. Zum anderen bezeichnete er sie als Aloger, weil sie ohne Vernunft seien. Logos kann im Griechischen Vernunft heißen und das A steht wieder für die Verneinung.

Die Kritik der Aloger am Johannesevangelium bestand vor allem in seiner eigenwilligen historischen Darstellung, die keine Übereinstimmung mit den anderen Evangelien aufwies. Ferner behaupteten sie, es würde den Aposteln widersprechen. Die Aloger vertraten die Auffassung, nicht der Herrenbruder Johannes sei der Verfasser dieses Werkes, sondern der Gnostiker Kerinth. Begründet wurde diese Ansicht damit, daß die im Johannesevangelium geschilderte Taufe Jesu die kerinthische Lehre widerspiegele. Nach dieser kam der himmlische Christus erst im Akt der Taufe in Form einer Taube auf den Menschen Jesus nieder. Die Aloger schienen keine Freunde von Geistspekulationen, Prophetien und Schwärmereien gewesen zu sein. Dafür spricht insbesondere ihre Ablehnung des Montanismus und damit verbunden die der Johannesapokalypse. Vielmehr hingen sie einer vernunftorientierten Richtung im Christentum an.

Ein letzter Blick sollte doch noch auf die Frage gerichtet sein, ob es gnostische Elemente in diesem Evangelium gibt oder nicht. Den Einfluß gnostischen

Denkens mit dem Hinweis abzutun, daß das typische Merkmal der Gnosis, die Schöpfung der Welt als Akt eines von Gott abgefallenen, finsteren Wesens, bei Johannes nicht vorkommt, stellt nicht nur eine ungemeine Verkürzung der Gnosis dar, sondern geht auch am Problem vorbei. Von der Wirkungsgeschichte dieser Schrift läßt sich auf jeden Fall sagen, daß sie mit der Gnosis verknüpft ist. Dafür spricht unter anderem die Tatsache, daß sie bei gnostischen Schulen sehr beliebt war. Es kann daher auch nicht verwundern, daß das Johannesevangelium das letzte war, das allgemein anerkannt und in den Kanon aufgenommen wurde. Aber auch im Text selbst lassen sich gnostische Elemente feststellen, so zeichnet gerade der Prolog eine starke Dualität von der Welt als Ort der Finsternis, in der Christus nicht erkannt wird, und dem Ort des Lichtes, aus dem das Wort kommt. Auch die Betonung von Erkenntnis stellt ein Wesensmerkmal der Gnosis dar. Insbesondere die „Ich-Aussagen" Jesu zeigen eine Verwandtschaft zur mandäisch mythologischen Gnosis und zur jüdischen Weisheitsliteratur. Damit soll nun nicht gesagt werden, daß das Johannesevangelium eine rein gnostische Schrift ist, aber gnostische Spekulationen fanden in ihr auf jeden Fall ihren Niederschlag.

3. Geschichte der Kanonisierung

Gründe für die Kanonisierung

Wie kam es nun dazu, daß ausgerechnet die Evangelien des Markus, Matthäus, Lukas und Johannes sowie die Werke der Apostel, d. h. die übrigen Schriften des Neuen Testaments, im Lauf des 2. Jahrhunderts immer mehr Geltung erlangten und schließlich kanonisiert wurden? Dazu ist als erstes zu bemerken, daß es bis Mitte des 2. Jahrhunderts nicht darum ging, einer oder mehreren Schriften absolute Gültigkeit, d. h. normative Kraft zuzuschreiben, sondern es ging um die Überlieferung der Jesustradition. In den ersten Jahrzehnten des

Christentums war die oberste Autorität der Herr, Jesus Christus, und nicht eine Schrift. Wenn eine Schrift neben den Jesus-Worten Autorität besaß, dann das Alte Testament, über dessen Umfang aber auch noch keine endgültige Entscheidung gefallen war. Um die Tradition der Lehre Jesu zu wahren, begann man das Gehörte zu sammeln, zu ordnen und niederzuschreiben. Gründe für die Verschriftlichung wurden schon angesprochen: der im sozio-kulturellen Umfeld verbreitete Schriftgebrauch, sei es im hellenistischen Umfeld oder im Judentum, sowie der Versuch durch Verschriftlichung die Tradition zu wahren, dort wo eine große räumliche Entfernung zwischen dem Verkünder der Lehre und seiner Gemeinde existierte. Aus dieser Situation ging z. B. die Briefliteratur des Neuen Testaments hervor. Dennoch galt die Autorität der Botschaft einer Schrift und nicht ihrer Darstellung. Wäre das erste Evangelium seinem Inhalt nach für unantastbar gehalten worden, dann hätten weder Matthäus noch Lukas ihre Werke verfassen können, da sie Markus nach eigenen Gesichtspunkten umgestalteten. Das Johannesevangelium mit seiner eigenen inhaltlichen und theologischen Konzeption wäre nie geschrieben worden. Was aber unausweichlich mit der Weitergabe dieser Schriften einherging, war eine aus dem Gebrauch und der Überlieferung erwachsende Autorität – insbesondere deshalb, weil man die in diesen Schriften verkündigte Lehre mit Zeitzeugen Jesu in Verbindung brachte. Die den Evangelisten vorliegenden Quellen hatten alle direkten Bezug zur Urgemeinde. Ferner sei noch einmal an den Versuch erinnert, die Evangelisten mit Personen zu identifizieren, die direkten Kontakt zu Jesus oder einem seiner Apostel hatten. Die Bewahrung der authentischen Lehre wurde im Lauf der Jahre und Jahrzehnte immer wichtiger, denn mit dem wachsenden zeitlichen Abstand zu Jesus und seiner Verkündigung und dem Wachsen der Gemeinden, vermehrten sich auch die verschiedensten Interpretationen der jesuanischen Lehre. Damit waren Konflikte innerhalb der Gemeinden und zwischen ihnen vorprogrammiert, denn jede Interpretation trat mit dem Anspruch der Alleingültigkeit auf.

Daß es diese Auseinandersetzungen bereits in der Urkirche gab, bezeugen die Apostelgeschichte und die Paulinischen Briefe. In der wohl für die Entwicklung des Christentums wesentlichsten Frage, ob Heiden, die zum Christentum konvertieren, das jüdische Gesetz und die Beschneidung anerkennen müssen oder nicht, konnte sich die Richtung durchsetzen, die dies für nicht notwendig ansah. Mit dieser Entscheidung, Heiden auch ohne Beschneidung im Christentum aufzunehmen, war der Schritt von einer jüdischen Sekte hin zur Weltreligion getan. Hätte man an der Beschneidung festgehalten, wäre die Missionierung der nicht-jüdischen Welt kaum von Erfolg gekrönt gewesen. Das Christentum wäre, wie viele andere jüdische Splittergruppen, über kurz oder lang vom Erdboden verschwunden. Es hätte vielleicht, ähnlich wie die Essener, durch 2000 Jahre alte Schriftfunde das Interesse von Forschern geweckt, ohne Bedeutung für die heutige Welt. Auseinandersetzungen bei der Suche nach der richtigen und verbindlichen Lehre stellen ein Phänomen dar, das in allen Religionen, die sich auf einen historischen Stifter berufen, zu finden ist. Es sei nur an die Schulstreitereien im frühen Buddhismus erinnert, die die Aufspaltung des Buddhismus in verschiedene Richtungen zur Folge hatte. Oder man denke an die im Islam auftretenden Konflikte, die mit der Nachfolge Mohammeds zusammenhingen und in der Spaltung der Gemeinde in Sunniten und Schiiten endeten. Ob nicht bereits die erste Wiedergabe einer Lehre durch Schüler eine Interpretation des Gesagten darstellt, soll in diesem Zusammenhang nicht weiter erläutert werden.

ZUR ABWEHR MARCIONITISCHER, MONTANISTISCHER UND GNOSTISCHER INTERPRETATIONEN DER TRADITION DURCH DIE GROSSKIRCHE

Marcionismus

Für das Christentum des 2. Jahrhunderts lassen sich viele verschiedene Strömungen feststellen, die als Bedrohung der wahren Tradition empfunden wurden. Eine, die auch solchen Einfluß auf die Ausbildung des Kanons hatte, ist der Marcionismus. Der Gründer dieser Bewegung Marcion wurde um das Jahr 85 n. Chr. als Sohn des Bischofs von Sinope geboren. Ab 139 n. Chr. wirkte er in Rom, wo er seine Lehre verbreitete. Ein wesentliches Element seiner Lehre stellte die Ablehnung des Alten Testaments dar. Im Gott des Alten Testaments sah er den strafenden Gott, der mit dem liebenden Gott der jesuanischen Verkündigung nichts zu tun hatte. In Jesus offenbarte dieser Gott der Liebe sich selbst. Da er in Jesus nur einen Scheinleib annahm, konnte er auch nicht durch die Juden getötet werden.

Die Geringschätzung des Alten Testaments war keine Erfindung Marcions. Seine Lehre beruhte auf einer zu seiner Zeit im Christentum durchaus bekannten Ansicht. Zu seiner Meinung kam Marcion unter anderem durch das ausgiebige Studium der Paulusbriefe, indem er realisierte, daß der von Paulus verkündete Gott doch in einem gewissen Gegensatz zu dem des Alten Testaments stand. Nachdem Marcions Lehre von der römischen Gemeinde nicht anerkannt wurde, gründete er eine eigene Bewegung, die wegen ihres ethischen Rigorismus großen Erfolg hatte. Auf die Entwicklung des Kanons nahm er Einfluß, indem er ein eigenes Neues Testament zusammenstellte, das aus zehn „gereinigten" Paulusbriefen und einem ebenfalls von ihm „gereinigten" Lukasevangelium bestand. Gereinigt bedeutete: von allen Bezügen zum Alten Testament befreit. Marcion wollte ein wahres Evangelium, das von Jesus Christus kündet. Damit war die Kirche in die Pflicht genommen, ihrerseits Stellung zu beziehen, in welchen Werken sie die jesuanische Tradition am besten gewahrt sah. Ferner zwang er durch seine Ablehnung die Kirche zu einem Bekenntnis zum Alten Testament. Trotzdem ist die Entstehung des Kanons nicht auf Marcion zurückzuführen. Aus den Angriffen verschiedener Kirchenväter gegen Marcion läßt sich zeigen, daß dieser auf vorhandene Sammlungen, die die Jesustradition beinhalteten, zurückgreifen konnte. Sie warfen ihm nämlich vor, die vorliegenden Quellen einfach willkürlich zusammengestellt zu haben. Es steht zumindest fest, daß es sie gab und daß Marcion nicht der einzige war, der sie benutzte und sie nach eigenen Gesichtspunkten zusammenstellte. Die Umgestaltung von Texten war zu dieser Zeit immer noch möglich. Davon zeugt unter anderem die Evangelienharmonie des Tatian, der die vier kanonischen Evangelien zu einem zusammenschmolz.

Montanismus

Ebenso spielte der Montanismus eine Rolle in der Geschichte der Kanonisierung. Diese Bewegung, die nach ihrem Gründer Montanus benannt wurde, entstand Mitte des 2. Jahrhunderts in Phrygien in Kleinasien; in einer Region, in der Prophetie, asketische Praktiken und eine ausgeprägte Endzeiterwartung weit verbreitet waren. Diese Elemente machten einen wesentlichen Bestandteil des Montanismus aus, der zu Beginn des 3. Jahrhunderts als Häresie verworfen wurde; nachdem er zuvor großen Erfolg in vielen Gemeinden Kleinasiens, Nordafrikas, aber auch Roms verbuchen konnte. Das Ausbleiben, des von Montanus prophezeiten, tausendjährigen Reiches, die umfassende Kritik, aber auch Polemik der Orthodoxie trugen letztlich zum Abklingen der Begeisterung weiter Kreise für den Montanismus bei. Innerhalb der Orthodoxie war man sich nicht zu schade, die montanistischen Gegner mit Verleumdungen und übler Nachrede auszubooten. So sagte man ihren Führern beispielsweise Bestechlichkeit und Habgier nach. Ihre prophetischen Gaben seien nicht Zeichen des heiligen Geistes, sondern von dämonischer Besessenheit. Die Stellung der Frauen in der montanistischen Bewegung als Prophetinnen und Priesterinnen trug ihr übriges zur Ablehnung durch die Großkirche bei.

Montanus hielt sich für den im Johannesevangelium verheißenen Parakleten, d. h. Beistand, den Johannes mit dem heiligen Geist identifizierte. Von Bedeutung waren noch die beiden Prophetinnen Priska und Maximilla, die Montanus zur Seite standen. Er behauptete, seine Lehren durch Offenbarungen und Visionen empfangen zu haben. Man erwartete ein neues Zeitalter des Geistes, das tausendjährige Reich Christi. Um für dieses bereit zu sein, lebten die Montanisten in strenger Askese. Im Gegensatz zur übrigen Kirche sahen sie bei schweren Sünden keine Möglichkeit zur Buße. Die Bußpraxis der Großkirche war ihnen zu einfach und zu kompromißbereit. Für die Montanisten war die Flucht vor dem Martyrium gleichbedeutend mit einem Abfall vom Glauben. Die Aufgabe der Christen sahen sie in der bedingungslosen Bereitschaft zum Martyrium. Aufgrund ihrer ethischen Strenge und ihres Lebenswandels konnten sie eine große Zahl von Anhängern gewinnen. Die Prophetie nahm bei den Montanisten einen wichtigen Platz ein. Eine besondere Vorliebe zeigten sie daher auch für das Johannesevangelium und die Johannesapokalypse. Ihr Einfluß auf die Kanonbildung hängt damit zusammen, denn über die Interpretation und Aufnahme des johanneischen Schrifttums, insbesondere über die Apokalypse, gab es heftige Meinungsverschiedenheiten mit anderen Gruppierungen. Ob die Montanisten versuchten, einen dritten Teil in Form ihrer prophetischen Sprüche an die bereits vorhandenen Schriften anzuhängen und deren Verbindlichkeit durchzusetzen, ist völlig unklar. Auch wenn man davon ausgehen kann, daß zu dieser Zeit noch kein verbindlicher Kanon existierte, so sahen sich die anderen Gemeinden ihrerseits verpflichtet, zu entscheiden, welche Schriften für sie Gültigkeit haben sollten und welche nicht. Die Liebe der Montanisten zu Offenbarungsschriften, die sich ausführlich mit dem Weltende beschäftigten, trug wesentlich dazu bei, daß bis auf die Johannesapokalypse, keine weitere Apokalypse mehr kanonisiert wurde, weder der Hirt des Hermas, noch die Petrusapokalypse oder irgendeine andere apokalyptische Schrift.

Gnosis

Eine weitere Bewegung, die mit Entwicklung des Kanons verbunden ist, ist die nun schon einige Male angesprochene Gnosis. „Gnosis" heißt im Griechischen nichts anderes als Erkenntnis oder Wissen. Sie war eine geistige Richtung, die mittels wahrer Erkenntnis das Heil zu erlangen versuchte. Man darf sich die Gnosis nicht als einheitliche Lehre vorstellen. Es handelt sich hier um ein synkretistisches, d. h. die verschiedensten Lehren beinhaltendes Phänomen, das im gesamten Mittelmeerraum und im Vorderen Orient bis nach Persien hin verbreitet war. Die christliche Kirche sah in der Gnosis keine eigenständige Lehre, sondern eine christliche Häresie, die es zu bekämpfen galt. Inwieweit nun Gnostiker, die sich auf christliche Lehren stützten, als christliche Gnostiker oder gnostische Christen bezeichnet werden können, läßt sich wohl nicht definitiv entscheiden. Sicher ist, daß viele Christen, die ein gnostisches Christentum pflegten, sich als echte, ja als die wahren Christen verstanden. Wie fließend die Grenzen zwischen Gnosis und Christentum sein konnten, zeigt die Geschichte des Johannesevangeliums.

Die Gnosis ist aber nicht nur im Christentum nachzuweisen. Gerade die Funde von Qumran und Nag Hammadi zeigten, daß z. B. innerhalb des Judentums gnostische Strömungen existierten. Darüber hinaus gab es Bewegungen, die nur sehr wenig mit den beiden judaistischen Religionen gemein hatten und sich aus anderen Quellen speisten. Einen Ursprungsort der Gnosis zu ermitteln, ist unmöglich. Zu viele unterschiedliche Elemente fließen in ihr zusammen: weisheitliche Lehren Ägyptens, Persiens, Babylons, der griechischen Mysterienschulen und bestimmter philosophischer Strömungen. Untrennbar ist sie aber mit der hellenistischen Welt verbunden. Ihre Wirksamkeit läßt sich in den ersten Jahrhunderten nach der Zeitenwende nachweisen. Weiterentwicklungen und Wiederaufnahmen gnostischer Lehren finden sich in einigen der sogenannten mittelalterlichen christlichen Ketzerbewegungen, z. B. bei den Bogomilen, Paulikanern oder Katharern.

Charakteristisch für die Gnosis ist ihr esoterisches Wesen. Der Gnostiker war ein Eingeweihter, der durch konstante Übung sein Ziel zu erlangen versuchte. Nur wer eingeweiht war, konnte auch den innersten Sinn der Lehren verstehen. Dieser Umstand ist dafür verantwortlich, daß es heute sehr schwer fällt, viele der überlieferten gnostischen Texte wirklich zu verstehen. Nach gnostischen Vorstellungen existieren in jedem Menschen drei Menschen. Der erste ist der Sarkiker, der fleischliche Mensch, aus diesem geht der zweite, der Psychiker, der seelische hervor, und aus diesem letztlich der Pneumatiker, der geistige. Sobald der Gnostiker eine höhere Stufe erlangt, wird er feierlich eingeweiht. Die Lehren, die er dort erfährt, sind geheim und dürfen niemandem, der nicht auf derselben Stufe steht, mitgeteilt werden. Nur dem Pneumatiker ist die Wiedervereinigung mit dem Göttlichen möglich. Aber jeder Mensch trägt in sich die Möglichkeit vom Sarkiker zum Pneumatiker aufzusteigen. Der göttliche Lichtfunken, der in jeder menschlichen Seele ruht, kann auch durch die tiefste Verstrickung in das Materielle niemals zerstört werden. Der Erlösungsweg, den die Gnosis vollzieht, stellt die Umkehrung der Schöpfung dar. Die erste Welt, die gezeugt wurde, ist rein geistiger Natur, die nächste trägt schon stoffliche Elemente in sich, die letzte Welt, die erschaffen wurde, ist die, in der sich der Gnostiker vorfindet. Sie ist rein materieller Natur und vom göttlichen Ursprung total getrennt. Durch den materiellen Leib wird die Seele an das Materielle gekettet, das sie lieben lernt. Dabei vergißt sie ihren göttlichen Ursprung. Der Pneumatiker hat nun die Aufgabe, durch Abstreifen des Materiellen zu immer feinstofflicheren Regionen vorzudringen, bis letztlich das unstoffliche Lichtreich des Göttlichen wiedererlangt ist. Den Weg zur Befreiung von der Materie lehrt das rechte Wissen von den Dingen.

In den Vorstellungen über die Weltschöpfung, aber auch im Kultus, liegen die Unterschiede zwischen den einzelnen Schulen, auf die hier jedoch nicht eingegangen werden kann. Jedoch in einem waren sie sich einig: ohne Selbsterkenntnis keine Erlösung. Ziel der Gnosis war es, durch Beseitigung des Irrtums mittels wahrer Erkenntnis die Seele aus ihrer materiellen Verstrickung zu befreien und in das göttliche Lichtreich zurückzuführen. An dieser Stelle sei nur auf den genialsten Kopf der Gnosis hingewiesen, Basileides, der im 1./2. Jahrhundert in Alexandrien wirkte. Wie kaum ein anderer beeinflußte er die Gnosis mit seinen Gedanken und Spekulationen und wurde von den Kirchenvätern verteufelt. Basileides schrieb einen ausführlichen Kommentar zu den vier kanonischen Evangelien. Jesus nahm, wie es für das gnostische Christus-Verständnis üblich war, nur einen Scheinleib an und erlöste die Menschen aus den Fängen des Archonten, des bösen Weltschöpfers, der nicht mit Gott identisch war.

Nachdem nun die verschiedensten Ansichten im Christentum mit dem Anspruch auftraten, wahre Lehre von und über Christus zu sein, sah sich die Strömung, die später als rechtgläubig bezeichnet wurde, dazu veranlaßt, die ihrer Meinung nach ursprünglichen Lehren Jesu zu sichern. Bestimmte Briefe und Evangelien galten dafür als geeignet. Diese Schriften fanden in immer mehr Gemeinden Verbreitung und Zustimmung. Man darf sich den Prozeß der Kanonisierung nicht als einen von Autoritäten verordneten Vorgang vorstellen. Es wurde auf keiner Synode oder Versammlung beschlossen, welche Schriften für die Christenheit Gültigkeit haben sollten. Die Kanonisierung ging in den einzelnen Regionen und Gebieten des Christentums unterschiedlich vonstatten, sowohl was den zeitlichen Rahmen als auch die Auswahl der Schriften anbelangte. Sie war ein Prozeß, der aus dem Gebrauch der einzelnen Werke innerhalb der Gemeinden erwuchs. Die Verwendung der Schriften im Gottesdienst spielte dabei eine erhebliche Rolle. Nicht zu vernachlässigen ist der Faktor der Ausscheidung. Schriften, die in häretischen Kreisen großen Anklang fanden, wurden in den anderen Gemeinden immer weniger gelesen. Opfer dieses Prozesses waren zeitweise auch die Paulusbriefe, die sich bei den Marcioniten und in gnostischen Gruppen großer Beliebtheit erfreuten und dadurch eine Wertminderung in anderen Gemeinden erfuhren. Ebenso erging es Werken, die nur einen sehr speziellen Adressatenkreis hatten. Das Petrusevangelium konnte sich in der Großkirche wegen seiner eher juden-christlichen Ausrichtung nicht durchsetzen. Umgekehrt war es aber auch möglich, daß Schriften, die wegen ihres begrenzten Adressatenkreises in häretischen Kreisen keine Aufnahme fanden, sich deswegen in der Großkirche durchsetzen konnten, so z. B. die verschiedenen Pastoralbriefe. Amtliche Stellungnahmen kirchlicher Würdenträger zur Kanonisierung waren also nicht der maßgebliche Grund für diese, sondern sie stellten eine Reaktion auf den bereits abgeschlossenen Vorgang der Kanonisierung dar. Nachträglich wurde bestätigt, was in den Gemeinden schon stattgefunden hatte, die Auswahl bestimmter Schriften, von denen man glaubte, daß in ihnen die jesuanische Tradition am besten bewahrt sei. Als besonders geeignet galten Texte, von denen man annahm, daß sie noch in der apostolischen Zeit entstanden waren, also vor Beginn des 2. Jahrhunderts, und einen apostolischen Ursprung hatten, d. h. sich auf einen Apostel oder Apostelschüler zurückführen ließen.

Im Osten läßt sich erst mit Ende des 4. Jahrhunderts ein mehr oder weniger verbindlicher Kanon nachweisen, während im Westen bereits Ende des 3. Jahrhunderts die Kanonisierung nahezu abgeschlossen ist. So findet die im Westen schon früh anerkannte Apokalypse des Johannes im Osten erst im 10. Jahrhundert definitiv ihren Platz als kanonische Schrift, was nicht heißt, daß sie nicht schon zuvor in bestimmten Gemeinden kanonische Geltung besaß. Dagegen waren im 4. Jahrhundert im Westen der Hebräerbrief sowie einige der katholischen Briefe noch umstritten, während die östliche Kirche sie schon anerkannte.

DIE BEZEICHNUNG DER NEUTESTAMENTLICHEN SCHRIFTEN IM FRÜHEN CHRISTENTUM

Wenn die Kanonisierung ein Prozeß war, der sich über Jahrzehnte, ja fast zwei Jahrhunderte hinzog, so liegt es auf der Hand, daß der Begriff Kanon für die darunter zusammengefaßten Schriften eine nachträgliche Bezeichnung war, der erst mit dem Abschluß dieses Prozesses Anwendung finden konnte. Wie nannten nun die Christen der ersten drei Jahrhunderte ihre Schriften? Nachdem die Texte des Alten Testaments, die auch für die Christen höchste Gültigkeit hatten, einfach als „Graphe" oder „Graphai" bezeichnet wurden, was nichts anderes als Schrift bzw. Schriften heißt, wurde dieser Begriff ab Mitte des 2. Jahrhunderts auch für die Schriften des Neuen Testaments verwendet. Oftmals wurden sie auch als „Hiera Graphe" bzw. „Hierai Graphai" als Heilige Schrift/en bezeichnet. Ein anderer Terminus für die Werke des Neuen und Alten Testaments war ab dem 3. Jahrhundert „Diatheke", der Verfügung, Anordnung, aber auch Bund bedeutete und im lateinischen mit „Testamentum", unserem Testament, wiedergegeben wurde. Zur Unterscheidung sprach man vom Alten und Neuen Testament.

Der Bundesgedanke war einer der zentralen Gedanken in der jüdischen Theologie. Am Berg Sinai schloß Gott mit seinem Volk einen unauflöslichen Bund (Ex 19,5). Das Christentum übernahm die Bundesvorstellung des Judentums, übertrug diese jedoch auf sich als das neue auserwählte Volk, denn in und durch Jesus schloß Gott nach christlicher Auffassung seinen neuen Bund. Dieser neue Bund wurde durch das Abendmahl besiegelt, wo Jesus sprach: „Das ist mein Blut des Bundes, das da vergossen wird für viele." (Mk 14,24) Zu welcher Zeit der Begriff der „Diatheke" als Verfügung Gottes auf die schriftliche Fixierung dieser Verfügung – also die Schriften des Alten und Neuen Testaments – übertragen wurde, läßt sich nicht mehr rekonstruieren. Daß der Bundesgedanke aber direkten Einfluß auf die Entstehung der neutestamentlichen Schriften hatte, ist eher unwahrscheinlich. Vermutlich sah man in den bereits vorhandenen Werken den Willen, die Verfügung Gottes beinhaltet und übertrug dann diesen theologischen Gehalt auf die Sammlung dieser Texte, indem man sie als Verfügung „Diatheke" bezeichnete.

DIE KANONBILDUNG IN DEN ERSTEN
DREI JAHRHUNDERTEN

Woher weiß man aber, daß der wesentliche Prozeß der Kanonisierung im 2. Jahrhundert stattfand? Die Geschichte des neutestamentlichen Kanons zu erhellen, stellt immer noch eine große Aufgabe für die Bibelwissenschaft dar. Die entscheidenden Hinweise dafür finden sich in den uns überlieferten Schriften von Kirchenschriftstellern und Kirchenvätern.

Über die Kenntnis und Stellung der Evangelien in der östlichen Kirche des 2. Jahrhunderts geben Ignatius von Antiochien und Bischof Papias von Hierapolis Zeugnis. Ignatius von Antiochien, der um das Jahr 117 n. Chr. in Rom das Martyrium erlitt, überliefert in seinen Briefen den Begriff des Evangeliums, ohne sich dabei auf eine literarische Gattung zu beziehen. Man vermutet, daß er ein Evangelium kannte, das aber noch keine verbindliche Gültigkeit besaß. Bischof Papias von Hierapolis bestätigt um 130 n. Chr. die Existenz des Markus- und Matthäusevangeliums. Die Darstellungen des Papias liegen jedoch nur noch in den Ausführungen des Kirchenschriftstellers Eusebius von Cäsarea vor, da Eusebius aber nichts über dessen Kenntnisse des Lukas- und Johannesevangeliums berichtet, ist nicht zu erschließen, ob Papias diese beiden kannte oder nicht. Bekannt ist hingegen, daß Papias die mündliche Tradition höher einschätzte als die schriftlich fixierte. So sagte er: „Das, was aus Büchern stammt, scheint mir nicht so viel Nutzen zu bringen, wie das, was sich durch mündliche Rede dauernd lebendig hält." Damit wird deutlich, daß zu Beginn und Mitte des 2. Jahrhunderts die Evangelien in der östlichen Kirche noch keine autoritative Stellung inne hatten.

Hinweise zur Stellung der Schriften in der römischen Gemeinde bietet Justin der Märtyrer, der 165 n. Chr. in Rom hingerichtet wurde. In seiner Apologie verweist er auf die Verwendung verschiedener Evangelien, vermutlich der Synoptiker, im Gottesdienst, neben den Schriften des Alten Testaments. Im Gegensatz zu den alttestamentlichen Büchern waren sie aber noch nicht „heilige Schrift". Ob er das Johannesevangelium kannte, ist unklar. Mit Justin läßt sich bereits eine Tendenz hin zur Kanonisierung erkennen, dennoch war ein freier Umgang mit den Evangelien noch üblich. So wurden die Evangelien zum Teil zu einer Schrift zusammengefaßt, da nicht das Werk als solches im Vordergrund stand, sondern die darin überlieferten Herrenworte. Neben den Evangelien dienten wahrscheinlich auch Spruchsammlungen als Quelle für die Jesus-Worte. Ein anderes wichtiges Zeugnis stellt das Diatessaron des Tatian dar. Tatian war Schüler Justins, der sein Wirken von Rom nach Osten verlagerte. Mit dem Diatessaron legte er eine Evangelienharmonie vor. Nachdem die Jesustradition das Verbindliche des christlichen Glaubens war, konnten die Evangelien in einer Schrift vereint werden. Das Diatessaron erfreute sich bis ins 4. Jahrhundert größter Beliebtheit.

Deswegen stellt nun aber dieses Werk ein wichtiges Zeugnis des Entwicklungsprozesses der Kanonisierung dar. Auf der einen Seite zeigt der Umgang Tatians mit seiner Vorlage, daß die vier Evangelien noch nicht als ultimative Autorität galten. Die Veränderung der Schriften des Lukas, Matthäus, Markus und Johannes durch Theologen des 2. Jahrhunderts stellte keine Ausnahme dar. Auch von Theophilus von Antiochien wird berichtet, er habe eine Evangelienharmonie verfaßt. Die Überarbeitung des Lukasevangeliums durch Marcion war also kein verbotener oder ketzerischer Akt. Auf der anderen Seite wird deutlich, daß die vier Evangelien bereits bekannt waren und ausführlich in den Gemeinden gelesen wurden.

Gegen Ende des 2. Jahrhunderts bietet sich langsam ein anderes Bild, sowohl im Westen wie auch im Osten, auch wenn sich im Osten noch eine größere Freiheit im Umgang mit anderen Schriften zeigt. Die Stellung der vier Evangelien des Lukas, Matthäus, Markus und Johannes wird verbindlicher, d. h. es werden keine Veränderungen mehr vorgenommen und die anderen Evangelien, die gerade zu dieser Zeit entstehen, werden in immer weniger Gemeinden gelesen. In einigen Gebieten war das Johannesevangelium noch umstritten. Aber im großen und ganzen hatten die vier genannten Evangelien, die Paulusbriefe, mit Ausnahme des Hebräerbriefes, und die Apostelgeschichte ihren Platz im Kanon gefunden. Unterschiedlich wurden in den einzelnen Regionen noch die Apokalypse des Johannes sowie die restlichen Briefe beurteilt.

Irenäus, der bedeutendste Theologe des 2. Jahrhunderts, der vor allem durch seine Schriften gegen die Häretiker berühmt wurde, zählt die vier Evangelien zur „heiligen Schrift". Eine ähnliche Einordnung findet sich bei Tertullian, dem nordafrikanischen Theologen, der sich um das Jahr 205 n. Chr. von der Großkirche ab und dem Montanismus zugewendet hat. Von Bedeutung ist Tertullian unter anderem auch deswegen, weil er Kriterien nennt, die die Kanonizität einer Schrift erweisen sollen. Dafür sind die Apostolizität, d. h. eine Abhängigkeit von einem Apostel oder Apostelschüler, ihr hohes Alter sowie eine alte Tradition des Gebrauchs in der Kirche nötig. Die Schrift muß mit der Orthodoxie übereinstimmen, für die ganze Kirche sinnvoll und verständlich geschrieben sein, ferner soll sie der Erbauung dienen und vom göttlichen Geist inspiriert sein. Gerade an den letzten Kriterien zeigt sich die Schwierigkeit der Bestimmung, ob eine Schrift nun kanonisch ist oder nicht. Vom Geist Gottes inspiriert zu sein, gab jede Schrift vor. Und die Rechtsgläubigkeit des Inhaltes sowie ihr Bezug auf Jesus wurde auch von nahezu allen Schriften behauptet.

Am Ende des 3. Jahrhunderts gibt es in der Kirche eigentlich nur noch über wenige Schriften Unstimmigkeiten bezüglich ihrer Gültigkeit. Dazu zählte im Osten die Apokalypse des Johannes und im Westen der Hebräerbrief. Die restlichen Schriften, die uns heute im Neuen Testament überliefert sind, hatten nun einen verbindlichen Status. Ihnen billigte man zu, die jesuanische Tradition am genauesten bewahrt zu haben und zu vermitteln. Das belegen auch die Zeugnisse der kirchlichen Schriftsteller, denn sie geben nur die in den Gemeinden verwendeten Schriften wieder und nicht diejenigen, die sie persönlich bevorzugen. Es wird streng zwischen eigener Meinung und kirchlicher Praxis unterschieden. Sehr deutlich wird dies bei dem Alexandriner Theologen Origenes, der bis zu seinem Tod im Jahr 253 n. Chr. in Cäsarea wirkte. Auf ihn geht die Dreiteilung der Schriften, die in den Gemeinden im Umlauf waren und gelesen wurden, zurück. Die erste umfaßt Werke, die allgemein anerkannt sind. Die zweite verweist auf sogenannte lügnerische Schriften, die von den Häretikern eingeführt wurden und die dritte auf Schriften, deren Echtheit unsicher ist. Bei dem bedeutenden Kirchenschriftsteller des 3. und 4. Jahrhunderts, Eusebius von Cäsarea, zeigt sich ein ähnliches Bild wie bei seinem großen Vorbild Origenes.

Die geringe Sympathie für die Apokalypse des Johannes in der östlichen Kirche, läßt sich in den Überlieferungen der großen östlichen Theologen des 4. Jahrhunderts, dem Jerusalemer Bischof Cyrill und dem Kappadokier Gregor von Nazianz nachweisen. Bei ihnen enthält der Kanon der Schriften, der das Neue Testament ausmacht, nur 26, statt der heute 27 Schriften. Beide rechnen die Johannesapokalypse nicht dazu.

Was die Johannesapokalypse für den Osten war, war der Hebräerbrief für den Westen, ein umstrittenes Werk, das wenig Anerkennung fand. Ein Grund dafür lag im regen Gebrauch dieses Briefes durch die Montanisten. Der andere Grund hing mit der theologischen Ausrichtung des Werkes zusammen. Im Westen sah man arianische Züge in ihm vertreten. Arius stammte aus Alexandrien und war Priester. Er geriet mit dem dortigen Bischof über Kreuz, da Arius in der Christologie nicht den Standpunkt der Wesensgleichheit von Vater und Sohn vertrat, sondern den Sohn dem Vater unterordnete. Diese Richtung wurde als Subordinatianismus bezeichnet. Die Auseinandersetzung beschränkte sich schon bald nicht mehr auf diese zwei, sondern wurde zur zentralen Frage in der Kirche des frühen 4. Jahrhunderts. Das Konzil von Nizäa entschied 325 n. Chr., daß die Lehre von Arius zu verwerfen sei, und es bekannte sich zur Wesensgleichheit von Vater und Sohn.

Ein eindeutiges Bekenntnis zu allen 27 Werken des Neuen Testaments liegt im 39. Festbrief des Athanasius aus dem Jahre 367 n. Chr. vor. Von diesen Schriften sagt Athanasius: „Dieses sind die Quellen des Heils, auf daß sich der Dürstende an ihnen mehr als genug labe. In ihnen allein wird die Lehre der Frömmigkeit verkündet. Niemand soll ihnen etwas hinzufügen oder etwas von ihnen entfernen ...“

Daß nun auch die im Osten umstrittene Johannesapokalypse aufgenommen ist, sowie der im Westen umstrittene Hebräerbrief, läßt darauf schließen, daß eine Annäherung zwischen der östlichen und westlichen Tradition stattgefunden hatte. Dieses Zeugnis des Athanasius zeigt, daß nun auch für den Osten ein abgeschlossener Kanon vorlag. An der Ablehnung der Johannesapokalypse durch weite Kreise änderte der Kanon aber nichts. Es sollte noch 600 Jahre dauern, bis diese Schrift tatsächlich unverbrüchlich zum Kanon der östlichen Kirche gehörte.

Neben den Aufzeichnungen der Kirchenschriftsteller und Theologen gibt es weitere Zeugnisse für den Prozeß der Kanonisierung. Es handelt sich hierbei um sogenannte Kanonverzeichnisse. Diese Verzeichnisse listen die verschiedenen kanonisierten bzw. nicht-kanonisierten Werke auf. Der älteste Kanon ist der Canon Muratori, der 1740 herausgegeben wurde. Die von L. A. Muratori entdeckte Handschrift stammt aus dem 8. Jahrhundert, das Original wahrscheinlich aus der Zeit um 200 n. Chr. Man vermutet, daß der lateinischen Fassung eine griechische vorausging. Ob es sich hierbei um eine offizielle kirchliche Stellungnahme handelte oder nicht, ist nicht zu entscheiden. Als kanonische Schriften gelten darin die vier Evangelien, wobei im Kanon die Stelle fehlt, die sich auf Matthäus bezieht. Ferner die Apostelgeschichte, 13 Paulusbriefe, der Judasbrief und zwei Johannesbriefe sowie die Johannesapokalypse. Die später nicht kanonisierte Petrusapokalypse wird unter Vorbehalt aufgenommen, da es gegen sie Bedenken gibt.

Ein weiteres Zeugnis ist der Codex Claromontanus, es handelt sich um eine zweisprachige Handschrift von Paulusbriefen aus dem 6. Jahrhundert. Zwischen dem Philemon- und dem Hebräerbrief ist eine Liste mit Werken des Alten und Neuen Testaments eingefügt. Diese Zusammenstellung ist im 4. Jahrhundert entstanden und stammt ebenso wie der Canon Muratori aus der westlichen Kirche. Neben den 27 kanonischen Schriften, werden auch der Hirt des Hermas, die Offenbarung des Petrus und die Paulusakten zum Kanon gerechnet.

Im Decretum Gelasianum – angeblich geht es auf Papst Gelasius I. zurück, der von 492–496 n. Chr. das Petrusamt inne hatte – werden alle 27 Bücher des Neuen Testaments als kanonisch aufgeführt. Es scheint aber eher aus dem 6. Jahrhundert zu stammen. Verbreitung fand es im südgallischen Raum, trug aber sehr deutliche Züge der römischen Tradition. Einige Teile lassen sich bis auf Damasus, der 366–384 n. Chr. Papst war, zurückverfolgen. Daneben liefert es noch eine Aufzählung apokrypher Schriften, die von der Kirche nicht anerkannt werden. Von diesen heißt es im Dekret: „Dieses und diesem Ähnliches, was [es folgen Namen von verschiedensten Personen] lehrten oder verfaßten … ist, so erklären wir, nicht nur verworfen, sondern von der ganzen Römischen katholischen und apostolischen Kirche verbannt und mitsamt seinen Urhebern und den Anhängern der Urheber in Ewigkeit unter dem unlösbaren Band des Kirchenbanns verurteilt."

Eine letzte wichtige Quelle bietet die Stichometrie des Nikephoros, der von 806–815 n. Chr. Patriarch von Konstantinopel war. Seine Vorgabe, auf die er sich bezieht, stammt wahrscheinlich aus Jerusalem. Damit liegt auch ein Dokument aus der östlichen Kirche vor. Von Bedeutung ist hier das Fehlen der Johannesapokalypse. Für Nikephoros bzw. die Tradition, die er wiedergibt, ist sie keine kanonische Schrift. Der Kanon umfaßt bei ihm daher nur 26 Werke. In seiner Darstellung liefert er daneben auch noch ein Verzeichnis der Bücher des Alten Testaments sowie der Apokryphen.

KRITERIEN FÜR DIE KANONISIERUNG

Rückblickend kann man festhalten, daß die nun folgenden Kriterien für die Kanonisierung und überregionale Akzeptanz einer Schrift eine Rolle spielten. Es soll jedoch noch einmal daran erinnert werden, daß diese Merkmale zur Bestimmung der Kanonizität eines Werkes erst vorlagen, nachdem sich bereits durch den Gebrauch, aber auch durch die Ablehnung bestimmter Schriften, ein Kanon herausgebildet hatte. Sie stellen somit die nachträgliche Erklärung und Rechtfertigung eines Status quo dar.

Der größte Wert wurde auf die Apostolizität gelegt, wobei man auch noch Verfasser der 2. und 3. Generation, die direkten Kontakt zu einem Apostel hatten, als apostolisch bezeichnete. Es stand allerdings nicht so sehr die historische Abhängigkeit im Vordergrund, sondern die inhaltliche Apostolizität, d.h. es mußte sich ein direkter Bezug zur Heilsverkündigung der Urkirche nachweisen lassen. Im Mittelpunkt stand die Überlieferung des einen und wahren Glaubens.

Mit der Apostolizität war eng das Alter einer Schrift verbunden. Durch dieses sah man nicht nur die historische Nähe zur Lehre Jesu gewährleistet, sondern vielmehr noch die inhaltliche Nähe. Je größer der zeitliche Abstand zum Leben Jesu wurde, desto wichtiger wurde das Alter einer Schrift. Im Westen wurde darauf noch mehr Wert gelegt als im Osten. Bezeichnend ist, daß das Hauptargument bezüglich der Verwerfung von Apokryphen oftmals deren unzureichendes Alter war. Sie galten als zu jung und neu, um authentisches Zeugnis des Lehrens Jesu sein zu können. Mit dieser Begründung lehnte Irenäus das Evangelium Veritatis ab. Dem Thomasevangelium erging es nicht anders, und auch der Hirt des Hermas galt dem Schreiber des Muratorischen Canons wegen seiner Abfassungszeit als nicht kanonisch. Zu dieser Begründung gesellte sich natürlich noch in vielen Fällen der Vorwurf, die wahre Lehre verfälscht zu haben. Wie wichtig jedoch das Zeit-Argument war, läßt sich am Verhalten vieler Schreiber apokrypher Schriften aufzeigen. Um ihnen Geltung zu verschaffen, wurden die Schriften unter dem Namen eines Apostels herausgegeben.

Ein weiterer Punkt, auf den geachtet wurde, war die Geschichtlichkeit. Was überliefert wurde, durfte kein Mythos, keine Phantasterei und keine Erdichtung des Autors sein, sondern mußte die historischen Begebenheiten wiedergeben. Dieser Ansatz findet sich bereits im Lukasevangelium. Lukas möchte, daß sein Adressat Theophilus sich ein eigenes Urteil über die Ereignisse in Galiläa und Jerusalem bilden soll. Die Geschichtsschreibung dient ihm dazu als Mittel. Den Apokryphen wird von den kirchlichen Theologen zum Teil vorgeworfen, sie seien Erdichtungen und nicht wahr. Der Canon Muratori lehnt aus diesem Grund den Alexandriner- und Laodizenerbrief ab. Epiphanius von Salamis, ein Theologe des 4. Jahrhunderts, verwirft mit dieser Begründung das Philippusevangelium, Irenäus das Judasevangelium, Tertullian die Paulusakten, Hippolyt die gesamte Matthias-Tradition, um nur einige Beispiele zu nennen. Umgekehrt gibt es aber auch Gruppen, die die später kanonisierte Johannesapokalypse und das Johannesevangelium wegen ungeschichtlicher Momente ablehnen. Für das Johannesevangelium machen sie z. B. geltend, daß darin sofort von der Menschwerdung Jesu zur Geschichte der kanaanäischen Hochzeit übergegangen würde, daß es im Gegensatz zu den anderen Evangelien in ihm zwei Paschafeste gebe. Hieran wird deutlich, daß dieses Argument willkürlicher Natur ist, denn einer Schrift, die der eigenen Vorstellung des geschichtlichen Geschehens nicht entsprach, war schnell der Vorwurf des Phantasierens und Fabulierens gemacht. Was letztlich als wahr und geschichtlich betrachtet wurde, war mehr eine Frage der Macht die eigene Vorstellung durchzusetzen.

Daneben spielte die Übereinstimmung der neu entstandenen Werke mit der „Schrift", dem Alten Testament eine Rolle. Es galt dem Christentum immer noch als Autorität, wenn es nun auch unter christologischem Aspekt betrachtet wurde. Alle Verheißungen und Weissagungen des Alten Testaments wurden auf Jesus hin interpretiert. Eine Verwerfung, Ablehnung oder Vernachlässigung des Alten Testaments galt als Hinweis auf häretische Schriften, die keinesfalls Geltung erlangen durften. Ferner mußten die Werke, wollten sie kanonisch sein, mit den Aussagen der apostolischen Väter übereinstimmen. Ein weiterer Versuch, die Ursprünglichkeit der jesuanischen Lehre zu sichern.

Ein weiteres Kriterium war die Erbaulichkeit der Werke, auf die sehr geachtet wurde. Für erbaulich wurde eine für das Leben der Christen lehrreiche Schrift gehalten, die auch für die entstehende Kirche einen innerlich und äußerlich aufbauenden Charakter hatte. Sie sollte die Kirche innerlich im Geiste einen und äußerlich die verschiedenen Gemeinden durch die eine Lehre zusammenführen. Man muß bedenken, daß der Kanon hauptsächlich im Gottesdienst verwendet wurde. Sondermeinungen und gruppenbedingte Anschauungen dienten diesem Ziel nicht und wurden ausgesondert. Innerhalb der Kirche der ersten drei Jahrhunderte herrschte aber nicht immer Übereinstimmung bezüglich der Beurteilung der Erbaulichkeit einer Schrift und des Nutzens für die Kirche. Dem Hirt des Hermas wurde zwar von verschiedenen Seiten Nutzen für die Kirche zugesprochen, kanonisiert wurde er nie. Gerade die Pastoralbriefe des Neuen Testaments hatten Schwierigkeiten, ihren Wert für die Gesamtheit der Kirche zu beweisen, da sie oft nur an einen kleinen Personenkreis gerichtet waren.

Ein letztes, aber wesentliches Element, das über die Kanonizität eines Werkes mitentschied, war dessen Rezeption. Je häufiger man darauf Bezug nahm, desto sicherer wurde seine allgemein verbindliche Stellung. Die Gründe, weswegen ein Werk häufiger als ein anderes rezipiert wurde, sind gerade genannt worden. Die Aufnahme der Johannesapokalypse und des Hebräerbriefes hing trotz ihrer Umstrittenheit in der östlichen bzw. westlichen Kirche damit zusammen. Eine große Anzahl von Gemeinden verwendete entweder die Apokalypse oder den Hebräerbrief. Im Gegensatz zu den vier Evangelien und den Paulusbriefen ging der Kanonisierung dieser beiden Werke ein langwieriger Prozeß voraus.

DER KANON DES ALTEN TESTAMENTS IM JUDENTUM UND CHRISTENTUM

Im Verlauf des Dargestellten wurde immer wieder auf das Alte Testament als einer Autorität für das Christentum verwiesen. Neben den Worten des Herrn war es die zweite Quelle des Glaubens. Dazu sind zwei Dinge anzumerken. Zum einen waren die Schriften des Alten Testaments, auf die sich die Christen bezogen, spätestens zu Beginn des 2. Jahrhunderts, nicht mehr völlig identisch mit denen der Juden. Zum anderen gab es innerhalb des Christentums unterschiedliche Meinungen bezüglich der Frage, welche Texte des Alten Testaments kanonisch seien und welche nicht. Die Differenz zwischen Christentum und Judentum in der Frage der Kanonzugehörigkeit von Schriften des Alten Testaments, hatte seinen Ursprung darin, daß es im Judentum mindesten zwei verschiedene Grundversionen der Bibel gab, die auch unterschiedliche Schriften beinhalteten. Die eine war in Hebräisch und die andere in Griechisch verfaßt.

Die griechische nannte man Septuaginta. Septuaginta bedeutet nichts anderes als „siebzig" und spielt auf die Entstehung dieser Schrift an. Dieser Name wird in einer Legende, die im Aristeasbrief überliefert ist, genannt. Danach veranlaßte König Ptolemaios II. Philadelphos (284–247 v. Chr.) die Übersetzung der Tora aus dem Hebräischen ins Griechische. Dazu ließ er 72 kundige Männer auswählen – 6 x 12 –, die für die zwölf Stämme Israels standen und die er nach einem ehrenvollen Empfang bei ihm auf die Insel Pharos bringen ließ, wo sie ungestört ihrer Arbeit nachgehen konnten. Die spätere Erweiterung der Legende besagte, daß diese 72 gelehrten Übersetzer nun unabhängig voneinander in 72 Tagen alle Schriften des Alten Testamentes aus dem Hebräischen ins Griechische übertrugen. Beim Vergleich der Übersetzungen stellte man fest, daß alle im Wortlaut völlig identisch waren. Die Zahl 72 wurde zu 70 abgerundet und so hatte man eine Septuaginta. In Wirklichkeit handelte es sich wohl um einen etwas längeren Prozeß, in dem verschiedene Schriften übersetzt wurden.

Die Entstehung der Septuaginta ist eng mit dem alexandrinischen Judentum verbunden. Da der größere Teil der Juden im 3. Jahrhundert nicht mehr in Israel lebte, sondern in der Diaspora, d. h. in griechisch sprechenden Gebieten außerhalb des Vaterlandes, verstanden diese Juden kaum mehr hebräisch. Ihre Muttersprache war nun griechisch. Um ihre heilige Schrift lesen zu können, mußte sie übersetzt werden. Bis zu diesem Zeitpunkt war die Bibel für die Juden aber noch kein abgeschlossenes Buch. Es konnten noch Schriften entstehen und aufgenommen werden, was auch geschah. Dies hing mit dem etwas anderen Verständnis der Wichtigkeit der Texte in der sadduzäisch geprägten alexandrinischen Synagoge zusammen. Neben den Pharisäern waren die Sadduzäer die zweite tonangebende Macht im Judentum. Während die Gruppe der Pharisäer vorwiegend aus Laien bestand, setzten sich die Sadduzäer aus der „Priesterkaste" zusammen, die streng auf die Einhaltung des mosaischen Gesetzes achtete. Absolute Autorität hatte für sie nur die Tora, d. h. die fünf Bücher Mose. Daneben gab es noch die Propheten und die übrigen Schriften. Letztere wurden geschätzt, hatten aber keine absolut verbindliche kanonische Geltung. Die Makkabäerbücher, das Buch Baruch, Judith, Tobias, Zusätze zu Daniel und Esther, das 3. Esrabuch, Jesus Sirach, der Brief des Jeremias, das Gebet des Manasses sowie das Buch der Weisheit, die alle erst nach dem 3. Jahrhundert v. Chr. entstanden, waren wegen ihres schwierigen Inhalts vom öffentlichen Gebrauch ausgeschlossen, nicht aber vom Kanon. Das Buch der Weisheit wurde vermutlich erst Mitte des 1. Jahrhunderts v. Chr verfaßt. Es ist damit das jüngste Buch des Alten Testaments. Diese Bücher wurden nur in die griechische Septuaginta, nicht aber in die hebräische Bibel aufgenommen. Man bezeichnete sie seither als deuterokanonische Bücher, weil sie nur im zweiten Kanon und nicht in der später kanonisierten hebräischen Bibel stehen.

Die Kanonisierung der jüdischen Bibel fand erst relativ spät statt. Ende des 1. Jahrhunderts war sie abgeschlossen. Noch Ende des 1. vorchristlichen Jahrhunderts und um die Zeitenwende läßt sich nachweisen, daß nur dem Pentateuch, d. h. den fünf Büchern Mose, und den Propheten absolute Gültigkeit zugesprochen wurde. Die Stellung der übrigen Schriften war nicht verbindlich. Der jüdische Schriftsteller Flavius Josephus, der 100 n. Chr. starb, kennt hingegen bereits einen fixierten Kanon. Daß es überhaupt zu einer verbindlichen Auswahl von Texten kam, hatte im wesentlichen drei Gründe. Bedingt durch die Zerstörung Israels als nationale Einheit durch Rom blieb den Juden nur noch die Schrift zur Wahrung ihrer religiösen Einheit. Die religiöse Vielheit, die man sich in Israel leisten konnte, wurde nun der Einheit geopfert, um wenigstens das Überleben Israels im Glauben zu sichern. Die Vereinnahmung der Septuaginta durch das junge Christentum sowie die Entstehung einer Vielzahl neuer Schriften im Bereich der jüdischen Apokalyptik, die die Glaubensvorstellungen fremder Religionen enthielten und dadurch die Reinheit des jüdischen Glaubens gefährdeten, spielten ebenfalls eine Rolle für den Prozeß der Kanonisierung. Die endgültige und dogmatische Festlegung der Schrift ging wahrscheinlich auf eine Gruppe von Pharisäern zurück, die gegen den Widerstand ihrer sadduzäischen Glaubensbrüder den Umfang des Kanons bestimmten. Man sprach in diesem Zusammenhang von der Synode von Jamnia (Jafne), auf der die dort anwesenden pharisäischen Synodalen den Kanon festgelegt haben sollen. Auch wenn es sich hierbei nur um eine Legende handelt, so spiegelt sie doch recht deutlich den Prozeß der Kanonisierung des Alten Testaments im Judentum wider. Im Gegensatz zur Entwicklung des neutestamentlichen Kanons wurde hier der Umfang des Alten Testaments durch den Entschluß einer Gruppe fixiert. Die Auswahlkriterien für den Kanon erfolgten jedoch nicht willkürlich. Man entschied sich eben für den hebräischen Kanon. Die deuterokanonischen Schriften gehörten nicht mehr zur Bibel.

Diesem Kanonverständnis folgte das frühe Christentum nicht. Wenn aus „der Schrift" zitiert wurde, dann ohne Unterschied, ob es sich dabei nach späterem jüdischem Verständnis um deuterokanonische oder kanonische Werke handelte. Welche Schriften des Alten Testaments verbindlich waren, hing unter anderem von den einzelnen Regionen und Gemeinden ab. Erst ab der Mitte des 2. Jahrhunderts machte man sich auch im Christentum Gedanken, welche Schriften zum Kanon des Alten Testaments gehören sollten. Der Gebrauch des Alten Testaments in der frühen Kirche folgte ähnlichen Regeln wie der, der neu entstandenen christlichen Schriften. Gültig war, was der obersten Norm entsprach. Aber bereits Ende des 2. und zu Beginn des 3. Jahrhunderts läßt sich im Christentum ein zweigeteilter Kanon, bestehend aus Altem und Neuem Testament, feststellen. Mit Melito von Sardes zeigt sich Ende des 2. Jahrhunderts auch im Christentum eine Tendenz, dem jüdischen Kanonverständnis zu folgen. Für den jüdischen Kanon des Alten Testaments sprechen sich unter anderem Origines, Eusebius von Cäsarea, Cyrill von Jerusalem, Epiphanius und Athanasius aus. Auch Hieronymus, der eine neue Übersetzung der Bibel ins Lateinische – die sogenannte Vulgata – anfertigte, folgte letztlich dem hebräischen Kanon und hielt die deuterokanonischen Bücher für unecht. Aber auf Drängen des Papstes Damasus (366–384 n. Chr.) nahm er sie mit in seine Bibelübersetzung auf. Trotzdem konnte sich der jüdische Kanon in der christlichen Kirche nicht durchsetzen. Mehrere Synoden Ende des 4., Anfang des 5. Jahrhunderts zählten die deuterokanonischen Texte zum Alten Testament. Das Konzil von Trient legte 1545 den Kanon des Alten Testaments endgültig und verbindlich fest. Er umfaßt nun 45 Bücher im Gegensatz zum jüdischen, der nur 39 Bücher beinhaltet. In der katholischen Kirche gehören die deuterokanonischen Werke zum Alten Testament. Die evangelischen Kirchen schlossen sich in ihrem alttestamentlichen Kanon enger an den jüdischen an und damit die deuterokanonischen Schriften aus. Luther sah in ihnen lehrreiche Schriften, ohne ihnen aber einen festen Platz im Kanon des Alten Testaments einräumen zu wollen. Von ihnen sagte er, daß sie „der heiligen Schrift nicht gleich gehalten und doch nützlich und gut zu lesen sind". In der evangelischen Kirche bezeichnet man die sechs deuterokanonischen Bücher, die im katholischen Alten Testament aufgenommen sind, als Apokryphen, während alle anderen apokryphen Werke, die auch in der katholischen Bibel nicht aufgenommen wurden, unter dem Begriff „Pseudoepigraphen" laufen. Der Name Pseudoepigraph bezieht sich auf die Verfasser dieser Bücher, die unter einem Pseudonym schrieben. Meistens wählten sie den Namen einer biblischen Gestalt, um ihren Schriften Autorität zu verleihen. Angemerkt werden muß, daß dieses Kriterium zur Bezeichnung nicht-kanonischer Bücher sehr problematisch ist, da auch Verfasser bestimmter kanonisierter Bücher Pseudonyme verwendeten – aus genau demselben Grund wie die Schreiber der sogenannten Pseudoepigraphen. Beispiele dafür sind im Alten Testament das Danielbuch, das Hohelied, das Buch der Weisheit, das Buch der Sprichwörter und Kohelet, diese letzt genannten vier Bücher wurden König Salomo zugesprochen.

4. DIE APOKRYPHEN

BEGRIFFSERLÄUTERUNG UND ENTWICKLUNG

Unter Apokryphen versteht man heute im weitesten Sinne Schriften, die nicht in den Kanon, d. h. in die Bibel aufgenommen wurden. Die neutestamentlichen Apokryphen bezeichnen eine Gruppe von Schriften des 2. bis 4. Jahrhunderts, die nicht kanonisiert wurden, aber durch ihren Titel, z. B. „Evangelium", „Apokalypse", „Brief", „Apostelgeschichte" den Anspruch erhoben, den kanonischen Schriften gleichwertig zu sein. Sie ahmten diese in ihrer literarischen Art nach, ergänzten sie aber auch durch andere Stilelemente.

Das Wort „apokryph" stammt aus dem Griechischen und heißt so viel wie verborgen oder geheim. In der griechischen Philosophie wurden orientalische Geheimbücher als „apokrypha biblia", eben als „geheime Bücher" bezeichnet. Und auch die Gnosis, jene weit verbreitete Geistesrichtung der hellenistischen Zeit, bezeichnete Bücher, die sich mit geheimem Wissen beschäftigten als „apokrypha biblia". In dieser Weise verwendet der alexandrinische Theologe Clemens den Begriff. In seinem Werk „Stromata" spricht er von der Verwendung solcher apokrypher Schriften bei gnostischen Gruppen. „Die Anhänger der Sekte des [Gnostikers] Prodikos rühmen sich, geheime (apokryphe) Schriften von Zaratustra zu besitzen." Innerhalb der Kirche hatte daher der Begriff „apokryph" eine negative Bedeutung, denn die von den Gnostikern bevorzugten „geheimen Bücher" mit ihren Inhalten wurden als Angriff gegen kirchliche Lehren gesehen. Kirchlicherseits verwendete man den Begriff „apokryph" nun zur Bezeichnung von häretischen Werken. Für den Kirchenvater Irenäus war apokryph gleichbedeutend mit falsch oder verfälscht, ebenso für Tertullian. Kurzzeitig erhielt der Begriff eine positivere Bedeutung, da die jüdische Synagoge ihre nicht kanonisierten, aber trotzdem geschätzten deuterokanonischen Bücher als alte und geheime Schriften gegen die Gnosis ins Felde führte, und diese selbst als Apokryphen bezeichnete. Ende des 4. Jahrhunderts hatte der Begriff „apokryph" im Christentum jedoch endgültig eine negative Bedeutung.

Nun wurden in der gesamten Kirche, d. h. in der östlichen und westlichen, diese Schriften verboten. Die Synode von Karthago 397 n. Chr. läßt verlauten: „Es wurde beschlossen, daß außer den kanonischen Schriften nichts unter dem Namen ‚göttliche Schriften' verlesen werden soll." Und in einem Brief des Bischofs Exsuperius von Toulouse vom 20. Februar 405 n. Chr. heißt es nach einer Aufzählung der Schriften des Neuen Testaments: „Das übrige aber, was entweder unter dem Namen des… verfaßt wurde, oder unter dem Namen des Thomas… ist, wie du wissen sollst, nicht nur zurückzuweisen, sondern auch zu verurteilen." Wenn man sich noch einmal an den Text des Decretum Gelasianum zu Beginn des 6. Jahrhunderts erinnert, der auch von Verbannung und Verurteilung der apokryphen Schriften spricht, so wird deutlich, daß aus geheimen bzw. verborgenen verbotene Bücher wurden.

Die Verfasser der Apokryphen bezeichneten ihre Werke so gut wie nie als Apokryphen, und doch sind entsprechende Titel, z. B. das Apokryphon des Johannes und das Apokryphon des Jakobus, zumindest ausnahmsweise überliefert. Die Zusammenfassung einer ungeheuren Anzahl von verschiedenen Schriften unter dem Namen Apokryphen ist eine Fremdzuschreibung, deren Sinn darin bestand, ihre Nicht-Identität mit der kirchlichen Lehre herauszustellen. Ein kleiner Teil der Apokryphen, wurde gleichzeitig mit den später kanonisierten Schriften verfaßt und stand damit in Konkurrenz zu ihnen, insbesondere zu den kanonisierten Evangelien. Die meisten Apokryphen entstanden aber während oder nach Abschluß der vorläufigen Kanonisierung. Während die Schriften, die vor dem Jahr 200 n. Chr. verfaßt wurden, oft eine eigene theologische Absicht verfolgten oder andere Aspekte der Lehre Jesu betonen wollten, versuchten Werke, die nach dem vorläufigen Abschluß des Kanons, um 200 n. Chr, geschrieben wurden, die kanonischen Texte zu ergänzen. Mit der definitiven Bestimmung des Kanons Ende des 4. Jahrhunderts, kam auch die Apokryphenproduktion zum Erliegen. Ab jetzt wurden kaum noch Evangelien verfaßt. Trug eine Schrift dennoch diesen Namen, so verbarg sich dahinter fast immer eine Heiligenlegende. Diese neue Form von Texten nannte man „Hagiographien", da sie sich besonders mit dem Leben von Heiligen beschäftigten. Kennzeichnend für diese Schriften ist ein stark legendarischer Zug.

Die Entwicklung der Apokryphen ging einen ähnlichen Weg wie die der meisten kanonischen Schriften. Den Grundstock für ein Werk stellte die mündliche Tradition dar, die dann niedergeschrieben wurde. Zum Teil wurden verschiedene schriftlich fixierte Traditionen miteinander zu einer Schrift verschmolzen. Dies ist der Grund, weswegen z. B. ein in Briefform überlieferter Text Elemente einer Spruchsammlung enthalten kann. Daneben kam es aber auch zur Bildung neuer und eigener Traditionen, indem man sich auf eine bedeutende Person und deren Lehren berief.

DIE LITERARISCHEN GATTUNGEN DER APOKRYPHEN

Ähnlich wie die kanonisierten Schriften lassen sich die Apokryphen in verschiedene Gattungen einteilen. So gibt es neben den Evangelien, Apokalypsen, Briefe und Apostelgeschichten. Keine Parallelen im Kanon weisen die Spruchsammlungen und Dialoge auf. Innerhalb der gnostisch beeinflußten Texte spielen diese Textformen eine große Rolle. Unter Spruchsammlungen versteht man die Zusammenstellung verschiedener Jesus-Worte, die zum Teil nach Themen, zum Teil lose angeordnet wurden. Es wurde bereits erwähnt, daß diese Sammlungen auch auf das Entstehen der synoptischen Evangelien ihren Einfluß hatten. Doch scheint es, daß verschiedene dieser Zusammenstellungen von Jesus-Worten im Umlauf waren, was bedeutet, daß die Verfasser der Apokryphen nicht zwangsläufig auf dieselben zurückgriffen wie Matthäus und Lukas. Wesentlich für diese Gattung ist das Fehlen erzählerischer Elemente. Die als Dialoge überlieferten Schriften beinhalten Gespräche zwischen Jesus und einem seiner Schüler. Sie stellen aber keine Dialoge im eigentlichen Sinne dar, d. h. es findet kein wirkliches Zwiegespräch statt, sondern der Jünger ist mehr ein Stichwortgeber für Jesus, der monologartig seine Schüler belehrt. Obwohl diese Texte nicht zur literarischen Gattung Evangelium gehören, wollen sie von ihrem Selbstverständnis her Evangelium, d. h. Heilsbotschaft, sein. Die literarische Textform von Briefen, Apostelgeschichten und Apokalypsen unterscheidet sich zum Teil in der Gestaltung von denen, die kanonisiert wurden, zum

Teil ist sie diesen ähnlich. Es ist daher schwierig, apokryphe Texte im Vergleich zu den kanonisierten genau in die gleichen Gattungen einzuteilen. Wenn in diesem Buch Texte präsentiert werden, die nicht den Titel Evangelium tragen oder sich der Form nach nicht als Evangelien darstellen, so hängt dies damit zusammen, daß Evangelium nicht als gattungsgeschichtlicher Begriff verwendet wird, sondern seinem ursprünglichen Sinn nach als Heilsbotschaft. So können apokryphe Briefe Spruchsammlungen und Dialoge in sich vereinen, die nur durch die Briefform gerahmt werden, ein Beispiel dafür ist der Jakobus-Brief, auch Apokryphon Jacobi genannt. Die als Apokalypse (Offenbarung) bezeichneten Schriften müssen nicht unbedingt der Gattung Apokalypse angehören, wie dies bei der kanonischen Johannesapokalypse der Fall ist. Die apokryphe 1. Jakobusapokalypse fällt eher unter die Form des Dialoges. Auch das später als Protevangelium des Jakobus bezeichnete Kindheitsevangelium trägt in der wichtigsten überlieferten griechischen Fassung den Titel „Genesis Mariae. Apokalypsis Jacobi“. Wie hieraus deutlich wird, offenbart der Name eines apokryphen Werkes nicht immer seine Textart. Bei vielen Apokryphen handelt es sich um Mischformen, d. h. in ihnen sind die verschiedensten literarischen Gattungen vermischt. Gemeinsam ist ihnen mit den kanonisierten Schriften, daß sie sowohl Heilsbotschaft als auch Offenbarung Jesu Christi sein wollen. Man sollte sich daher bei der Einordnung apokrypher Schriften in die verschiedenen literarischen Gattungen nicht auf deren Titel verlassen.

DIE QUELLEN APOKRYPHEN SCHRIFTGUTES

Wie bereits angesprochen, bescherte der Fund von Nag Hammadi der Forscherwelt einen unsagbar wertvollen Schatz an apokryphen Schriften, der eine neue Sichtweise auf die damit verbundene Geistesströmung freigab. Die Texte von Nag Hammadi stellten aber nicht die einzigen Überlieferungen dieses Schrifttums dar. Bereits Jahrzehnte zuvor wurden in Ägypten und in anderen Ländern immer wieder Texte gefunden, die man den Apokryphen zurechnete, deren Einordnung aber aufgrund der oftmals nur kleinen Fragmentteile sehr schwer fiel. Ein Beispiel dafür ist der Papyrus Oxyrhynchos. Wie so oft wurde diese Entdeckung nach ihrem Fundort Oxyrhynchos in Mittelägypten benannt. 1905 fanden zwei Forscher ein winziges Pergamentstück aus dem 4. oder 5. Jahrhundert, das als Amulett diente. Man müßte daher eigentlich vom Pergamentum Oxyrhynchos sprechen. Auf ihm sind der Rest einer Rede Jesu, der Gang zum Tempelvorplatz und die Auseinandersetzung Jesu mit einem Oberpriester wegen Nichteinhaltung der rituellen Reinigung durch Jesus und seine Jünger aufgezeichnet. Jesus attackiert die Heuchelei der Pharisäer, die sich zwar äußerlich reinigen, aber nicht wirklich ihr Innerstes.

Eine weitere wichtige Quelle stellten die Werke der verschiedensten Kirchenväter und Kirchenschriftsteller dar, die wörtliche Zitate von verschollenen Schriften wiedergaben, wenn auch nur, um diese zu widerlegen. Das judenchristliche Nazaränerevangelium ist zum Beispiel nur noch in Bruchstücken bei Hieronymus, Eusebius und in einigen anderen Texten überliefert. Für das Ägypterevangelium dienen Clemens von Alexandrien, Hippolyt und Epiphanius als Quellen, ja sogar im 2. Clemensbrief wird ein kurzes Stück aus diesem Evangelium zitiert.

Daneben wurden auch Werke immer wieder abgeschrieben und in andere Sprachen übersetzt. Die sehr beliebten Kindheitsevangelien, die eine ungeheure Verbreitung hatten, gehörten zu dieser Gruppe. Sie wurden in den verschiedensten Sprachen in unzähligen Versionen überliefert. Ein deutliches Zeichen für ihre außerordentliche Wertschätzung in weiten Kreisen des Christentums, trotz ihrer Nichtduldung durch die Kirche.

Wenn zu Beginn ausführlicher auf die gnostischen Texte der Apokryphen eingegangen wurde, die durch die Entdeckung in Nag Hammadi nun zur Verfügung standen, so soll dies nicht darüber hinwegtäuschen, daß eine beträchtliche Zahl von Schriften nicht der gnostischen Tradition angehören. Nicht alle Apokryphen sind gnostische Texte. Die meisten Kindheitsevangelien, das Nazaränerevangelium, Ebjonitenevangelium, Petrusevangelium, Nikodemusevangelium, um nur einige zu nennen, enthalten kein oder nur äußerst wenig gnostisches Gedankengut.

DIE GESCHICHTE DER APOKRYPHENFORSCHUNG

Die Erforschung der Apokryphen setzte mit dem Entstehen des Humanismus ein. Der erste, der sich ausführlicher und aus wissenschaftlichem Interesse mit ihnen beschäftigte, war Michael Neander. 1564 erschien seine Ausgabe: „Apocrypha, hoc est, narrationes de Christo, Maria, Josepho, cognatione et familia Christi, extra biblia etc." Mit dem 18. Jahrhundert wurde die Apokryphen-Forschung zur Wissenschaft. In dieser Zeit entstanden etliche Ausgaben und Übersetzungen. Von Bedeutung war die dreibändige Ausgabe von Johann Albert Fabricius, die die Kindheitsevangelien, das Nikodemusevangelium, die Pilatusbriefe, den Lentulusbrief, einige Apostelgeschichten, Apokalypsen und verschiedene Fragmente enthielt. Das ausgehende 19. Jahrhundert mit seiner Vielzahl neuer Funde legte die Grundlagen für eine umfassende und gründliche Untersuchung und Erforschung der Apokryphen. Richtungsweisend für die moderne Forschung wurden die Studien von Konstantin Tischendorf. Er machte sich Mitte des 19. Jahrhunderts philologische, also sprachwissenschaftliche Methoden für die Bearbeitung und Veröffentlichung dieser Texte zueigen. Erwähnt werden muß auch Aurelio de Santos Otero, der die Apokryphenüberlieferung der slawischen Kirche untersuchte, insbesondere die vielen Fassungen der Kindheitsevangelien. Bestimmend für die wissenschaftliche Auseinandersetzung mit apokryphen Texten im 20. Jahrhundert war die Arbeit Edgar Hennekes und an ihn anknüpfend die von Wilhelm Schneemelcher. Ferner seien Ernst Haenchen, Hans Martin Schenke, Henri Charles Puech, Oscar Cullmann und Helmut Köster stellvertretend für viele andere Forscher genannt. Für den englischsprachigen Raum sei auf James Robinson hingewiesen, der maßgeblich an der Übersetzung der Nag Hammadi Schriften beteiligt war.

Mit den seit Jahrhunderten überlieferten, den im 19. Jahrhundert und Anfang dieses Jahrhunderts neu gefundenen Schriften sowie den Nag Hammadi-Texten liegt nun eine umfangreiche Sammlung von Apokryphen vor. Die in diesem Buch ausgewählten Schriften versuchen einen kleinen Einblick in die vielgestaltige apokryphe Evangelienliteratur zu vermitteln.

VERSCHIEDENE ARTEN APOKRYPHER EVANGELIEN

Die apokryphen Evangelien stellen innerhalb der Apokryphen-Literatur eine eigene Gruppe dar. Nachdem der Begriff Evangelium sowohl für Heilsbotschaft als auch für eine literarische Gattung steht, konnten auch apokryphe Schriften diesen Begriff für sich beanspruchen. Es lassen sich verschiedene Gruppen apokrypher Evangelien unterscheiden. Zum einen gibt es Evangelien, die in enger Verbindung zu den kanonischen stehen, dann gibt es mehr oder weniger gnostisch geprägte, wobei diese zum Teil in engem Zusammenhang zu den kanonisierten stehen können und schließlich legendarische Evangelien.

Bei den Evangelien, die in enger Verbindung zu den kanonischen stehen, ist es nicht sicher, ob sich diese auf die synoptische Tradition stützten oder auf eine den Synoptikern ebenfalls zugängliche Tradition. Inwieweit auf schriftliche oder mündliche Traditionen Bezug genommen wurde, kann nicht genau rekonstruiert werden. Zu diesem Evangelientyp rechnet man die judenchristlichen Evangelien, das Petrus-, das Ägypter- und das koptische Thomasevangelium. Eine ausführlichere Darstellung zum Ebjonitenevangelium, einem der judenchristlichen Evangelien, zum Petrusevangelium und zum Thomasevangelium findet sich im Übersetzungsteil. Zur Gruppe der judenchristlichen Evangelien rechnet man neben dem Ebjonitenevangelium, das Nazaränerevangelium und das Hebräerevangelium. Ihre Bezeichnung erhielten sie durch den Personenkreis, für den sie verfaßt wurden. Innerhalb des Christentums kam es sehr schnell zu einer Trennung der Judenchristen und Heidenchristen. Das Judenchristentum wurde von der immer größer werdenden heidenchristlichen Gruppe zurückgedrängt und verlor völlig an Bedeutung, mit ihm seine Schriften. Das Hauptproblem der Erforschung dieser Evangelien besteht darin, daß sie nur in kleinsten Bruchstücken und in Zitaten von Kirchenvätern überliefert sind. Man kennt also kaum ihren Inhalt. Ferner sind die Überlieferungen bei den Kirchenvätern zum Teil so widersprüchlich, daß die Forschung lange Zeit nicht sicher war, wie viele Evangelien überhaupt existierten. Heute geht man von dreien aus. Wie es scheint, ist das Nazaränerevangelium den synoptischen Evangelien nahe verwandt, insbesondere dem kanonischen Matthäusevangelium. Das Hebräerevangelium hingegen unterscheidet sich von diesen. Es hat eine eigene Darstellung der Geburt Jesu und der Herrenbruder Jakobus ist darin die herausragende Gestalt.

Beim Ägypterevangelium handelt es sich um eine Schrift, die im 2. Jahrhundert in Ägypten existierte, von der wir aber nur noch Kenntnis durch einige Zitate bei Clemens von Alexandrien haben. Es ist daher unklar, ob es sich bei den wenig überlieferten Textstellen um ein Evangelium im Sinne der Synoptiker handelte oder um eine Spruchsammlung ähnlich dem koptischen Thomasevangelium.

Die gnostischen Evangelien bezeichnen Schriften, die mehr oder weniger stark gnostisches Gedankengut enthalten. Das soeben genannte Thomasevangelium könnte auch als gnostisches Evangelium bezeichnet werden. Da das Wissen für den Gnostiker das wichtigste Instrument für die Rückkehr zu Gott darstellt, sind die gnostischen Evangelien vor allem durch den Dialog Jesu mit seinen Jüngern bzw. einem einzelnen Jünger gekennzeichnet. Wesentlich an diesen Gesprächen ist jedoch, daß sie Monologe Jesu sind, in denen er seine Erlösungsbotschaft und den Weg zum Heil verkündet. Ein weiteres Wesensmerkmal dieser Schriften ist das offensichtliche Desinteresse am historischen Jesus. Damit ist verständlich, weswegen Erzählungen über Jesu Wirken hier in den Hintergrund treten. Zu diesen Evangelien zählt man das Evangelium der Wahrheit, das Philippusevangelium sowie die meisten Evangelien, die unter einem Apostelnamen laufen, z.B. das Evangelium nach Matthias, das Evangelium des Judas etc. oder Evangelien, die mit dem Namen einer heiligen Frau in Verbindung gebracht werden, z.B. das Evangelium der Maria. Ähnlich in der Diktion sind der Dialog des Erlösers, die Sophia Jesu Christi und das Apokryphon des Johannes sowie verschiedene andere Texte, die jedoch weder durch einen entsprechenden Namen noch durch die Textgattung als Evangelien gekennzeichnet sind.

Die letzte Gruppe stellen die sogenannten legendarischen Evangelien dar. Im Gegensatz zu den gnostischen Evangelien ist in ihnen besonders der Erzählteil von Bedeutung. Man rechnet sie zur erbaulichen Literatur. Sie wollten vor allem weitere Information zum Leben Jesu vermitteln, die in den kanonischen

Evangelien nicht überliefert sind. Wesentlich ist ihnen, daß sie zum Teil Elemente der Erzählungen über das Leben Jesu mit anderen Traditionen vermischen, insbesondere mit den Legenden und Mythen der Volksliteratur. Einzelne Randepisoden und Begebenheiten der synoptischen Evangelien, wurden zum Teil sehr stark ausgebaut und zum Zentrum der Darstellung gemacht. Im Gegensatz zu den gnostischen Schriften genossen sie in weiten Kreisen des Christentums hohes Ansehen. Zu ihnen zählt man unter anderem die Kindheitsevangelien, das Nikodemusevangelium und die gesamte Pilatusliteratur.

Gemeinsam ist aber allen diesen Schriften, daß sie zusätzliche oder andere Informationen über Jesu Leben und Lehren vermitteln wollen. Man kann diese Texte auch entsprechend der Informationen, die sie über die verschiedenen Stadien des Lebens Jesu geben, gruppieren. Ein Teil der Evangelien wollte nur über seine Kindheit berichten. Dem Großteil der Schriften, insbesondere aus dem gnostischen Milieu, lag jedoch die Vermittlung der Lehre und die Wirksamkeit Jesu während seines Predigens in Israel am Herzen. Eine andere Gruppe beschäftigte sich ausführlich mit der Passion und den nachösterlichen Ereignissen. Die Anordnung der apokryphen Evangelien, die hier übersetzt wurden, folgt diesem Schema, denn dadurch wird am besten deutlich, was sie alles zusätzlich über das Leben Jesu zu verraten haben.

MOTIVE FÜR DIE ENTSTEHUNG DER APOKRYPHEN

Wenn man bedenkt, daß sich im 2. Jahrhundert bereits ein kirchlicher Kanon herauskristallisierte und die Kanonisierung um das Jahr 200 n. Chr. mehr oder weniger abgeschlossen war, stellt sich die Frage, warum und für wen weitere Schriften angefertigt wurden, die sich in irgendeiner Weise auf Jesus Christus bezogen? Hierauf lassen sich einige Antworten finden. Wichtig ist es, darauf hinzuweisen, daß die Motive für die Erstellung der verschiedenen Texte unterschiedlicher Natur waren.

In den erzählerisch orientierten Schriften spielte das Moment der Erbauung eine wichtige Rolle. Erbauung bedeutete aber nicht Unterhaltung, sondern den

Menschen innerlich aufzubauen. Es galt in erster Linie, durch die Erzählungen dem Gläubigen Halt und Kraft für sein alltägliches Leben zu geben. Daß viele Stilelemente aus der weltlichen Literatur, z. B. der antiken Romanliteratur übernommen wurden, sollte dem nicht entgegenstehen. Mittels der unterhaltenden Aspekte wurde eine theologische Absicht transportiert. Das Leben der dargestellten Personen sollte den Gläubigen Vorbild und Anreiz für ihr eigenes Tun sein. Legendarische und mytholgische Aspekte dienten der ansprechenden Vermittlung des eigentlichen theologischen Zwecks.

Für die Kindheitsevangelien läßt sich als Entstehungshintergrund die Wissenslücke über Jesu Kindheit bei den Synoptikern und bei Johannes angeben. Nachdem Markus und Johannes über keine Kindheitsgeschichte verfügen, Lukas und Matthäus zwar die Verkündigung und Geburt Jesu erzählen, nichts aber über seine Kindheit, lag es auf der Hand, diese Jahre zum Thema der Erzählungen zu machen, weil von seiten der Gläubigen ein großes Interesse daran bestand. Daneben gab es aufgrund der Angriffe aus dem Judentum bezüglich der Abstammung Jesu ein Bedürfnis, seine göttliche Abstammung zu rechtfertigen. Aber auch die Existenz der im Markusevangelium genannten Brüder Jesu mußte sinnvoll erklärt werden, standen sie doch gegen die Jungfräulichkeit Mariens. Aber auch die Person der Maria trat in den Vordergrund, da diese Informationen bei Matthäus und Lukas äußerst spärlich waren.

Das Ergänzungsmotiv tritt ferner bei den Schriften in den Vordergrund, die ihr Augenmerk auf eine bestimmte Gestalt der neutestamentlichen Erzählungen gerichtet hatten, so z. B. die Apostelgeschichten. Eine in den kanonisierten Evangelien genannte, aber nicht besonders hervorgehobene Person, wird hier neben der Gestalt Jesu zur wichtigsten Figur, wie z. B. der Herrenbruder Jakobus im Hebräerevangelium. Der Grund für die Entstehung dieser Schriften liegt vor allem in der Geschichte der Gemeinden, für die sie geschrieben wurden. Oftmals fühlten sie sich mit einer bestimmten historischen Person eng verbunden, sei es, daß sie durch diese missioniert wurden oder mit deren Theologie verbunden waren. Auch die in diesen Gemeinden praktizierten Riten und Bräuche sollten durch ein eigenes Schriftgut abgesichert, d. h. legitimiert werden. Man versuchte das Glaubensleben, das durch Verkündigung und Ritus bestimmt war, als lange und alte Tradition auszugeben, was dieses zum Teil auch war, und damit vor Angriffen, die diese eigene, sich von der Großkirche unterscheidende, Glaubenspraxis betraf zu schützen. Es sei an dieser Stelle noch einmal daran erinnert, daß sich zwar im 2. Jahrhundert die Kanonisierung bestimmter Schriften abzeichnete, diese aber noch nicht abgeschlossen war. Im Zusammenhang mit der Ergänzung bestehender, später kanonisierter Schriften, bedeutete dies, daß durchaus Raum für Ergänzungen war, da eben noch keine überall verbindliche Lehre existierte, die darüber entschied, was rechtgläubig war und was nicht. Erst nach Abschluß der Kanonisierung und Durchsetzung der Verbindlichkeit des Kanons konnten diese Schriften als nicht mit der Tradition der Großkirche übereinstimmend abgelehnt und verboten werden. Innerhalb des Schrifttums der Apokryphen läßt sich mit der verbindlichen Fixierung des Kanons ein Umschwung feststellen. Die nun verfaßten Schriften trugen deutliche Züge der Lehre und Anschauungen der jeweiligen Gruppen, die diese erstellten und nutzten. Sie dienten zur Ausbreitung und Rechtfertigung der jeweiligen Sondermeinungen und Ansichten, die sich zum Teil erheblich von denen der Kirche unterschieden.

Neben dem Ergänzungsmotiv spielte aber auch die Sicherung der eigenen Tradition einer Gemeinde neben der kanonisierten oder im Kanonisierungsprozeß befindlichen Tradition eine erhebliche Rolle. Es sei hier nur noch einmal auf die Petrus-, Thomas- und Johannestradition in Syrien verwiesen. Oftmals hatte die Person, auf die man sich berief, eine ungeheure Autorität, da man sie direkt mit dem Jüngerkreis Jesu in Verbindung brachte. Es galt, diese mündliche Tradition zu sichern, indem man sie schriftlich fixierte. Diese Fixierung fand ihren Niederschlag in den verschiedensten literarischen Formen, wie ja bereits erwähnt wurde. Interessant ist in diesem Zusammenhang die Geschichte der Thomastradition in Ostsyrien. Der Apostel Thomas wurde als Begründer der dortigen Gemeinde verehrt. Das ihm zugeschriebene Evangelium will die „verborgenen Worte" Jesu überliefern. Dazu sammelte der Verfasser 114 Sprüche. Von Bedeutung ist hierbei, daß sich die eine Hälfte der Sprüche auch bei den Synoptikern, aber auch bei Johannes finden läßt, die andere jedoch aus zum Teil völlig unbekannten Texten besteht. Wahrscheinlich benutzte der Verfasser für die Sprüche eine ähnliche Quelle wie die Synoptiker, ohne diese selbst oder die Synoptiker als direkte Vorlage verwendet zu haben. Damit würden

Teile des Evangeliums auf eine gleich alte Tradition von Jesusworten zurückgreifen wie die Synoptiker und damit Anspruch auf Authentizität erheben können. Bezeichnend für das Thomas-Christentum war seine synkretistische Neigung, d. h. seine Vorliebe, verschiedene Lehren und Traditionen in sich aufzunehmen. Die später als rechtgläubig bezeichnete Gruppe war im 2. und 3. Jahrhundert in Edessa, dem Zentrum des ostsyrischen Christentums, eine Minderheit. Neben den Christen, die der Thomastradition verbunden waren, spielte der Manichäismus, jene synkretistische Bewegung Persiens, welche Elemente der verschiedensten Religionen in sich vereinte, die entscheidende Rolle in Edessa. Erst mit der Hinwendung vieler Christen zum Manichäismus konnte sich die westlich geprägte Strömung der christlichen Orthodoxie in Ostsyrien durchsetzen. In diesem Moment entstand eine neue apostolische Tradition. Auf einmal war nicht mehr Thomas der Gründer der ostsyrischen Gemeinde, sondern der Apostel Thaddhäus, der von eben jenem Thomas zur Verkündigung des Glaubens nach Edessa geschickt worden sein soll. Diese Theorie konnte sich in der Kirche schnell durchsetzen, obwohl sie eine bloße Erfindung war. Dazu trug maßgeblich die Verbreitung der Abgarsage bei, die zu dieser Zeit entstand und eine Propagandaschrift der rechtgläubigen Christen gegen den Manichäismus darstellte. Mit dem Zurückdrängen der Thomas-Christen verloren auch ihre Schriften an Bedeutung. Das Thomasevangelium galt als häretisch.

Der Grund der Nicht-Kanonisierung bestimmter Schriften lag nicht immer nur darin, daß das Gedankengut als gnostisch oder häretisch betrachtet wurde, manchmal hatte die entsprechende Gruppe einfach nicht die Macht und den Einfluß, um sich und ihr Schrifttum in der Großkirche durchzusetzen. Dies galt beispielsweise für die judenchristlich geprägte Petrustradition Westsyriens, die in scharfem Kontrast zum paulinischen Christentum stand. Von ihren Schriften übernahm die Großkirche nur das Matthäusevangelium. Das Petrusevangelium konnte sich in den von der paulinischen Theologie dominierten Kreisen des Heidenchristentums nicht durchsetzen.

Mit der Frage nach den Motiven für die Entstehung der apokryphen Schriften wurde auch schon angesprochen, für wen sie verfaßt wurden. Ähnlich wie die kanonisierten Evangelien waren sie zum einen Schriften für Gemeinden mit einem bestimmten geschichtlichen, sozialen und ethnischen Hintergrund, die über eine sehr lebendige und eigenständige Tradition verfügten. Zum anderen stellten die Texte auf der einen Seite das Schriftgut einzelner Gruppen dar, die mit der Großkirche nur noch sehr wenig oder überhaupt nichts mehr zu tun hatten und durch dieses für ihre Ziele und Ideen werben und sie verbreiten wollten. Auf eine Aufnahme ihrer Schriften in den Kanon konnten sie zu diesem Zeitpunkt ja nicht mehr hoffen. Daneben entstanden aber auch Schriften, die dem allgemeinen Interesse weiter Kreise innerhalb des Christentums an bestimmten Themen, z. B. der Kindheit Jesu, Rechnung trugen. Dieses Interesse wuchs mit dem zunehmenden zeitlichen Abstand zu Jesu Leben und Lehren.

5. WEITERENTWICKLUNG APOKRYPHER ZEUGNISSE

ZUR WIRKUNGSGESCHICHTE APOKRYPHER LITERATUR

Für einen Teil der Apokryphen-Literatur läßt sich eine bedeutende Wirkungsgeschichte nachweisen. Es handelt sich hier vor allem um Schriften aus dem legendarischen und erzählerischen Bereich. Sie wurden mitunter bis ins hohe Mittelalter überliefert und immer wieder kopiert, auch wenn sie von der Amtskirche abgelehnt und verboten waren. Wie kaum ein anderes Schrifttum waren sie beim Kirchenvolk beliebt und prägten viele Bräuche und Vorstellungen, die zum Teil noch heute praktiziert werden und präsent sind. Viele Marienfeste des Mittelalters haben ihren Ursprung in den Apokryphen, z. B. „Maria Geburt", „Maria Opferung", „Fest der heiligen Joachim und Anna" sowie das Fest der „Unbefleckten Empfängnis Mariens". Das Fest der „Darstellung Mariens im Tempel" wurde hingegen von der mittelalterlichen Kirche verboten.

Man kann sagen, die gesamte Mariologie wurde in den apokryphen Evangelien besonderes gepflegt und ist in ihnen verankert. Es sei hier nur noch einmal an das Protevangelium des Jakobus erinnert, das zu zwei Dritteln aus Marienerzählungen besteht. Dieses Evangelium kann sogar auf eine besondere Wirkungsgeschichte stolz sein. Obwohl es in der westlichen Kirche verboten war – in der östlichen Kirche wurde es geduldet, galt aber auch nicht als kanonisch –, kann es als geistige Grundlage des Dogmas der „Unbefleckten Empfängnis Mariens" gelten. Die unbefleckte Empfängnis Mariens bedeutet, daß Maria vom ersten Moment im Schoße ihrer Mutter durch Gottes Gnade frei von Erbschuld war. Diese theologische Richtung ist im Protevangelium des Jakobus bereits sehr viel deutlicher angelegt als in den kanonischen Evangelien des Matthäus und Lukas. Wir sind nun mit der aberwitzigen Situation konfrontiert, daß ein verbotenes Evangelium die theologische Grundlage für einen Bereich in der kirchlichen Dogmatik, nämlich für die Mariologie, legte.

Neben dem Brauchtum hatten diese Schriften einen enormen Einfluß auf die bildende Kunst. Ikonographie, Freskenmalerei, Mosaikkunst, Schnitzerei und Buchmalerei schöpften ihre Themen aus den Erzählungen der Apokryphen, auch wenn diese insbesondere von der westlichen Kirche abgelehnt bzw. verboten wurden. Es waren vor allem Darstellungen aus dem Leben des Kindes Jesus und Mariens, die verarbeitet wurden. Die älteste Überlieferung dieser Art stellen Mosaiken im Triumphbogen von Santa Maria Maggiore in Rom dar. Sie stammen aus dem 5. Jahrhundert. Im 14. Jahrhundert entstanden im Chorakloster in Konstantinopel Mosaiken, die das Leben Marias zum Inhalt hatten und sich sehr stark an das Protevangelium des Jakobus anlehnten. Gerade die Wiedergabe der Geburt Jesu in der byzantinischen Kunst zeigt ab dem 10. Jahrhundert ein bestimmtes Muster immer wiederkehrender Elemente. Dazu gehört die Höhle als Ort des Geschehens, das Jesuskind in einem Trog, die Anwesenheit von Ochs und Esel sowie Maria im Mittelpunkt des Bildes. Auch in der westlichen Tradition hat sich diese Konstellation durchgesetzt, lediglich aus der Höhle wurde hier ein Stall. Eine Darstellung des Weihnachtsgeschehens, die so vertraut und selbstverständlich erscheint, daß ihre Nichtüberlieferung durch die synoptischen Evangelien kaum bewußt ist. Wer möchte heute noch auf die Krippe unter dem Christbaum verzichten, nur weil es sich um eine Erzählung aus einem apokryphen Evangelium handelt? Selbst die Kirche pflegt diesen Brauch. Und die so selbstverständliche Kenntnis der Namen der drei Weisen aus dem Morgenland, woraus wird sie gewonnen? Bei einer Durchsicht der Synoptiker muß man feststellen, daß deren Namen nirgendwo genannt werden.

Ein beliebtes Thema stellte die malerische Umsetzung des Todes und der Auferstehung Marias dar, die im Neuen Testament nirgendwo erwähnt ist. Die bildnerischen Darstellungen gehen auf die frühe apokryphe Marienlegende „De Transitu Beatae Mariae Virginis" zurück. Neben dieser gab es jedoch eine Vielzahl verschiedener Marienlegenden, die dem großen Interesse und der stetig wachsenden Verehrung der Person Mariens Rechnung trugen. Im Osten war der Glaube an die Himmelfahrt Mariens sehr viel früher allgemein anerkanntes Glaubensgut als im Westen. Neben der Umsetzung des Stoffes in der Ikonenmalerei fand er in der Buchmalerei, in Reliefs, aber auch in der Monumentalmalerei seinen Niederschlag. Das älteste Zeugnis einer Darstellung des Todes Mariens ist aus dem 8. Jahrhundert überliefert, es bezeugt, daß in der Jerusalemer Sions-Kirche dieses Ereignis abgebildet ist. Typische Elemente sind die Gruppierung der Apostel zu Mariens Füßen, je nach ihrem zeitlichen Entstehen auch die Aufteilung der Gruppe zu Füßen und am Kopf sowie die auf einem Bett liegende Maria, deren Arme meistens auf der Brust gekreuzt sind. Hinter dem Bett steht Christus mit Marias Seele. Darüber schweben zwei Engel, um ihre Seele in Empfang zu nehmen.

Ein anderes Thema der Apokryphen, das in der Kunst thematisiert wurde, ist die sogenannte Höllenfahrt Jesu. Sie nimmt in den Pilatusakten breiten Raum ein. Auch von ihr wird an keiner Stelle in den kanonischen Evangelien berichtet. Wesentliche Elemente dieser Darstellung sind Christus, der größer ist als die übrigen Personen, Adam und Eva sowie Hades, der Adam fassen möchte, welcher jedoch von Christus gehalten wird. Über Adam ist meist Eva angeordnet und über ihr die geöffneten Höllentore und zwei gekrönte Männer in Sarkophagen; meistens handelt es sich dabei um die Könige David und Salomon. Zu finden sind diese Bilder z. B. in den Höhlen Kappadokiens als Wandfresken oder im Sinai-Kloster als Diptychon, ferner auf unzähligen Ikonen und Randminiaturen der Buchkunst. Im Lauf der Zeit änderte sich die Anordnung der

Personengruppen, es wurden teilweise Gestirne hinzugefügt. Ferner lassen sich anhand der Art und Weise der Darstellungen Unterschiede zwischen der byzantischen und der westlichen Kunst aufzeigen, auf die hier aber nicht eingegangen werden kann.

Aber auch in der Literatur lassen sich Einflüsse der Apokryphen nachweisen. So wurde die Mariendichtung in ihren Motiven von ihnen beinflußt. Prudentius, ein Dichter des Altertums, verwendete apokryphe Themen für seine Marienlieder, ebenso die mittelalterliche Nonne Roswitha. Auch Literaten des 20. Jahrhunderts griffen darauf zurück. Rilkes „Marien-Leben" bediente sich apokrypher Stoffe. Felix Timmermann nahm in seinem Buch „Das Jesuskind in Flandern" ebenfalls Motive aus den apokryphen Kindheitsevangelien auf. Das Interesse an diesen Texten ist also bis heute ungebrochen.

TEIL B

DAS PROTEVANGELIUM
DES JAKOBUS

*D*as Protevangelium des Jakobus gehört zu den Kindheitsevangelien und da- *mit zu jenen apokryphen Werken, die den überlieferungsgeschichtlich be- deutendsten Teil der Apokryphen darstellen. Keine andere Evangelienart wurde in so vielen verschiedenen Fassungen weitergegeben wie das Pseudo-Matthäusevange- lium, die Kindheitsgeschichte nach Thomas oder das Protevangelium des Jakobus. Und obwohl sie von der Kirche nie anerkannt und oftmals wegen Geschmacklosig- keiten und Derbheiten verurteilt wurden, erfreuten sie sich beim Kirchenvolk wegen ihrer legendarischen Darstellungen großer Beliebtheit. Die Kindheitsevangelien geben Antworten auf viele Fragen, die in den kanonischen Evangelien entweder ungenügend oder gar nicht beantwortet werden: Wie sah die Kindheit Jesu aus? Was tat der junge Jesus, zeigte sich seine Göttlichkeit schon in frühen Jahren? Aber auch der familiäre Hintergrund Jesu, über den in den synoptischen Schriften kaum berichtet wurde, stand im Interesse der Gläubigen. Man wollte wissen, wer Marias Eltern waren, was sie taten, wie Maria aufwuchs.*

Daneben galt es, Angriffe aus dem Judentum, die sich auf die Abstammung Jesu bezogen, abzuwehren und ihn als Nachkommen Davids und damit als Messias zu erweisen. Auch mußte man verständlich erklären, woher die Brüder Jesu, von denen bei Markus (Mk 3,31–35) die Rede ist, kamen. Die Antwort, die etwa das Prot- evangelium des Jakobus zu diesen beiden Problemen beisteuert, besteht zum einen darin, auch Marias Abstammung von David zu behaupten, zum anderen aber darin, die Brüder Jesu als Josefs Kinder aus erster Ehe darzustellen.

Bei diesem ursprünglich auf Griechisch verfaßten Protevangelium des Jakobus handelt es sich wohl um das am häufigsten übersetzte und überlieferte apokryphe Evangelium. Der Titel, der sich heute eingebürgert hat, ist eine nachträgliche Bezeichnung aus dem 16. Jahrhundert, die auf den französischen Humanisten Guillaume Postel zurückgeht. Protevangelium, also „erstes Evangelium", wurde es deshalb genannt, weil es das erzählt, was „zuerst" geschehen ist, nämlich vor dem, was die kanonischen Evangelien berichten. Weil aber bei Markus eine Kindheitsgeschichte fehlt, hielt man das Protevangelium für dessen Einleitung. Auf die älteste überlieferte Handschrift aus dem 3. oder 4. Jahrhundert trifft diese Zuschreibung aber keineswegs zu. Hier ist das Evangelium mit „Geburt der Maria. Offenbarung des Jakobus" überschrieben.

Das Protevangelium des Jakobus wurde in zahlreiche Sprachen übersetzt, ins Syrische, Georgische, Armenische, Lateinische und Slawische, aber auch ins Koptische, Arabische und Äthiopische. Und wenn man von der Anzahl der Fassungen in einer Sprache auf die Beliebtheit einer Schrift schließen kann, so machen die allein 169 slawischen Fassungen das große Interesse am Protevangelium mehr als deutlich.

Die kirchliche Tradition hielt den Herrenbruder Jakobus für den Verfasser dieses Werkes. Doch da der Autor die Kindheitsgeschichten der Synoptiker voraussetzte, war er sicher kein Zeitzeuge Jesu, und das Evangelium wird in seinem Grundbestand kaum vor 150 n. Chr. entstanden sein. Da aber andererseits offensichtlich der Kanon des Neuen Testaments bei Abfassung des Werkes noch nicht endgültig abgeschlossen war, wird es auch nicht sehr viel später entstanden sein, zumal es Clemens von Alexandrien (gest. 215 n. Chr.) und Origenes (gest. 250 n. Chr.) bereits kannten.

Der Abfassungsort des Protevangeliums kann nicht mit absoluter Sicherheit ermittelt werden, aber einige Hinweise, so etwa die fehlenden Kenntnisse der geographischen Verhältnisse Palästinas sowie der jüdischen Vorschriften und Gepflogenheiten, sprechen für eine Entstehung außerhalb Palästinas. Möglicherweise wurde es in Ägypten geschrieben.

Das Evangelium ist nicht nur als Vorgeschichte lesenswert, sondern auch aufgrund der erzählerischen Eigenart dieses liebevoll gestalteten Sammelwerkes. Sein Verfasser griff darin auf zahlreiche Traditionen zurück, die ihm Aufschluß über die Vorgeschichte Jesu gaben. Es sind dies zum einen schriftliche Quellen, allen *voran die Kindheitsgeschichten der Evangelien nach Matthäus und Lukas, aber auch das griechische Alte Testament, das sich geradezu sprachbildend auf das Evangelium nach Jakobus ausgewirkt hat. Daneben benützte der Verfasser mündliche Überlieferungen, die vor allem legendarischen Stoff über Josef und Maria geboten haben. Aus dieser sehr lebendigen Tradition bezog er auch einige besondere Einzelmotive, wie beispielsweise die Episode von der Hebamme (Kap. 18–20) oder die Höhle als Geburtsort Jesu (18,1). Verglichen mit den anderen Kindheitsevangelien zeichnet sich das Protevangelium des Jakobus allgemein durch eine sehr zurückhaltende Art der Erzählung aus, die auf Sensationen und Derbheiten weitgehend verzichtet.*

Die Wirkungsgeschichte des Protevangelium des Jakobus verlief im Osten und Westen unterschiedlich, obwohl es in beiden Teilen der Kirche äußerst beliebt war. In der Westkirche wurde es offiziell verboten, im Osten fand es sogar einen Platz in der Liturgie.

Im Protevangelium des Jakobus tritt insbesondere die Person Marias, ihre Herkunft und Familie in den Vordergrund. Es gibt damit Einblick in die zeitgenössische Marienverehrung und die ihr zugrunde liegende Volksfrömmigkeit der ersten beiden Jahrhunderte. Aber es hatte dadurch auch eine großartige Wirkung auf die spätere Frömmigkeit, auf die christliche Kunst, die Ausgestaltung des christlichen Festkalenders, vor allem was die Marienfeste betrifft, und schließlich auch auf den Glauben der Kirche, selbst auf Dogmen, wie die Jungfräulichkeit Marias.

Diese Ausrichtung des Evangeliums an Maria bringt es mit sich, daß sich zwei Drittel des Werkes fast ausschließlich mit der Gottesmutter beschäftigen und nur ungefähr ein Drittel mit der Geburt des Herrn und damit mit Jesus Christus selbst. Waren die Informationen über Maria und ihre Familie bei Matthäus und Lukas, die als einzige kanonische Schriften von der Geburt Jesu erzählen, nur äußerst spärlich, so hat sie das Protevangelium beträchtlich vermehrt. Jakobus berichtet von der Sehnsucht des kinderlosen Paares Joachim und Anna nach Nachwuchs, die einige alttestamentliche Parallelen, z. B. bei Abraham und Sara hat, von der wunderbaren Empfängnis und der Geburt Marias, ihrem Aufwachsen in Familie und im Tempel und ihrem von Gott gefügten Verhältnis zu dem Witwer Josef (Kapitel 1–16). Es schildert die Verwicklungen, die sich durch die jungfräuliche Empfängnis Marias ergaben, sowie die Geburt Jesu in Bethlehem (Kapitel 17–21). Ein Nachtrag ist wahrscheinlich der Teil, der abschließend die Kinderverfolgung des Herodes mit der Geschichte von Johannes dem Täufer und der Ermordung seines Vaters Zacharias im Tempel verquickt (Kapitel 22–24).

Die folgende Übersetzung folgt der ältesten Handschrift, dem Papyrus Bodmer 5, einer erstmals 1958 veröffentlichten Textversion, die aus dem 4. oder sogar 3. Jahrhundert n. Chr. stammt. Auch wenn es sich wahrscheinlich nicht um die älteste rekonstruierbare Textfassung handelt, ist dieser Text als ältester Zeuge der Übersetzung durchgängig zugrundegelegt. Es wurden nur dort weitere Handschriften-Lesarten in Kursive hinzugezogen, wo es das Verständnis des Textes erfordert.

Geburt Marias
Offenbarung des Jakobus

1. Kapitel

(1) In den Geschichten der zwölf Stämme war Joachim sehr reich und brachte dem Herrn doppelt so viele Opfergaben wie erforderlich dar, denn er sagte sich: „Mein Überfluß soll dem ganzen Volk und mein Pflichtteil Gott, dem Herrn, zu meiner Versöhnung gehören."

(2) Es nahte aber der große Tag des Herrn, und die Israeliten brachten ihre Gaben dar. Da traten sie vor ihn hin, auch Rubel, und sagten: „Es ist dir nicht gestattet, deine Gaben als erster zu bringen, denn du hast keine Nachkommen in Israel hervorgebracht."

> Eigentlich Ruben als ein Mann aus dem Stamm Ruben, der nach dem Erstgeborenen Jakobs benannt ist.

(3) Das machte Joachim sehr traurig, und er ging zum Zwölfstämmeregister des Volkes *und sagte sich dabei: „Ich will im Zwölfstämmeregister Israels nach-*

sehen, ob ich denn der einzige bin, der sich in Israel keine Nachkommen geschaffen hat." *Er* forschte nach und fand bei allen Gerechten heraus, daß sie Nachkommen in Israel erweckt hatten. Und *er* erinnerte *sich* an den Patriarchen Abraham, dem Gott, der Herr, in seinen letzten Tagen einen Sohn, den Isaak, geschenkt hatte.

Gen 18,10–15; 17,15–19

(4) Joachim war sehr traurig. Er zeigte sich nicht seiner Frau, sondern begab sich in die Wüste. Dort stellte er ein Zelt auf und fastete 40 Tage und 40 Nächte. Joachim sagte sich: „Ich werde nicht zurückgehen, weder zum Essen noch zum Trinken, bis der Herr, mein Gott, sich um mich kümmert. Bis dahin soll mir das Gebet Speise und Trank sein."

Mt 4,2 schildert Jesu 40-tägigen Wüstenaufenthalt. Die Zahl 40 symbolisiert offensichtlich Vollständigkeit und Abgeschlossenheit in Bezug auf einen Zeitraum.

2. KAPITEL

(1) Seine Frau Anna aber stimmte zwei Klagen an, erhob zweifaches Jammern und sagte: „Ich will betrauern meine Witwenschaft, und ich will betrauern meine Kinderlosigkeit."

Jes 54

(2) Der große Tag des Herrn aber war nahe. Da sprach Euthine, ihre Magd, zu ihr: „Wie lange willst du deine Seele noch erniedrigen? Nahe ist der große Tag des Herrn, da darfst du nicht trauern! Nimm statt dessen dieses Kopftuch, das mir die Meisterin geschenkt hat! Denn mir ist es nicht gestattet, es zu tragen, weil ich nur deine Magd bin, es aber ein königliches Abzeichen hat."

(3) Anna entgegnete: „Geh weg von mir! Das habe nicht ich getan, vielmehr war es Gott, der Herr, der mich sehr erniedrigt hat. Bestimmt hat dir das ein

Betrüger gegeben, und jetzt bist du gekommen und willst mich an deiner Schuld beteiligen!"

Euthine, die Magd, antwortete: „Was soll ich dich noch verwünschen, weil du nicht auf mich gehört hast? Gott, der Herr, hat deinen Mutterschoß ja schon verschlossen, um dir keine Frucht in Israel zu geben."

(4) Da wurde Anna sehr traurig. Sie zog aber ihr Trauergewand aus, wusch sich den Kopf und legte ihr Hochzeitskleid an. Um die neunte Stunde stieg sie hinab in ihren Garten, um spazierenzugehen. Da erblickte sie einen Lorbeerbaum und setzte sich darunter. Nachdem sie ausgeruht hatte, flehte sie den Herrn an und sprach: „Gott der Väter, segne mich und erhöre meine Bitte, wie du die Mutter Sara gesegnet und ihr den Sohn Isaak geschenkt hast."

Gen 21,1

3. KAPITEL

(1) Und Anna *sah* zum Himmel hinauf und erblickte ein Sperlingsnest im Lorbeerbaum. Sofort klagte sie über sich und sprach: „Wehe mir, wer hat mich gezeugt? Welcher Mutterschoß hat mich hervorgebracht? Denn als Fluch bin ich geboren vor diesen allen und vor den Israeliten. Ich wurde geschmäht, ließ mich verhöhnen und vertreiben aus dem Tempel des Herrn, meines Gottes.

Jer 15,10; Hi 3,1–12; 10,18

(2) Wehe mir, wem bin ich gleich geworden? Nicht den Vögeln des Himmels, denn auch die Vögel des Himmels sind fruchtbar vor dir, Herr. Wem bin ich gleich geworden? Nicht den vernunftlosen Lebewesen, denn auch die vernunftlosen Lebewesen sind

Weish 11,15; 2 Petr 2,12

fruchtbar vor dir, Herr. Wem bin ich gleich geworden? Nicht den Landtieren, denn auch die Landtiere sind fruchtbar vor dir, Herr.

(3) Wehe mir, wem bin ich gleich geworden? Nicht diesen Wassern, denn auch diese Wasser sind einmal ruhig und einmal sprudelnd, und ihre Fische preisen dich, Herr. Weh mir, wem bin ich gleich geworden? Nicht dieser Erde, denn auch die Erde bringt ihre Früchte je zu ihrer Zeit hervor und preist dich, Herr."

4. KAPITEL

(1) Und siehe, da trat ein Engel des Herrn zu ihr und sprach: „Anna, Anna, Gott, der Herr, hat deine Bitte erhört. Du wirst empfangen und gebären, und deine Nachkommenschaft wird auf der ganzen Welt bekannt werden!"

Anna sprach: „So wahr Gott, der Herr, lebt! Wenn ich gebäre, sei es ein Junge oder ein Mädchen, werde ich es dem Herrn, meinem Gott, als Geschenk darbringen, und es wird ihm dienen, solange es lebt."

(2) Und siehe, da kamen zwei Boten und sagten zu ihr: „Siehe, Joachim, dein Mann, kommt mit seinen Herden." Denn ein Engel des Herrn war zu Joachim hinabgekommen und hatte zu ihm gesagt: „Joachim, Joachim, Gott, der Herr, hat deine Bitte erhört. Komm herab von hier! Siehe, deine Frau Anna hat in ihrem Bauch empfangen."

(3) Und sofort stieg Joachim hinab, rief seine Hirten und befahl ihnen: „Bringt mir zehn makel- und fehlerlose Lämmer hierher – die zehn Lämmer soll

Lk 1,13

In 1 Sam 1,11 verspricht Hanna in ähnlicher Situation vor der Empfängnis des Samuel: „(Ich will) ihn dem Herrn weihen sein Leben lang."

Gott, der Herr, bekommen. Und bringt mir zwölf zarte Kälber – die zwölf Kälber sollen die Priester und der Rat der Alten bekommen; und schließlich 100 Böcke – die 100 Böcke soll das ganze Volk bekommen."

(4) Und siehe, als Joachim mit seinen Hirten eintraf, stand Anna unter der Türe und sah Joachim mit seinen Hirten kommen. Als sie ihn erblickte, lief Anna sofort zu ihm, umarmte ihn und sagte: „Jetzt weiß ich, daß Gott, der Herr, dich reich gesegnet hat. Denn siehe, die Witwe ist keine Witwe mehr, und ich, die Kinderlose, habe in meinem Bauch empfangen."

Joachim ruhte sich aber am ersten Tag aus in seinem Haus.

Jes 49,21; 54,1–6

5. KAPITEL

(1) Als er aber am nächsten Tag seine Gaben darbrachte, sagte er zu sich: „Wenn mir Gott, der Herr, gewogen ist, wird es mir das Stirnband des Priesters zeigen." Und Joachim brachte seine Gaben dar und achtete dabei auf das Stirnband des Priesters, als er auf den Brandopferaltar hinaufstieg. Er wurde sich aber keiner Sünde in sich selbst bewußt. Da sprach Joachim: „Nun weiß ich, daß mir Gott, der Herr, gewogen ist und mir alle meine Sünden vergeben hat." Er stieg als Gerechtfertigter vom Tempel des Herrn hinab und begab sich in sein Haus.

(2) Sechs Monate vergingen, wie (der Engel) ihr gesagt hatte, im siebten aber gebar Anna. Und sie fragte die Hebamme: „Was habe ich geboren?"

Ex 28,36. 38: „Dann verfertige ein Stirnblatt aus reinem Gold und graviere darauf in Siegelstecherarbeit ein: ‚Heilig dem Herrn!' (…) Es soll auf Aarons Stirn sein; und so nehme Aaron die Verfehlungen an den Weihegaben, die die Söhne Israels darbringen bei ihren heiligen Abgaben auf sich! (…).

74

Die Hebamme antwortete: „Ein Mädchen".

Da sprach Anna: „Es preist meine Seele diesen Tag!"
Und sie legte es hin.

Als die entsprechende Frist verstrichen war, reinigte sich Anna von ihrem Wochenbett, gab dem Kind die Brust und nannte es Maria.

> Wahrscheinlich sind die sechs Monate seit der Rückkehr Joachims gerechnet. Andere Textzeugen bieten hier acht oder neun Monate.

6. KAPITEL

(1) Tagtäglich wurde das Mädchen kräftiger. Als es sechs Monate alt war, stellte es seine Mutter auf den Boden, um zu prüfen, ob es schon stehen könne. Und es machte sieben Schritte und kam bis zum Schoß seiner Mutter. Und seine Mutter hob es auf und sprach: „So wahr der Herr, mein Gott, lebt! Du sollst nicht mehr auf diesem Boden laufen, bis ich dich in den Tempel des Herrn bringen werde."

Sie richtete ein Heiligtum in ihrem Schlafgemach ein und ließ nicht zu, daß es Profanes und Unreines zu sich nähme. Dann rief sie die reinen Töchter der Hebräer, und sie vertrieben ihm die Zeit.

(2) Am ersten Geburtstag des Mädchens veranstaltete Joachim ein großes Gastmahl und lud dazu die Hohenpriester, die Priester, die Schriftgelehrten, den Rat der Alten und das ganze Volk Israel ein. Joachim führte das Mädchen den Priestern vor, und sie segneten es und sagten: „Gott unserer Väter, segne dieses Mädchen und gib ihm einen Namen, der ewig genannt wird in allen Generationen!"

> 2 Sam 7,9

Und das ganze Volk sprach: „Es geschehe so, Amen!"
Auch führte er es den Hohenpriestern vor, und sie

segneten es und sagten: „Gott der Himmelshöhen, schau herab auf dieses Mädchen und segne es mit dem höchsten Segen, dem nichts gleich kommt!"

(3) Dann brachte es seine Mutter hinauf in das Heiligtum des Schlafgemaches und gab dem Mädchen die Brust. Und Anna stimmte Gott, dem Herrn, ein Lied an und sang: „Ein heiliges Loblied will ich dem Herrn, meinem Gott, singen, denn er hat nach mir gesehen und von mir weggenommen die Schmähung durch meine Feinde. Der Herr, mein Gott, hat mir eine einzigartige und vielfache Frucht seiner Gerechtigkeit vor ihm gegeben. Wer berichtet den Söhnen Rubels, daß Anna stillt?

Und sie brachte es im Schlafgemach des Heiligtums zur Ruhe, ging dann hinaus und bediente (die Gäste). Als aber das Gastmahl beendet war, stiegen sie voll Freude hinab und priesen den Gott Israels.

Gen 21,7: „Wer hätte je dem Abraham vorausgesagt, daß Sara noch stillen wird?"

7. KAPITEL

(1) Die Monate vergingen, das Mädchen wurde älter. Als es zwei Jahre alt war, sprach Joachim: „Wir wollen es in den Tempel des Herrn bringen, um das Versprechen einzulösen, das wir gegeben haben, damit der Herr uns keine Strafe schickt und unser Geschenk unwillkommen wird."

Doch Anna entgegnete: „Laß uns das dritte Jahr abwarten, damit es nicht Vater oder Mutter vermißt."

Und Joachim sagte: „Also gut!"

(2) Als der dritte Geburtstag des Mädchens kam, sprach Joachim: „Laß uns die reinen Töchter der

4,1

Hebräer rufen! Jede soll eine Fackel nehmen, und diese sollen brennend gehalten werden, damit es sich nicht umdreht und sein Herz vom Tempel des Herrn weggelockt wird."

Und sie machten es so, bis sie zum Tempel des Herrn hinaufkamen. Der Priester des Herrn nahm es in Empfang, küßte und segnete es mit den Worten: „Groß gemacht hat Gott, der Herr, deinen Namen in allen Geschlechtern. An dir wird der Herr am Ende der Zeit den Söhnen Israels die Rettung offenbar machen."

(3) Er setzte es auf die dritte Stufe des Brandopferaltars, und Gott, der Herr, gab ihm Freude ein. So tanzte es mit seinen Füßen, und ganz Israel gewann es lieb.

Zu den reinen Töchtern der Hebräer siehe 6,1; vgl. Mt 25,1–13 in bezug auf deren Funktion bei einer Hochzeit.

8. KAPITEL

(1) Seine Eltern stiegen voll Staunen hinab, lobten und priesen Gott, den Herrn, daß es sich nicht nach ihnen umgedreht hatte. Maria aber wurde im Tempel des Herrn gehegt wie eine Taube und erhielt Speise aus der Hand eines Engels.

Ps 91,11

(2) Als sie zwölf Jahre alt wurde, berieten sich die Priester und sprachen: „Seht, jetzt ist Maria im Tempel des Herrn zwölf Jahre alt geworden. Was sollen wir also mit ihr tun, damit sie das Heiligtum des Herrn, unseres Gottes, nicht unrein macht?" Und die Priester sagten zum *Hohenpriester:* „Du stehst am Brandopferaltar des Herrn. Geh hinein und bete für sie! Und das, was dir Gott, der Herr, gegebenenfalls zeigen wird, das wollen wir tun."

Ex 28,33–35 beschreibt das Priestergewand Aarons und handelt auch von den Glöckchen am Saum: V. 34: „Es sollen sich immer ein goldenes Glöckchen und ein Granatapfel an dem Saum des Obergewandes ringsum abwechseln." Von einer Zwölfzahl ist nicht die Rede.

(3) Der Priester ging im Gewand mit den zwölf Glöckchen in das Allerheiligste hinein und betete für sie. Und siehe, ein Engel des Herrn war da und sprach: „Zacharias, Zacharias, geh hinaus und laß die Witwer des Volkes zusammenkommen! Jeder soll einen Stab bei sich tragen, und wem Gott, der Herr, ein Zeichen geben wird, dessen Frau soll sie sein." Herolde begaben sich in das gesamte Gebiet Judäas, und es ertönte die Posaune des Herrn, und siehe, alle kamen gelaufen.

9. KAPITEL

(1) Josef aber legte die Axt beiseite und ging zur Versammlung. Und als sie zusammengekommen waren, begaben sie sich mit ihren Stäben zum Priester. Der Priester nahm ihnen die Stäbe ab, ging in den Tempel hinein und betete. Als er sein Gebet beendet hatte, nahm er die Stäbe, ging hinaus und gab sie ihnen zurück. An keinem jedoch war ein Zeichen. Den letzten Stab aber bekam Josef. Und siehe, eine Taube kam aus dem Stab heraus und setzte sich auf Josefs Kopf. Da sprach der Priester: „Josef, Josef, dir ist die Jungfrau des Herrn zugeteilt. Nimm sie in deine Obhut!"

(2) Josef erwiderte: „Ich habe schon Söhne und bin ein alter Mann, sie aber ist eine junge Frau. Da werde ich doch zum Gespött für die Söhne Israels!" Der Priester aber sprach: „Josef, fürchte den Herrn, deinen Gott, und denke daran, was Gott Datan, Abiram und Korach angetan hat, wie sich die Erde gespalten und alle verschlungen hat wegen ihres

Num 16, besonders V. 31–33.

Widerspruchs. Und nun sieh dich vor, Josef, daß dies nicht auch in deinem Haus geschehen möge!"

(3) Und Josef nahm sie voll Furcht in seine Obhut und sprach zu ihr: „Maria, ich habe dich aus dem Tempel des Herrn empfangen. Jetzt lasse ich dich allein in meinem Haus zurück. Denn ich gehe fort, um Häuser zu bauen, und werde dann zu dir zurück-kommen. Der Herr wird auf dich aufpassen."

10. KAPITEL

(1) Bei einer Beratung beschlossen die Priester: „Laßt uns einen neuen Vorhang für den Tempel des Herrn anfertigen!"

Der Hohepriester sprach: „Ruft mir die reinen Jung-frauen aus dem Stamm Davids!"

Die Diener gingen los, suchten und fanden sieben solcher Jungfrauen. Der Priester erinnerte sich nun, daß das Mädchen Maria aus dem Stamm Davids und rein vor Gott war. Da gingen die Diener weg, um auch sie zu holen.

(2) Sie führten sie in den Tempel des Herrn hinein, und der Priester sprach: „Lost mir hier aus, wer das Gold, den Amiant, das Leinen, die Seide, den Hyazinth, den Scharlach und den echten Purpur verweben soll!"

Das Los für den echten Purpur und den Scharlach fiel auf Maria. Und sie *ging* damit nach Hause. Zu jener Zeit wurde Zacharias stumm, und Samuel wurde Priester an seiner Stelle, bis Zacharias wieder spre-chen konnte. Maria aber nahm den Scharlach und spann ihn.

> Mt 27,51 par.;
> vgl. Ex 26,31–37

> Der Vorhang des Offen-barungszeltes bestand nach Ex 26,31 aus Purpur, Karmesin und Byssos.

> Lk 1,20–22

11. KAPITEL

(1) Und sie nahm den Krug und ging hinaus, um ihn mit Wasser zu füllen. Und siehe, eine Stimme sagte zu ihr: „Sei gegrüßt, du Gnadenvolle! *Der Herr ist mir dir. Gesegnet bist du* unter den Frauen."
Und Maria schaute sich nach rechts und links um, woher denn diese Stimme gekommen sein könnte. Schaudernd ging sie in ihr Haus zurück, stellte den Krug ab und nahm den Purpur, setzte sich damit auf den Stuhl und verwebte ihn.

(2) Siehe, da stand ein Engel vor ihr und sagte: „Fürchte dich nicht, Maria, denn du hast Gnade gefunden vor dem Herrscher des Alls. Du wirst empfangen aus seinem Wort."
Als sie das hörte, zweifelte Maria und sprach zu sich selbst: „Ich soll vom Herrn, dem lebendigen Gott, empfangen und wie jede andere Frau gebären?"

(3) Siehe, da trat ein Engel vor sie und sagte zu ihr: „Nicht so, Maria! Denn die Kraft Gottes wird dich überschatten. Deshalb wird auch der Heilige, der aus dir geboren wird, Sohn des Höchsten genannt werden. Du sollst ihn Jesus nennen, denn er wird sein Volk von seinen Sünden erretten."
Maria sprach: „Siehe, ich bin eine Dienerin des Herrn vor seinem Angesicht. Mir geschehe nach deinem Wort."

12. KAPITEL

(1) Und sie webte den Scharlach und den Purpur fertig und brachte ihre Arbeit dem Priester. Der Priester

---

Lk 1,28: „Sei gegrüßt, Begnadete, der Herr ist mit dir. Du bist gebenedeit unter den Frauen."

Lk 1,30: „Der Engel sprach zu ihr: ,Fürchte dich nicht, Maria, denn du hast Gnade gefunden bei Gott!'"

In der Rede des Engels werden Elemente der Geburtsgeschichten bei Lukas und Matthäus kombiniert: Lk 1,35 ist die Verheißung des Beistands des Heiligen Geistes entnommen. Die Namengebung folgt auch mit dem Wortspiel (Jesus, hebräisch Joschua, bedeutet ,Gott rettet') Mt 1,21. Dann folgt Lk 1,38: „Maria sprach: ,Siehe, ich bin die Magd des Herrn; mir geschehe nach deinem Wort!'"

nahm es in Empfang, lobte sie und sprach: „Maria, Gott, der Herr, hat deinen Namen großgemacht, und gepriesen sollst du sein unter allen Geschlechtern der Erde."

(2) Voll Freude ging Maria zu ihrer Verwandten Elisabeth und klopfte dort an die Tür. Als sie es hörte, legte Elisabeth den Scharlach weg, lief zur Tür und öffnete. Sie hieß sie willkommen und sprach: „Wie kommt's, daß mich die Mutter des Herrn besucht? Denn siehe, das Kind in mir hüpfte und segnete dich."

Lk 1,39–56

Lk 1,43: „Woher kommt mir dies, daß die Mutter meines Herrn zu mir kommt? Denn siehe, als der Klang deines Grußes an meine Ohren kam, hüpfte frohlockend das Kind in meinem Leibe." Zum Engel Gabriel Lk 1,19–26.

Maria aber hatte die Geheimnisse vergessen, die ihr der Engel Gabriel gesagt hatte. Und sie blickte zum Himmel und sagte: „Wer bin ich denn, daß alle Frauen der Erde mich glücklich preisen?"

(3) Sie verbrachte drei Monate bei Elisabeth. Tag für Tag wuchs ihr Bauch. Und weil sie Angst hatte, ging Maria nach Hause und versteckte sich dort vor den Söhnen Israels. Sie war 16 Jahre alt, als ihr diese geheimnisvollen Dinge passierten.

Lk 1,56

13. KAPITEL

(1) Als sie im sechsten Monat war, siehe, da kehrte Josef von seinem Hausbau zurück, kam in das Haus hinein und fand sie schwanger vor. Da schlug er sich ins Gesicht und warf sich auf die Erde auf den Sack. Er weinte bitter und klagte: „Mit welchem Gesicht soll ich auf Gott, den Herrn, blicken? Was also könnte ich ihretwegen beten? Denn als Jungfrau habe ich sie aus dem Tempel des Herrn empfangen, habe aber nicht auf sie aufgepaßt. Wer

Zum Brauch, in „Sack und Asche" zu trauern, vgl. Jes 58,5.

hat mich betrogen? Wer hat dieses Unrecht in meinem Haus angerichtet? Wer hat mir die Jungfrau verführt und sie unrein gemacht? Sollte sich etwa an mir die Geschichte Adams wiederholt haben? Denn wie Adam in der Stunde der Anbetung abwesend war, als die Schlange kam, Eva allein fand, sie verführte und unrein machte, so geschah es nun auch mir."

Gen 3 erzählt die Geschichte des „Sündenfalls", weiß aber noch nichts von einer Abwesenheit Adams. Die „Gebetsstunde" verlagert die Verantwortung stärker auf Eva (vgl. 1 Tim 2,14).

(2) Dann stand Josef vom Sack auf, rief sie und sprach zu ihr: „Du von Gott Umsorgte, warum hast du das getan? Hast du den Herrn, deinen Gott, vergessen? Was hast du deine Seele erniedrigt, du, die du aufgezogen worden bist im Allerheiligsten und Speise erhalten hast aus der Hand eines Engels?"

8,1

(3) Sie aber weinte bitterlich und sagte: „Ich bin rein und habe keinen Mann erkannt."

Josef sprach zu ihr: „Woher ist dann das in deinem Bauch?"

Sie aber antwortete: „So wahr der Herr, mein Gott, lebt: Ich weiß nicht, woher es ist."

Zum Sprachgebrauch vgl. Gen 4,1 wörtlich: „Adam erkannte Eva, und sie wurde schwanger und gebar Kain."

14. KAPITEL

(1) Und da er sich sehr fürchtete, machte ihr Josef keine Vorwürfe mehr und überlegte sich, was er mit ihr tun sollte. Josef sprach: „Wenn ich ihre Sünde verheimliche, wird man mich für einen halten, der sich dem Gesetz des Herrn widersetzt. Wenn ich sie aber bei den Söhnen Israels anzeige, muß ich befürchten, daß das (Kind) in ihr(em Bauch) von Engeln ist und man mich für einen hält, der unschuldiges Blut dem Todesurteil ausliefert. Was

Mt 1,19: „Joseph, ihr Mann, der gerecht war und sie nicht bloßstellen wollte, also soll ich mit ihr tun? Ich werde mich heimlich von ihr trennen." Und Nacht kam über ihn.

(2) Und siehe, ein Engel des Herrn erschien ihm im Traum und sagte: „Fürchte dich nicht wegen dieses Mädchens! Denn das in ihr ist vom Heiligen Geist. Sie wird dir einen Sohn gebären, und du sollst ihn Jesus nennen, denn er wird sein Volk von seinen Sünden erretten."

Als er erwachte, lobte Josef den Gott Israels, der ihm seine Gnade erwiesen hatte. Und er sorgte weiterhin für das Mädchen.

> gedachte, sie heimlich zu verlassen."

> Mt 1,20–21 „Als er darüber nachdachte, siehe, da erschien ihm ein Engel des Herrn im Traum und sprach: ‚Joseph, Sohn Davids, fürchte dich nicht, Maria, deine Frau zu dir zu nehmen; denn was gezeugt ist in ihr, stammt vom Heiligen Geist.'"

15. KAPITEL

(1) Aber der Schriftgelehrte Annas kam zu ihm und fragte ihn: „Josef, warum bist du nicht in unsere Versammlung gekommen?"

Er antwortete ihm: „Weil ich müde von der Reise war und den ersten Tag ausspannte." Annas aber drehte sich um und erblickte die schwangere Maria.

(2) Da machte er sich eilends auf zum Priester und berichtete ihm: „Sieh nur! Josef, dessen Zeuge du bist, hat sich sehr vergangen."

Der Hohepriester fragte: „Warum das?"

Er antwortete: „Die Jungfrau, die Josef aus dem Tempel des Herrn erhalten hat, – er hat sie unrein gemacht, ihr Beilager gestohlen und hat dies den Söhnen Israels nicht angezeigt."

Da fragte ihn der Hohepriester: „Josef? Josef soll das getan haben?"

Und er entgegnete ihm: „Schicke Diener, und du wirst die Jungfrau schwanger finden."

> Von einem Sohn dieses Annas weiß das Kindheitsevangelium des Thomas 3,1 zu berichten.

Die Diener gingen los, fanden sie, wie er es gesagt hatte, und brachten sie in den Tempel. Und sie trat vor das Gericht.

(3) Der Hohepriester sprach zu ihr: „Maria, warum hast du das getan? Warum hast du deine Seele erniedrigt? Hast du Gott, den Herrn, vergessen, du, die du im Allerheiligsten aufgezogen worden bist und Speise aus der Hand von Engeln empfangen hast, du, die du ihre Lobgesänge gehört und vor ihnen getanzt hast? Warum hast du das getan?"

13,2

8,1

Sie aber weinte bitterlich und sagte: „So wahr Gott, der Herr, lebt: Ich bin rein vor ihm und habe keinen Mann erkannt."

13,3

(4) Und der Hohepriester fragte: „*Josef, warum hast du das getan?*"

Josef aber sprach: „So wahr der Herr, mein Gott, lebt, *und* sein Gesalbter (= Christus) *und der Zeuge seiner Wahrheit lebt:* Ich bin unschuldig, was sie betrifft."

Ex 20,16: „Du sollst gegen deinen Nächsten kein falsches Zeugnis ablegen!"

Der Ausdruck „starke Hand" ist Bezeichnung für den mächtigen Gott; vgl. z. B. Jes 51,9.

Doch der Hohepriester sprach: „Lege kein falsches Zeugnis ab, *sondern* sag' die Wahrheit! Du hast deine Ehe heimlich vollzogen und es nicht den Söhnen Israels angezeigt. Und du hast deinen Kopf nicht unter die starke Hand gebeugt, damit deine Nachkommenschaft gesegnet sei." Und Josef schwieg.

16. KAPITEL

Num 5,11–31 sieht ein solches Eifersuchtsordal lediglich für Frauen vor. Eine Frau, die im Verdacht des Ehebruchs steht, muß unter anderem Wasser trinken, dem magische Wir-

(1) Der Hohepriester sprach: „Gib die Jungfrau zurück, die du aus dem Tempel des Herrn empfangen hast!"

Da brach Josef in Tränen aus. Der Hohepriester aber sprach: „Ich gebe euch das Wasser der Gottesprüfung zu trinken. Es wird euer Vergehen in euren eigenen Augen deutlich machen."

(2) Und der Hohepriester nahm es, gab es Josef zu trinken und schickte ihn in die Wüste. Er aber kam wohlbehalten zurück. Da gab er es auch der jungen Frau zu trinken und schickte sie in die Wüste. Und auch sie kam wohlbehalten zurück. Da staunte das ganze Volk darüber, daß das Wasser ihr Vergehen nicht offengelegt hatte. Und der Hohepriester sprach:

(3) „Wenn Gott, der Herr, euer Vergehen nicht offengelegt hat, dann verurteile auch ich euch nicht."

Und er entließ sie. Josef nahm Maria und ging voll Freude und Lob für den Gott Israels zurück in sein Haus.

kung zugeschrieben wird. Davon, daß die Frau in die Wüste geschickt wird, verlautet nichts: V. 27–28: „Der Priester hat ihr das Wasser zum Tranke dargereicht; dann wird, wenn sie untreu war und pflichtwidrig wider ihren Mann gehandelt hat, das Fluchwasser zur Bitterkeit in sie eindringen, ihre Hüften fallen ein, und die Frau wird zur Fluchbeladenen inmitten ihrer Volksgenossen werden. Hat sich aber die Frau nicht verunreinigt und ist sie unschuldig, so bleibt sie unversehrt und kann gesegneten Leibes werden."

17. KAPITEL

(1) Ein Befehl aber wurde vom König Augustus erlassen, daß alle von Bethlehem in Judäa sich eintragen lassen sollten. Da sprach Josef: „Ich lasse meine Söhne eintragen. Aber was soll ich mit diesem Mädchen machen? Wie soll ich sie eintragen lassen? Als meine Gattin? Da schäme ich mich. Als meine Tochter? Die Söhne Israels wissen doch, daß sie nicht meine Tochter ist. Nun, der Tag des Herrn wird es schon so bringen, wie es *Gott* für richtig hält."

(2) Und er sattelte den Esel und setzte sie darauf, *Josef* führte, und sein Sohn Samuel folgte. Und sie näherten sich auf drei Meilen, da drehte sich Josef

Lk 2,1: „In jenen Tagen geschah es, daß von Kaiser Augustus ein Befehl ausging, daß der gesamte Erdkreis aufgezeichnet werde."

Mt 6,34 „Macht euch daher nicht Sorge für den morgigen Tag; denn der morgige Tag wird für sich selber sorgen. Jedem Tag genügt seine Plage."

um und sah, daß sie betrübt war. Er dachte: „Wohl macht ihr das, was in ihr ist, zu schaffen."

Und als sich Josef erneut umdrehte, sah er sie lachen. Da sprach er zu ihr: „Maria, was ist mit dir los, daß ich dein Gesicht einmal lachend, dann aber wieder betrübt sehe?"

Gen 25,19–26

Sie antwortete ihm: „Josef, weil ich zwei Völker mit meinen Augen sehe, das eine weinend und trauernd, und das andere fröhlich und jubelnd."

(3) Und sie waren auf halbem Wege, als Maria zu ihm sagte: „Josef, hebe mich vom Esel herunter, denn das in mir bedrängt mich und will herauskommen."

Da hob er sie herunter und sprach zu ihr: „Wohin soll ich dich bringen und wie dich in deinem unschicklichen Zustand schützen? Der Ort hier ist einsam."

18. KAPITEL

Statt der Hirtengeschichte bei Lukas (Lk 2,8–20) folgt nun die Episode über die Hebamme. Andere Textzeugen des Protevangeliums bieten vor allem hiervon eine längere Version.

(1) Und er fand dort eine Höhle und führte sie hinein, ließ sie in der Obhut seiner Söhne und ging hinaus, um eine hebräische Hebamme im Gebiet von Bethlehem zu suchen.

19. KAPITEL

Mt 1,18: „Als Maria, seine Mutter, mit Joseph verlobt war, fand es sich, ehe sie zusammenkamen, daß sie

(1) Und er fand eine, die gerade auf dem Weg vom Gebirge herab war, und nahm sie mit. […] Josef sprach zur Hebamme: „Maria ist meine Verlobte, aber sie hat vom Heiligen Geist empfangen, nach-

dem sie im Tempel des Herrn aufgezogen worden ist."

Und die Hebamme ging mit ihm.

(2) Als sie zur Stelle kamen, wo die Höhle war, bedeckte eine dunkle Wolke die Höhle. Die Hebamme sprach: „Erhoben ist meine Seele, heute, da meine Augen Wunderbares geschaut haben, heute, da Israel das Heil geboren ist."

In diesem Moment verzog sich die Wolke von der Höhle, und es zeigte sich ein großes Licht in der Höhle, so daß es für die Augen nicht zu ertragen war. Kurz darauf verlor sich dieses Licht, und das Neugeborene war zu sehen. Es kam und nahm die Brust von seiner Mutter Maria. Da schrie die Hebamme auf und sagte: „Wie groß ist der heutige Tag für mich, da ich dieses wunderbare Schauspiel gesehen habe."

(3) Die Hebamme verließ die Höhle. Da begegnete ihr Salome, und sie sprach zu ihr: „Salome, Salome, ich habe dir ein wunderbares Schauspiel zu erzählen. Eine Jungfrau hat geboren, obwohl das doch ihre Natur nicht zuläßt."

Salome aber erwiderte: „So wahr der Herr, mein Gott, lebt: Wenn ich nicht meinen Finger hineinlege und ihre geschlechtliche Eigenart untersuche, werde ich nicht glauben, daß eine Jungfrau geboren hat."

empfangen hatte vom Heiligen Geist." Zum Heiligen Geist siehe schon 14,2, zum Tempel des Herrn 13,2.

Die Wolke ist hier Zeichen für eine Gotteserscheinung; vgl. Mt 17,5 und vor allem Ex 19,16.

Eine Frau mit Namen Salome ist als Jüngerin Jesu bekannt (vgl. u. a. Mk 15,40; 16,1) und begegnet auch in den apokryphen Evangelien (Geheimes Markusevangelium 3,15; Thomasevangelium 61).

Die Szene ähnelt der in Joh 20,24–29, die vom Unglauben des Thomas erzählt.

20. KAPITEL

(1) Salome ging hinein, ließ sie die entsprechende Stellung einnehmen und untersuchte ihre geschlechtliche Eigenart. Und Salome schrie auf:

„Ich habe den lebendigen Gott versucht! Siehe, meine Hand fällt wie von Feuer verzehrt von mir ab."

(2) In jener Stunde aber, als sie zum Herrn betete, wurde die Hebamme geheilt.

(3) Denn siehe, ein Engel des Herrn, stand vor Salome und sagte: „Dein Gebet wurde von Gott, dem Herrn, erhört. Tritt heran und faß das Kind an! Es wird die Rettung für dich sein."

Sie verhielt sich so, und Salome wurde geheilt, als sie sich vor ihm niederwarf. Daraufhin ging sie aus der Höhle heraus.

Siehe, da rief der Engel des Herrn mit (lauter) Stimme: „Salome, Salome, erzähle *niemandem,* was du Wunderbares gesehen hast, bis der Knabe nach Jerusalem gekommen ist."

21. KAPITEL

Das Kapitel folgt der Darstellung in Mt 2,1–12, und nimmt 2,1–2. 9–12 auf: das Kommen der Magier, ihre Frage ‚Wo ist der neugeborene König der Juden' (Mt 2,1–2), die Wegweisung durch den Stern (Mt 2,9) und die Huldigung (2,10). Mt 2,12 schließt ab: „Und als sie im Traum die Weisung erhielten, nicht zurückzukehren zu Herodes, zogen sie auf einem anderen Weg heim in ihr Land."

(1) Und siehe, Josef bereitete sich darauf vor, nach Judäa zu gehen, als sich ein großer Aufruhr in Bethlehem in Judäa erhob. Magier kamen nämlich und fragten: „Wo ist der König der Juden? Denn wir haben seinen Stern im Osten gesehen und sind gekommen, um uns vor ihm niederzuwerfen."

(2) Als Herodes das hörte, war er erschüttert und schickte Diener los. Er beorderte sie her, und sie berichteten ihm von dem Stern. Und siehe, sie sahen Sterne im Osten, und die führten sie, bis sie in die Höhle eintraten und er über dem Kopf des Kindes stehen blieb.

(3) Und als die Magier *das Kind* bei seiner Mutter Maria erblickten, nahmen sie aus ihrer Reisetasche als Geschenke Gold, Weihrauch und Myrrhe.

(4) Und da es ihnen von einem Engel befohlen worden war, kehrten sie auf einem anderen Weg in *ihr* Land zurück.

22. KAPITEL

(1) Bald erkannte Herodes, daß er von den Magiern betrogen worden war, und wurde zornig. Er schickte seine Mörder mit dem Auftrag, alle Kinder von zwei Jahren und jünger zu töten.

(2) Als Maria hörte, daß die Kinder beseitigt werden sollten, bekam sie Angst, nahm das Kind, wickelte es und legte es in eine Rinderkrippe.

(3) Elisabeth aber hörte, daß Johannes gesucht würde. So nahm sie ihn und begab sich hinauf ins Gebirge. Sie schaute sich um, wo sie ihn verbergen könnte, aber es gab keinen für ein Versteck geeigneten Platz. Da seufzte Elisabeth und sprach: „Berg Gottes, nimm mich auf, die Mutter mit dem Kind!"

Denn Elisabeth konnte vor Angst nicht weiter hinaufsteigen. Bald darauf spaltete sich der Berg und nahm sie auf. Jener Berg aber ließ Licht für sie durchscheinen, denn ein Engel des Herrn war mit ihnen, der auf sie aufpaßte.

Mt 2,16: „Als Herodes sah, daß er von den Magiern hintergangen war, wurde er sehr zornig und ließ in Bethlehem und in seiner ganzen Umgebung alle Knaben von zwei Jahren und darunter ermorden (...)."

In 22,2 dient die Krippe als Versteck, eine andere Sicht, als sie Lk 2,7 bietet: „Und sie gebar ihren erstgeborenen Sohn, hüllte ihn in Windeln und legte ihn in eine Krippe, weil nicht Platz für sie war in der Herberge."

23. KAPITEL

(1) Herodes aber ließ nach Johannes suchen, entsandte Diener zum Altar zu Zacharias und ließ ihn fragen: „Wo hast du deinen Sohn versteckt?"
Er antwortete ihnen: „Ich bin ein Diener Gottes und ständig in seinem Tempel beschäftigt. Was weiß ich, wo mein Sohn ist?"

(2) Seine Diener gingen zurück und meldeten ihm das alles. Da wurde Herodes zornig und sagte: „Sein Sohn macht sich wohl daran, der König von Israel zu werden!"
Und er schickte erneut die Diener zu ihm mit folgender Botschaft: „Sag mir die Wahrheit: Wo ist dein Sohn? Weißt du, daß dein Blut unter meiner Hand ist?"
Und die Diener gingen weg und überbrachten es ihm.

(3) Da antwortete er: „Ich bin ein Blutzeuge Gottes. Nimm mein Blut! Meinen Geist aber wird mein Herr aufnehmen, denn unschuldiges Blut vergießt du im Vorraum des Tempels des Herrn."
Und bei Tagesanbruch wurde Zacharias getötet, doch die Söhne Israels wußten nicht, daß er ermordet worden war.

Blutzeuge: wörtlich Märtyrer.
Apg 7,59: „Und sie steinigten den Stephanus, indes er betete: ‚Herr Jesus, nimm meinen Geist auf!'"

24. KAPITEL

(1) Vielmehr gingen die Priester zur Morgenbegrüßung, aber es begegnete ihnen nicht wie üblich der Segen des Zacharias. Die Priester standen herum und warteten auf Zacharias, um ihn mit einem

Gebet zu begrüßen und den Höchsten Gott zu preisen.

(2) Da er aber ausblieb, begannen alle, sich Sorgen zu machen. Einer von ihnen wagte sich in das Heiligtum. Er entdeckte beim Altar des Herrn geronnenes Blut, und eine Stimme sagte: „Zacharias wurde getötet, und sein Blut soll nicht abgewischt werden, bis ein Rächer kommt."

Und als er diese Worte hörte, bekam er Angst, lief hinaus und teilte den Priestern mit, was er gesehen und gehört hatte.

(3) *Und die, die es wagten, gingen hinein* und sahen, was geschehen war. Die Deckentäfelung des Tempels wehklagte, und sie zerrissen ihre Kleider von oben bis unten. Seinen Leichnam aber fanden sie nicht, sondern fanden nur sein Blut, das zu Stein geworden war. Und voller Furcht gingen sie hinaus und gaben bekannt, daß Zacharias getötet worden war. Alle Stämme des Volkes hörten es, und sie beklagten und betrauerten ihn drei Tage und drei Nächte.

(4) Nach den drei Tagen beratschlagten die Priester, wen sie an den Platz des Zacharias erheben sollten. Und das Los fiel auf Simeon. Diesem nämlich war vom Heiligen Geist geweissagt worden, daß er den Tod nicht schauen würde, bis er den Messias leibhaftig gesehen habe.

> Diese übliche Trauergebärde wird schon von Jakob bei seiner Trauer über Josef in Gen 37,34 berichtet.

> Zu 24,4 Simeon vgl. Lk 2,25–26: „Und siehe, da war ein Mann zu Jerusalem mit Namen Symeon, und dieser Mann war gerecht und gottesfürchtig, wartete auf den Trost Israels, und Heiliger Geist war auf ihm. Ihm war vom Heiligen Geist geoffenbart worden, er werde den Tod nicht schauen, bevor er den Messias des Herrn gesehen habe."

25. KAPITEL

(1) Aber ich, Jakobus, der ich diese Geschichte in Jerusalem aufgeschrieben habe, zog mich wegen der Unruhen, die sich beim Tode des Herodes erhoben,

in die Wüste zurück, bis sich der Aufruhr in Jerusalem gelegt hatte. Ich will den Herrn preisen, der mir die Weisheit geschenkt hat, diese Geschichte zu schreiben.

(2) Gnade sei mit allen, die den Herrn fürchten. Amen.

Geburt Marias
Offenbarung
des Jakobus

Friede dem Schreiber und dem Leser!

DAS KINDHEITSEVANGELIUM
DES THOMAS

*D*as Kindheitsevangelium des Thomas, das nichts mit dem in dieser Auswahl gebotenen Thomasevangelium aus Nag Hammadi zu tun hat, ist eine Sammlung anekdotenhafter Wundergeschichten unterschiedlicher Herkunft. Auch wenn diese Kindheitserzählung handschriftlich relativ spät, nämlich erst im sechsten Jahrhundert, bezeugt ist, dürfte sie doch wesentlich älter sein. Dies läßt sich aus Ausführungen des Irenäus über die gnostische Sekte der Markosier schließen. Irenäus zitiert in seinem Werk gegen die Häresien (180–190 n. Chr.) aus einer unbenannten apokryphen Schrift, einem erdichteten Evangelium, das bei diesen gebräuchlich gewesen sein soll, zwei Stellen: eine nicht-kanonische Geschichte über einen Disput Jesu mit einem Lehrer über die Buchstaben sowie eine Passage aus der Kindheitsgeschichte des Lukas, nämlich Lk 2,49. Da sich beide von ihm angeführten Stellen im Kindheitsevangelium des Thomas finden, ist es höchstwahrscheinlich, daß es mit der von Irenäus zitierten Schrift identisch ist und damit schon im 2. Jahrhundert in einem Grundbestand existierte.

Die Geschichten, die das Evangelium erzählt, stammen zum Großteil aus der mündlichen Überlieferung. Solche Wundergeschichten wurden wohl lange Zeit, auch immer wieder etwas anders, weitererzählt. Dies ist eine Entwicklung, die auch nicht aufgehalten wurde, als die Geschichten erstmals schriftlich festgehalten wurden, wie sich an den unterschiedlichen Texttraditionen des Evangeliums zeigt. Neben solcher mündlichen Tradition wurde ein einziger kanonischer Evangelientext, also eine schriftliche Überlieferung, in das Werk aufgenommen, nämlich die Geschichte des zwölfjährigen Jesus im Tempel, die Lukas in Lk 2,41–52 erzählt (19,1–5).

Was den Text des Evangeliums und seine Geschichte anbelangt, liegt noch einiges im Dunkeln. Man ist sich noch nicht einmal sicher, ob das Kindheitsevangelium des Thomas ursprünglich in Griechisch oder nicht vielleicht in Syrisch geschrieben worden ist. Die älteste erhaltene Handschrift ist auf Syrisch, aber dies will für sich *allein nicht viel besagen. Ob nun aus dem Griechischen oder Syrischen, es gibt von diesem Evangelium auf jeden Fall zahlreiche Übersetzungen, ins Lateinische, Kirchenslawische, Äthiopische, Georgische und andere mehr. Diese bieten, sowohl was Textlänge als auch Textbestand betrifft, teilweise ganz stark abweichende Traditionen.*

Ähnlich wie beim Protevangelium des Jakobus ist die Hauptabsicht des Kindheitsevangeliums nach Thomas darin zu sehen, eine Lücke in der Evangelienüberlieferung aufzufüllen. War es beim Protevangelium die Vorgeschichte Jesu, so ist es hier die Zeit zwischen Geburt und öffentlichem Auftreten Jesu. Genauer gesagt handelt es sich um die Lücke, die im Lukasevangelium zwischen Kapitel 2,21–40, der Beschneidung und Darbringung Jesu im Tempel, und 2,41–52, der Geschichte vom Zwölfjährigen im Tempel, klafft. Was tat der Junge Jesus in seiner Kindheit, bevor wir von seinem Tempelbesuch bei Lukas erfahren?

Das Kindheitsevangelium des Thomas erzählt Geschichten über diesen Jungen Jesus, einen Jungen, der eigentlich ist wie fast jedes Kind in seinem Alter – vorlaut, frech, trotzig, boshaft, auch naiv, neugierig, unternehmungslustig, hilfsbereit, verspielt –, dazu aber mit einer Macht ausgestattet, die ihn zu einem enfant terrible werden läßt. Da muß beispielsweise ein Kind nur deshalb sterben, weil es Jesus angerempelt hat und daraufhin von ihm verflucht wird (4,1).

Diese und ähnliche Geschichten können zeigen, welche abgründigen Wege der Wunderglaube bisweilen nehmen konnte. Denn christlich wird Jesus in diesen Episoden eigentlich nicht mehr dargestellt. Er ist vielmehr ein göttlicher Tausendsassa, der seine Macht allenthalben zeigt und sie nach Belieben, auch für seine eigenen, teilweise ganz und gar menschlichen Interessen einsetzt. Man spürt dabei, daß es den Geschichten gar nicht um den Christus und den Glauben an ihn geht, sondern vor allem um menschliche Wünsche, die jeder hat, ob er nun gern zaubern, auf dem Wasser laufen oder fliegen können will. Und so verwundert es nicht, daß das Jesus-Bild, das uns das Kindheitsevangelium des Thomas bietet, geradezu banal ist: Jesus, ein selbstgefälliges Götterkind, das sich als Fünfjähriger genauso verhält wie als Achtjähriger, also auch keine Entwicklung durchmacht. Und es verwundert auch nicht, daß das Kindheitsevangelium seine nächsten Parallelen eben nicht in den kanonischen Evangelien hat, sondern in Geschichten von Göttersöhnen, wie sie auch im Osten z. B. über Rama, Krischna oder auch Buddha kursierten.

Die Faszination an Machtdemonstrationen, wie sie das Evangelium schildert, ist wohl hauptausschlaggebend für die enorme Wirkungsgeschichte des Kindheitsevangeliums des Thomas. Es hat spätere apokryphe Kindheitsevangelien nachhaltig beeinflußt und findet sich so auch im Pseudo-Matthäusevangelium sowie in den arabischen und armenischen Kindheitsevangelien wieder. Aber es wirkt auch in anderen Geschichten über die Kindheit Jesu immer weiter, zumal es ja selbst heute noch bisweilen im Religionsunterricht Erwähnung findet und bleibenden Eindruck zu hinterlassen vermag.

DES ISRAELITISCHEN PHILOSOPHEN THOMAS AUSFÜHRUNGEN ÜBER DIE KINDHEIT DES HERRN

1. KAPITEL

Ich, Thomas, der Israelit, hielt es für notwendig, allen Brüdern in der Welt die Kindheit und Großtaten unseres Herrn Jesus Christus zu berichten, die er, geboren in unserem Land, vollbracht hat. So fing diese Sache an:

Zur Person des Thomas siehe die Einleitung in das Thomasevangelium.

2. KAPITEL

(1) Als dieser Junge Jesus fünf Jahre alt war, spielte er einmal, nachdem es geregnet hatte, am Übergang eines Baches, führte die vorbei fließenden Wasser in Teiche zusammen und machte sie sofort klar. Allein durch das Wort erteilte er ihnen dazu den Befehl.
(2) Aus weichem Lehm, den er sich bereitete, formte

er zwölf Sperlinge. Es war aber Sabbat, als er das tat. Doch auch viele andere Kinder waren mit ihm beim Spielen.

(3) Als ein Jude sah, was Jesus am Sabbat beim Spielen machte, ging er sofort los und beschwerte sich bei dessen Vater Josef: „Sieh nur, dein Junge ist am Bach. Aus Lehm formte er zwölf Vögel und hat damit den Sabbat entweiht."

Hier trifft den Jungen Jesus ein Vorwurf, der ihm in den kanonischen Evangelien die Feindschaft der Schriftgelehrten und Priesterschaft einbringt. Vgl. Nikodemusevangelium 1,1; 2,6; 4,2 und öfters.

(4) Als nun Josef an die Stelle kam und es sah, fuhr er ihn an: „Warum tust du am Sabbat etwas Verbotenes?" Jesus aber klatschte in die Hände und rief den Sperlingen zu: „Fort mit euch!" Und die Sperlinge breiteten ihre Flügel aus und flogen zwitschernd davon.

(5) Als die Juden das sahen, staunten sie. Sie gingen los und berichteten ihren Führern, was sie Jesus hatten tun sehen.

3. KAPITEL

Zum Schriftgelehrten Annas siehe Protevangelium des Jakobus 15,1.

(1) Der Sohn des Schriftgelehrten Annas aber stand dort bei Josef und brachte mit einem Weidenzweig das Wasser, das Jesus zusammengeführt hatte, zum Abfließen.

(2) Als Jesus sah, was geschehen war, wurde er wütend und sagte zu ihm: „Du Ungerechter, Gottloser und Dummkopf, was haben dir denn die Teiche und die Wasser angetan? Siehe, jetzt wirst auch du

Mt 21,18–19

wie ein Baum verdorren und weder Blätter noch Wurzel noch Frucht tragen."

(3) Und sofort verdorrte jener Junge völlig. Jesus aber zog sich zurück und ging heim in das Haus Josefs. Die Eltern des Verdorrten aber hoben ihn

auf, brachten ihn unter Klagen über seinen frühen
Tod zu Josef und machten ihn dafür verantwortlich:
„Einen solchen Jungen hast du, der so etwas fertig
bringt!"

4. KAPITEL

(1) Bald darauf ging er wieder durch das Dorf. Da
lief ein Junge heran und stieß ihn an seiner Schulter.
Da wurde Jesus sauer und sagte zu ihm: „Du sollst
deinen Weg nicht fortsetzen!"
Und sofort fiel er hin und starb. Einige, die sahen,
was geschehen war, sagten: „Woher stammt dieser Junge, daß jedes seiner Worte vollendete Tat
ist?"

5,2

(2) Die Eltern des Verstorbenen gingen Josef an und
beschwerten sich bei ihm mit den Worten: „Du, der
du ein solches Kind hast, kannst nicht weiter bei uns
im Dorf wohnen, es sei denn, du lehrst ihn, zu seg-
nen statt zu verfluchen. Er bringt ja unsere Kinder
um."

Röm 12,14

5. KAPITEL

(1) Da rief Josef den Jungen zu sich und wies ihn
zurecht mit den Worten: „Warum stellst du solche
Dinge an? Die Leute leiden doch darunter, und so
hassen und verfolgen sie uns."
Da antwortete Jesus: „Ich weiß, daß diese Worte
nicht deine eigenen sind, dennoch will ich um dei-
netwillen schweigen. Jene aber werden ihre Strafe zu

tragen haben." Und sofort erblindeten die, die ihn angezeigt hatten.

(2) Die, die es mitbekamen, packte große Angst und Sorge, und sie sagten über ihn, daß jedes Wort, das er sprach, ob gut oder böse, Tat war und zu einem Wunder wurde. Als er sah, daß Jesus solche Dinge anstellte, stand Josef auf, faßte ihn beim Ohr und zog ordentlich daran.

4,1

(3) Der Junge aber wurde wütend und sagte zu ihm: „Genug! Dir ist's bestimmt, zu suchen und nicht zu finden! Völlig unklug hast du gehandelt. Weißt du nicht, daß ich dein bin? Mach mich nicht traurig!"

6. Kapitel

(1) Ein Erzieher, Zachäus mit Namen, der zufällig dabei stand, hörte Jesus dies zu seinem Vater sagen, und er war sehr erstaunt darüber, daß er, obwohl er noch ein Kind war, solche Dinge von sich gab.

(2) Und wenige Tage später ging er Josef an und sagte zu ihm: „Einen vernünftigen Sohn hast du, auch hat er Verstand. Komm, übergib ihn mir, daß er die Buchstaben lernt! Ich will ihm über die Buchstaben alles Wissen lehren, auch alle älteren Menschen zu begrüßen, sie zu ehren wie Großväter und Väter, sowie Gleichaltrige zu lieben."

Ex 20,12

(3) Und er sagte ihm alle Buchstaben vom Alpha bis zum Omega mit viel Nachprüfung deutlich auf. Er aber blickte den Lehrer Zachäus an und sagte zu ihm: „Wo du selbst nicht einmal das Alpha seinem Wesen nach kennst, wie willst du andere das Beta lehren? Heuchler, lehre zuerst das Alpha, wenn du's

kannst, und dann wollen wir dir auch glauben, was das Beta betrifft!"

Darauf begann er, den Lehrer über den ersten Buchstaben auszufragen, aber der konnte ihm keine Antwort geben.

(4) Vor vielen Zuhörern sagte der Junge zu Zachäus: „Höre, Lehrer, die Ordnung des ersten Buchstabens, und achte hier darauf, wie er Geraden hat und eine Mittelvertiefung, die du gemeinsam aufeinander zulaufen siehst, zusammengeführt, sich erhebend und verschlingend, drei Linien von gleicher Art, von unten erwachsend und sich unterordnend, gleichlang. Da hast du die Linien des A(lpha)."

7. KAPITEL

(1) Als der Lehrer Zachäus solche und andere Deutungen des ersten Buchstabens den Jungen vortragen hörte, wurde er angesichts solcher Ausdrucksfähigkeit und Gelehrsamkeit ratlos und sagte zu den Anwesenden: „Wehe mir, ich bin ratlos! Ich Unglücklicher habe mir selbst geschadet, indem ich diesen Jungen zu mir nahm.

(2) Nimm ihn darum wieder mit, so bitte ich dich, Bruder Josef! Ich ertrage seinen strengen Blick nicht, auch nicht mehr nur ein einziges Mal seine Rede. Dieser Junge ist nicht erdgeboren. Er kann sogar Feuer bändigen. Vielleicht ist er sogar vor der Erschaffung der Welt gezeugt worden. Was für ein Mutterleib ihn getragen, was für ein Mutterschoß ihn genährt hat – ich weiß es nicht. Weh mir, Freund, er übertrifft mich, ich kann seinem Denk-

> Feuer wird häufig mit Gott und seiner Erscheinung in Verbindung gebracht, siehe z. B. Ex 19,18; Lev 9,24; Dtn 4,12. Besonders weit geht Heb 12,29: „unser Gott ist ein verzehrendes Feuer."

vermögen nicht folgen. Ich habe mich selbst betrogen, ich dreimal Unglücklicher. Ich wollte einen Schüler und habe einen Lehrer bekommen.

(3) Ich bin mir der Schande bewußt, Freunde, daß ich, ein Greis, von einem Kind besiegt worden bin. Ich kann nur noch verzweifeln und sterben wegen dieses Jungen. Denn in dieser Stunde kann ich ihm nicht in die Augen sehen. Und da alle sagen werden, daß ich von einem kleinen Kind besiegt worden bin, was soll ich da noch lehren? Und was mich verbreiten über das, was er mir über die Linien des ersten Buchstabens gesagt hat? Ich weiß es nicht, Freunde, denn seinen Anfang und sein Ende kenne ich nicht.

(4) So bitte ich dich denn, Bruder Josef, nimm ihn zurück in dein Haus! Er ist etwas Großes, ob Gott, ob Engel, ob etwas anderes, weiß ich nicht."

17,2

8. KAPITEL

(1) Als nun die Juden Zachäus Trost zusprechen wollten, lachte der Junge laut auf und sprach: „Jetzt wird das Deine seine Frucht bringen, und die Blinden im Herzen werden sehen. Ich bin da von oben, damit ich sie verfluche und nach oben rufe, wie es mir der aufgetragen hat, der mich zu euch gesandt hat."

Zur geistigen Blindheit siehe besonders Jes 42,18–19; Joh 9,39–41.

(2) Und als der Junge seine Worte beendet hatte, waren sofort alle geheilt, die unter seiner Verfluchung gefallen waren. Und niemand wagte es von da an, ihn zornig zu machen, damit er ihn nicht verfluche und zum Krüppel mache.

9. KAPITEL

(1) Einige Tage später spielte Jesus auf einem Dach im Obergemach, und eines der Kinder, die mit ihm spielten, stürzte vom Dach und starb. Die anderen Kinder verschwanden, als sie es sahen, nur Jesus blieb dort.

Dächer wurden damals in Flachbauweise gebaut. Ein Oberbau diente häufig als Wohnraum, siehe z. B. Apg 10,9.

(2) Da kamen die Eltern des Verunglückten und machten ihm Vorwürfe. Doch Jesus sagte: „Ich habe ihn ganz bestimmt nicht hinuntergeworfen." Jene aber bedrohten ihn.

(3) Da sprang Jesus vom Dach, trat vor die Leiche des Jungen und rief mit lauter Stimme: „Zenon" – das war nämlich der Name des Kindes – „steh auf und sag mir, ob ich dich hinuntergestoßen habe." Und er stand sofort auf und sagte: „Nein, Herr, du hast mich nicht hinuntergestoßen, sondern auferstehen lassen."

Die, die es sahen, erschraken. Aber die Eltern des Jungen lobten Gott für das Zeichen, das sich ereignet hatte, und warfen sich vor Jesus nieder.

10. KAPITEL

(1) Wenige Tage später fiel einem jungen Mann, der in einer Ecke Holz hackte, die Axt aus der Hand und spaltete damit seinen ganzen Fuß. Am Blutverlust aber starb er.

Zur Unfallgefahr beim Holzhacken siehe Dtn 19,5.

(2) Als sich nun Geschrei und Tumult erhob, lief auch der Junge Jesus dorthin. Er drängte sich mit Gewalt durch die Menge und faßte den zerschlagenen Fuß des jungen Mannes an. Sofort war er

geheilt. Er aber sagte zu dem jungen Mann: „Steh auf, spalte das Holz und erinnere dich an mich!"
Als die Menge sah, was geschehen war, warfen sie sich vor ihm nieder und sprachen: „Wahrhaftig, Gottes Geist wohnt in diesem Jungen."

17,1

Röm 6,11

11. KAPITEL

(1) Als er sechs Jahre alt war, schickte ihn seine Mutter los, Wasser zu schöpfen und es nach Hause zu bringen, und gab ihm dafür einen Krug. Im Gedränge aber stieß er damit an, und der Krug zerbrach.

(2) Aber Jesus breitete das Gewand aus, das er trug, füllte es mit Wasser und brachte es seiner Mutter. Als aber seine Mutter das Zeichen sah, das geschehen war, küßte sie ihn. Und sie bewahrte in sich die Geheimnisse, die sie ihn hatte vollbringen sehen.

Lk 2,19: „Maria behielt alle diese Worte und erwog sie in ihrem Herzen."
Zu Lk 2,51 siehe 19,5.

12. KAPITEL

(1) Ein anderes Mal, zur Zeit der Aussaat, ging der Junge mit seinem Vater hinaus, um Weizen auf ihrem Ackerboden zu säen. Und als sein Vater säte, da säte auch der Junge Jesus ein einziges Weizenkorn.

(2) Und als er erntete und drosch, brachte er es auf 100 Kor. Da rief er alle Armen des Dorfes auf den Dreschplatz und schenkte ihnen den Weizen. Josef behielt für sich nur das, was von dem Weizen übrig blieb. Er (Jesus) war acht Jahre alt, als er dieses Zeichen vollbrachte.

Kor ist eine hebräische Maßeinheit, die wahrscheinlich rund 400 Litern entspricht. Zur Menge von 100 Kor vgl. dazu Lk 16,7.

13. Kapitel

(1) Sein Vater war Zimmermann und fertigte zu jener Zeit Pflüge und Joche. Nun wurde er von einem reichen Mann beauftragt, für ihn ein Bett zu schreinern. Als aber das eine Brett kürzer war als das sogenannte Gegenstück und Josef keine Idee hatte, was er tun sollte, sprach der Junge Jesus zu seinem Vater Josef: „Leg die beiden Hölzer ab und mach sie von der Mitte her gleichlang!"

Mt 13,55: „Ist er nicht des Zimmermanns Sohn? Heißt nicht seine Mutter Maria? Und seine Brüder Jakobus, Joseph, Simon und Judas?"

(2) Und Josef tat, wie ihm der Junge vorgeschlagen hatte. Jesus stellte sich auf die andere Seite, faßte das kürzere Brett, und machte es, indem er daran zog, dem anderen gleich. Und sein Vater Josef sah es und staunte, er umarmte den Jungen, küßte ihn und sagte: „Ich kann von Glück sagen, daß mir Gott diesen Jungen geschenkt hat."

14. Kapitel

(1) Als Josef den Verstand des Jungen und sein Alter sah, daß er heranreifte, beschloß er noch einmal, daß er Lesen und Schreiben lernen sollte. Er brachte ihn fort und übergab ihm einem anderen Lehrer. Der Lehrer aber sagte zu Josef: „Erst will ich ihn in Griechisch, dann in Hebräisch unterrichten."
Denn der Lehrer wußte von den Kenntnissen des Jungen und hatte Angst vor ihm. Dennoch schrieb er das Alphabet auf, übte es mit ihm eine ganze Weile, und er widersprach ihm nicht.
(2) Dann aber sagte Jesus zu ihm: „Wenn du wirklich ein Lehrer bist und die Buchstaben gut kennst, so

6,3

sag mir doch die Bedeutung des Alpha, dann will ich dir die des Beta sagen!"

Da wurde der Lehrer zornig und schlug ihn gegen den Kopf. Der Junge aber, dem das weh tat, verfluchte ihn, und sogleich wurde er ohnmächtig und fiel zu Boden aufs Gesicht.

(3) Der Junge kehrte heim in das Haus Josefs. Aber Josef war betrübt und wies seine Mutter an: „Daß du ihn ja nicht mehr vor die Tür läßt! Sonst müssen die, die ihn zornig machen, sterben."

15. KAPITEL

(1) Einige Zeit später wurde Josef wieder von einem anderen Lehrer, einem guten Freund von ihm, angesprochen: „Bring mir den Jungen ins Schulhaus! Vielleicht kann ich ihm mit Schmeicheleien die Schrift beibringen."

Josef erwiderte: „Wenn du den Mut dazu hast, Bruder, nimm ihn mit!"

Und er nahm ihn mit sich voll Furcht und Sorgen. Doch der Junge ging gerne mit.

(2) Und er betrat beherzt das Schulhaus, fand dort ein Buch auf dem Pult liegen, nahm es, las jedoch nicht die Schrift darin, sondern öffnete seinen Mund, redete im Heiligen Geist und lehrte die Anwesenden das Gesetz. Eine große Menge war zusammengekommen, stand dabei und hörte ihm zu. Und sie staunten über die Schönheit seiner Lehre und die Gewandtheit seiner Worte, daß ein unmündiges Kind, wie er es war, solche Dinge von sich gab.

Lk 4,14–30

Lk 4,22: „Und alle stimmten ihm beifällig zu und waren voll Staunen über die Worte der Gnade, die aus seinem Munde kamen."

(3) Als Josef davon hörte, bekam er Angst und lief zum Schulhaus in Sorge darüber, daß auch dieser Lehrer unerfahren sein könnte. Der Lehrer aber sagte zu Josef: „Damit du's weißt, Bruder: Ich habe den Jungen zwar als Schüler angenommen, aber er ist voll von Anmut und Weisheit. Und im übrigen bitte ich dich, Bruder, nimm ihn wieder mit nach Hause!"

(4) Als der Junge das hörte, lächelte er ihn gleich an und sagte: „Weil du recht geredet hast und recht Zeugnis abgelegt hast, soll dir zuliebe auch jener Geschlagene wieder geheilt werden."

Und augenblicklich wurde der andere Lehrer wieder gesund. Josef aber nahm den Jungen und ging mit ihm nach Hause.

16. KAPITEL

(1) Einmal schickte Josef seinen Sohn Jakobus los, um Holz zu bündeln und in sein Haus zu bringen. Ihn begleitete der Junge Jesus. Und als Jakobus Äste aufsammelte, biß Jakobus eine Natter in die Hand.

Mt 13,55 (siehe dazu 13,1)

(2) Und als er hingestreckt dalag und am Sterben war, trat Jesus heran und hauchte den Biß an. Sofort hörte der Schmerz auf, das Tier platzte, und Jakobus wurde augenblicklich wieder gesund.

17. Kapitel

Mk 5,21–24. 35–43;
Lk 7,11–17

(1) Danach verstarb in der Nachbarschaft Josefs ein krankes Kind, und seine Mutter weinte sehr. Jesus aber hörte, daß sich große Klage und Lärm erhob, und lief eilig hinzu. Er fand den Jungen tot vor, berührte seine Brust und sprach: „Ich sage dir, Kleiner, stirb nicht, sondern lebe, und sei bei deiner Mutter!"

Und sofort öffnete er die Augen und lachte. Zur Frau aber sprach er: „Nimm ihn und gib ihm Milch, und 10,2 erinnere dich an mich!"

7,4

(2) Und die Leute, die dabei standen, staunten und sagten: „Wahrhaftig, dieser Junge ist entweder Gott oder ein Engel Gottes, denn jedes seiner Worte ist 4,1 vollendete Tat." Und Jesus ging von dort weg, um mit anderen Kindern zu spielen.

18. Kapitel

(1) Einige Zeit später, als ein Haus gebaut wurde und es großen Lärm gab, trat Jesus hinzu und ging nahe heran. Da sah er einen Menschen tot daliegen und nahm seine Hand, indem er sprach: „Ich sage dir, Mk 5,41–42 Mensch, steh auf und tu deine Arbeit!" Und sofort stand er auf und warf sich vor ihm nieder.

(2) Als aber die Leute das sahen, staunten sie und sprachen: „Dieser Junge ist himmlisch, denn viele Seelen hat er vom Tod gerettet, und er kann retten sein ganzes Leben lang."

19. KAPITEL

(1) Als er zwölf geworden war, gingen seine Eltern dem Brauch gemäß nach Jerusalem zum Passahfest gemeinsam mit ihren Weggefährten, und nach dem Passah machten sie sich wieder auf die Rückreise. Auf dem Heimweg kehrte der Junge Jesus um nach Jerusalem. Seine Eltern aber dachten, er sei bei den Weggefährten.

(2) Als sie eine Tagereise gewandert waren, suchten sie ihn unter ihren Verwandten, aber weil sie ihn nicht finden konnten, wurden sie traurig und kehrten wieder um in die Stadt, um ihn zu suchen. Und nach dem dritten Tag fanden sie ihn im Tempel, wo er inmitten der Lehrer saß, ihnen zuhörte und zu ihnen sprach. Alle aber achteten auf ihn und staunten, wie er, noch ein Junge, die Ältesten und Lehrer des Volkes zum Schweigen brachte, indem er ihnen die Hauptteile des Gesetzes und die Sprüche der Propheten erklärte.

(3) Seine Mutter Maria aber ging auf ihn zu und sagte zu ihm: „Warum hast du uns das angetan, Kind? Siehe, voll Schmerzen haben wir dich gesucht."

Da erwiderte ihnen Jesus: „Was sucht ihr mich? Wißt ihr denn nicht, daß ich im Eigentum meines Vaters sein muß?"

(4) Die Schriftgelehrten und Pharisäer aber fragten: „Bist du die Mutter des Jungen?"

Sie antwortete: „Ich bin es."

Und sie sagten zu ihr: „Glücklich zu schätzen bist du unter den Frauen, denn Gott hat die Frucht deines Leibes gesegnet. Denn eine solche Herrlichkeit, eine

Lk 2,41–50: „Seine Eltern gingen Jahr für Jahr nach Jerusalem zum Feste des Pascha. Als er zwölf Jahre alt wurde und sie der Festsitte gemäß nach Jerusalem hinaufzogen, und die Tage vollendet hatten, blieb der Knabe Jesus, während sie heimkehrten, in Jerusalem, ohne daß seine Eltern es merkten. In der Meinung, er sei bei der Pilgergruppe, legten sie eine Tagesreise zurück und suchten ihn unter den Verwandten und Bekannten. Da sie ihn nicht fanden, kehrten sie nach Jerusalem zurück und suchten ihn. Nach drei Tagen geschah es, da fanden sie ihn im Tempel, mitten unter den Lehrern sitzend, auf sie hörend und sie befragend. Alle, die ihn hörten, staunten über seine Einsicht und seine Antworten. Als sie ihn sahen, waren sie sehr betroffen, und seine Mutter sagte zu ihm: ‚Kind, warum hast du uns das getan? Siehe, dein Vater und ich haben dich mit Schmerzen gesucht!' Er antwortete: ‚Warum suchtet ihr mich? Wußtet ihr nicht, daß ich in dem sein muß, was meines Vaters ist?' Doch sie begriffen nicht das Wort, das er zu ihnen sagte."

Lk 2,51–52: „Und er zog mit ihnen hinab, kam nach Nazareth und war ihnen untertan. Seine Mutter aber bewahrte alle diese Dinge in ihrem Herzen. Jesus nahm zu an Weisheit und Alter und ‚Gnade bei Gott und den Menschen‘.“

solche Tüchtigkeit und Weisheit haben wir weder jemals gesehen noch gehört.“

(5) Jesus aber stand auf und folgte seiner Mutter, und er war seinen Eltern gehorsam. Seine Mutter jedoch bewahrte alles, was geschehen war. Jesus aber gewann an Weisheit, Alter und Anmut.

Ihm sei Ehre bis in alle Ewigkeit, Amen.

DAS EBJONITENEVANGELIUM

*E*s war der Apostel Paulus, der sich im 1. Jahrhundert wie kein anderer für die Öffnung der christlichen Bewegung zu den „Heiden" einsetzte. Sein Werk war wegweisend: Das Christentum grenzte sich seit Paulus zunehmend vom Judentum als seiner Mutterreligion ab. Und doch gab es noch längere Zeit Kreise, die diese Entwicklung ablehnten und das jüdische Gepräge des Christentums bewahren wollten. Zu diesen „Judaisten", Judenchristen konservativer Prägung, gehörten auch die Ebjoniten oder Ebionäer.

Viel weiß man nicht von dieser Gruppierung, die erstmals im späten 2. Jahrhundert von Irenäus genannt wird, und die frühchristlichen Schriftsteller bieten zum Teil wenig eindeutige und zuverlässige Informationen. So setzt Hieronymus sie gleich mit den Nazaräern, einer anderen judenchristlichen Bewegung, andere führen sie auf einen Gründer namens Ebjon zurück. Doch einen solchen Gründer hat es wohl kaum gegeben, denn Ebjon ('æbjōn) ist hebräisch und bedeutet „arm, fromm". Ebjonim werden sich die Mitglieder dieser Gruppe also bezeichnet haben, weil sie sich für Auserwählte hielten, für die „Armen" bzw. „Frommen", denen die Heilsbotschaft Jesu (vgl. Mt 5,3; Apg 4,34–35), aber auch die der Heiligen Schrift des „Alten Testaments" in besonderer Weise gilt (vgl. Jes 41,17).

Die Tora, die fünf Bücher Mose, dürfte bei den Ebjoniten einen großen Stellenwert gehabt haben. Jesus ist für sie eine wichtige Person, jedoch als Vollender des Gesetzes und im Sinne eines großen Propheten. Mit der Gottheit Jesu dagegen scheinen sie Schwierigkeiten gehabt zu haben. Daß sie Paulus als Vernichter des Gesetzes abgelehnt haben, ist angesichts ihrer judenchristlichen Position selbstverständlich.

Das ihnen zugeschriebene Evangelium, das wohl im späten 2. Jahrhundert entstanden ist, gehört zu jenen Apokryphen, die nicht in eigenen Handschriften bezeugt sind, sondern lediglich aus Werken frühchristlicher Schriftsteller erschlossen werden können.

Die Kenntnis des Ebjonitenevangeliums verdanken wir Epiphanius. Dieser christliche Erzbischof und Kirchenlehrer aus Salamis verfaßte in der zweiten Hälfte *des 4. Jahrhunderts ein Kompendium, das unter dem vielsagenden Titel „Arznei-kasten" (griech. panárion) eine umfassende Übersicht und Verurteilung von 80 Häresien bietet. Und darunter findet sich auch eine Auseinandersetzung mit den Ebjoniten und ihrem Evangelium, das von Epiphanius aber fälschlicherweise als Hebräerevangelium, hebräisches Evangelium und verfälschtes Evangelium nach Matthäus bezeichnet wird.*

Aus den Zitaten des Epiphanius läßt sich zwar nicht das gesamte Ebjoniten-evangelium rekonstruieren, aber es werden einige Texte geboten und glücklicher-weise auch der Anfang des Evangeliums, aus dem hervorgeht, daß das Evangelium die Geburt Jesu nicht berichtet hat. Epiphanius kritisiert das Evangelium wegen seiner Darstellung Jesu, der Ablehnung des Opferkultes und der Befürwortung vege-tarischer Ernährung.

Der größte Abschnitt (1–3) schildert das Auftreten von Johannes dem Täufer, die Berufung der Jünger durch Jesus und seine Taufe durch Johannes. Der Text ori-entiert sich an den Synoptikern, hat aber seine Eigenheiten. Neben der merkwür-digen Einzelheit, daß Abschnitt 2 von der Berufung von 12 Aposteln spricht, aber nur acht Namen nennt, ist vor allem die Version der Taufe Jesu (Abschnitt 3) in-teressant. Die Taufe Jesu durch Johannes wird in allen vier kanonischen Evangelien erzählt, und sie dürfte ein historisches Faktum sein, zumal die Evangelisten, vor allem Johannes, starken Anstoß daran nehmen. Auffällig ist nun beim Ebjoniten-evangelium, daß Johannes, nachdem er Jesus getauft hat, die Taufe von Jesus erbit-tet. Die Antwort Jesu „Laß ab, denn so geziemt es sich, damit alles erfüllt wird!" ist aus Mt 3,15 entnommen, bezieht sich dort aber auf ein Wort Jesu vor seiner Taufe: Johannes soll ihn taufen, damit sich dadurch alles erfüllt.

Der vierte Abschnitt bietet die synoptische Perikope zur Frage nach Jesu Mutter und Brüdern, der fünfte beschäftigt sich mit Opfern und läßt trotz der Kürze der Aussage erkennen, daß die in den kanonischen Evangelien bezeugte Vollmacht Jesu gegenüber dem Gesetz geradezu einer Gesetzesfeindlichkeit im Blick auf die Opfer gewichen ist. Im Hintergrund steht offenbar eine starke Opposition gegen den jüdi-schen Tempelkult. Der letzte Abschnitt schließlich greift die Frage von Mt 26,17 für die Vorbereitung des letzten Abendmahles auf und läßt in der Antwort Jesu dessen Vorbehalte gegen den Verzehr von Fleisch erkennen.

Die Anordnung der Abschnitte des Ebjonitenevangeliums in der vorliegenden

Übersetzung, die der Ausgabe von Erich Klostermann folgt, ist hinsichtlich der ersten drei Abschnitte nicht ganz sicher. Bei den Synoptikern folgt nämlich die Berufung von Jüngern durch Jesus immer auf seine Taufe durch Johannes, während das Ebjonitenevangelium offensichtlich erst vom Auftreten des Johannes am Jordan, dann von der Jüngerberufung durch Jesus und schließlich von seiner Taufe durch Johannes erzählt. Eine Umstellung, die sich an der synoptischen Abfolge orientiert, ist aber kaum sinnvoll, weil Jesus im zweiten Abschnitt – „Da trat ein Mann mit Namen Jesus auf, etwa 30 Jahre alt . . ." zum ersten Mal eingeführt wird, was nach der Taufe Jesu durch Johannes unmöglich wäre. Sollte Epiphanius hier etwa aus zwei unterschiedlichen Vorlagen zitiert haben?

DER VON EPIPHANIUS GEBOTENE TEXT

(1) In den Tagen des Herodes, des Königs von Judäa, unter dem Hohenpriester Kaiaphas, kam ein Mann mit Namen Johannes und taufte eine Taufe der Umkehr im Fluß Jordan. Es hieß, er sei aus dem Geschlecht des Priesters Aaron, ein Kind von Zacharias und Elisabeth. Und alle kamen zu ihm hinaus.

> Lk 1,5
>
> Mk 1,4: „und verkündete eine Taufe der Bekehrung zur Vergebung der Sünden." Zu Zacharias und Elisabeth als Eltern des Johannes Lk 1,5–18.

(2) Da trat ein Mann mit Namen Jesus auf, etwa 30 Jahre alt. Er ist es, der uns erwählt hat. Er kam nach Kafarnaum und ging in das Haus des Simon, der Petrus genannt wurde, öffnete seinen Mund und sprach: „Als ich am See von Tiberias entlang gegangen bin, habe ich Johannes und Jakobus, die Söhne des Zebedäus, Simon und Andreas, Thaddäus und Simon, den Zeloten, und Judas Ischariot erwählt. Und dich Matthäus, der du am Zoll gesessen hast,

> Lk 4,38

> Mt 10,2–4

> Mt 9,9: „Als Jesus von da weiterging, sah er einen Mann am Zollhaus sitzen,

Matthäus mit Namen, und er sprach zu ihm: ‚Folge mir nach!' Da stand er auf und folgte ihm nach."

Mk 1,6: „Johannes trug ein Kleid aus Kamelhaaren und einen ledernen Gürtel um seine Lenden und nährte sich von Heuschrecken und wildem Honig." Zum Kuchen Num 11,8.

habe ich gerufen, und du bist mir gefolgt. Nach meinem Entschluß sollt ihr zwölf Apostel sein – zum Zeugnis für Israel."

Und als Johannes taufte, kamen auch Pharisäer zu ihm hinaus und ließen sich taufen und ganz Jerusalem. Johannes trug ein Kleid aus Kamelhaar und einen ledernen Gürtel um seine Hüften, und er ernährte sich von wildem Honig, der wie Manna schmeckte, wie ein in Öl gebackener Kuchen.

Mt 3,13–17; Lk 3,21–22; Joh 1,29–34.
Mk 1,9–11: „Und es begab sich in jenen Tagen, daß Jesus von Nazareth nach Galiläa kam und sich im Jordan von Johannes taufen ließ. Als er gerade aus dem Wasser heraufstieg, sah er den Himmel sich öffnen und den Geist wie eine Taube auf sich herabkommen. Und eine Stimme kam vom Himmel: ‚Du bist mein geliebter Sohn, an dir fand ich Wohlgefallen.'" Ps 2,7; Jes 42,1.
Mt 3,14–15: „Johannes aber hielt ihn zurück und sprach: ‚Ich habe nötig, von dir getauft zu werden, und du kommst zu mir?' Jesus antwortete ihm: ‚Laß es jetzt geschehen; denn so ziemt es sich, daß wir alle Gerechtigkeit erfüllen.'"

(3) Als sich das Volk taufen ließ, kam auch Jesus und ließ sich von Johannes taufen. Und als er aus dem Wasser stieg, öffnete sich der Himmel, und er sah den Heiligen Geist in Gestalt einer Taube herabkommen und in ihn eingehen. Und eine Stimme erklang vom Himmel her und sagte: „Du bist mein geliebter Sohn, an dir habe ich Wohlgefallen gefunden", und ferner: „Ich habe dich heute gezeugt."
Und sofort umstrahlte den Ort ein großes Licht. Als er das sah, fragte ihn Johannes: „Wer bist du, Herr?"
Und wiederum kam eine Stimme aus dem Himmel zu ihm: „Er ist mein geliebter Sohn, an dem ich Wohlgefallen gefunden habe."
Daraufhin fiel ihm Johannes vor die Füße und sagte: „Ich bitte dich, Herr, taufe du mich!"
Er aber wies ihn ab, indem er sagte: „Laß ab, denn so ziemt es sich, damit alles erfüllt wird."

Mt 12,46–50; Mk 3,31–35; Lk 8,19–21.

(4) „Siehe, deine Mutter und deine Brüder sind draußen."
„Wer ist mir Mutter und Brüder?" Und er streckte

seine Hand aus zu den Jüngern und sagte: „Diese sind meine Brüder und meine Mutter und Schwestern, die den Willen meines Vaters tun."

(5) „Ich bin gekommen, die Opfer abzuschaffen. Denn wenn ihr nicht aufhört zu opfern, wird auch der Zorn über euch nicht aufhören."

(6) „Wo willst du, daß wir dir das Passahmahl bereiten?"
„Begehre ich denn, Fleisch an diesem Passah mit euch zu essen?"

Mt 26,17; Mk 14,12; Lk 8,9.

DER PAPYRUS EGERTON 2

*D*ie „Times" berichtete in ihrer Ausgabe vom 23. Januar 1935 unter dem
Titel „A New Gospel", daß man Papyrus-Fragmente mit unbekannten
Evangeliengeschichten gefunden habe, die älter seien als die bisher entdeckten
Handschriften der kanonischen Evangelien.

Nun war ein solcher Fund auch damals kein Novum. Schon häufiger hatte man
seit dem Beginn systematischer Ausgrabungen im 19. Jahrhundert vor allem in
Ägypten Papyri mit Evangelienstoffen entdeckt und diese als neue Evangelien der
Öffentlichkeit präsentiert. Genauere Überprüfung zeigte dann aber, daß es sich bei
solchen Fragmenten in den meisten Fällen gar nicht um Evangelien handelte, sondern um Texte, die von Jesu Verkündigung und Wirken erzählten, sei es als Briefe
oder als Predigten.

Ausnahmen stellen hier nur einige wenige Funde dar: die Papyri aus Oxyrhynchos in Ägypten, unter ihnen ein griechisches Fragment des in diesem Band präsen-
tierten koptischen Thomasevangeliums, und Schriften, die frühe Textzeugen für die
kanonischen Evangelien darstellen, wie z. B. das Papyrusfragment aus Fajjum, das
einen Kurztext von Mk 14,27 und 14,29–30 bietet. Zu diesen Ausnahmen gehört
aber auch der Papyrus Egerton 2.

Es handelt sich dabei um drei Blätter eines Buches, die einen Teil einer Papyrus-
Sammlung darstellen, die ein Kaufmann im Sommer 1934 dem Britischen Mu-
seum in London verkauft hatte. Experten erkannten sofort den Wert dieser Blätter,
und so wurde der Text schon im folgenden Jahr unter der Bezeichnung Papyrus
Egerton 2 herausgegeben. Nach dieser Ausgabe, die von Harold Idris Bell und Theodore C. Skeat vorgenommen wurde, handelt es sich bei den drei Papyrusblättern um
Fragmente eines Evangeliums, das sowohl synoptischen, als auch johanneischen sowie apokryphen Stoff bietet.

Die erste Altersbestimmung der Handschrift ergab, daß die Handschrift spätestens aus der Mitte des 2. Jahrhunderts nach Christus stammt. Daran erstaunlich
ist nicht nur, daß es sich damit um einen Text handelt, der die meisten Papyrusfunde

der kanonischen Evangelien an Alter übertrifft, sondern vor allem auch, daß der Text in der Form eines Codex, also eines Buches abgefaßt ist. Bis dahin hatte man vermutet, daß die Codexform erst viel später die Abfassung von Texten auf einer Buchrolle verdrängt habe.

Der Umfang des Fragments ist relativ bescheiden, er entspricht etwa 20 Versen in den kanonischen Evangelien, und doch scheint dieses Fragment eine viel größere Bedeutung zu haben. Es zeigt nämlich, daß schon sehr früh johanneische und synoptische Traditionen verbunden worden sind, ja, einige Forscher vertreten sogar die These, das dem Papyrus Egerton 2 zugrundeliegende Evangelium gehöre in eine Zeit, in der die im Neuen Testament bezeugte Trennung synoptischer und johanneischer Traditionen noch gar nicht bestand. Mit anderen Worten: Der in dem Fragment enthaltene Stoff könnte älter als die kanonischen Evangelien sein.

Mittlerweile ist jedoch ein weiteres Fragment von Papyrus Egerton 2 gefunden worden, der in Köln aufbewahrte Papyrus Nr. 255. Gehört dieser nach der Beurteilung von Michael Gronewald eher ans Ende des 2. Jahrhunderts als in dessen Mitte, so ist doch für Papyrus Egerton 2 die Abhängigkeit von den kanonischen Evangelien anzunehmen. Doch ganz gelöst ist das Problem noch nicht.

Inhaltlich bietet Papyrus Egerton 2 vier Teile: 1. ein im johanneischen Stil verfaßtes Gespräch Jesu mit Gesetzeslehrern zur Frage der Gesetzesübertretung, das diese dermaßen aufbringt, daß sie Jesus zu steinigen versuchen, 2. die Heilung eines Aussätzigen durch Jesus, 3. eine Auseinandersetzung Jesu mit den Gesetzeslehrern über die Frage des Zinsgroschens – beide kommen den synoptischen Erzählungen nahe – und schließlich 4. ein bisher unbekanntes, daher apokryphes Wunder Jesu am Jordan, das freilich so schlecht erhalten ist, daß sein Abschluß nicht mehr zu rekonstruieren ist.

Die folgende Übersetzung unterteilt den Text – wie auf dem Papyrus erhalten – nach Blattnummern sowie nach Vorder- (r = Rekto) und Rückseite (v = Verso). Fehlende Passagen des stark beschädigten Fragments werden durch Auslassungspunkte gekennzeichnet.

(1 v) … Jesus sagte zu den Schriftgelehrten: „Bestraft jeden Übertreter und Gesetzlosen, aber nicht mich, … was er tut, wie er es tut."

Joh 5,39: „Ihr durchforscht die Schriften, weil ihr meint, in ihnen ewiges Leben zu haben, und sie sind es, die Zeugnis geben über mich."
Joh 5,45: „Denkt nicht, daß ich euch anklagen werde beim Vater; euer Ankläger ist Moses, auf den ihr eure Hoffnung gesetzt habt."
Joh 9,29: „Wir wissen, daß mit Moses Gott gesprochen hat; von dem aber wissen wir nicht, woher er ist."

Zu den Führern des Volkes gewendet sprach er dieses Wort: „Erforscht die Schriften, in denen ihr das Leben zu haben glaubt! Sie sind es, die über mich Zeugnis ablegen. Meint nicht, daß ich gekommen bin, euch vor meinem Vater anzuklagen! Euer Ankläger ist vielmehr Moses, auf den ihr eure Hoffnung gesetzt habt."
Als sie aber sagten: „Wir wissen nur zu gut, daß Gott zu Moses gesprochen hat, von dir aber wissen wir nicht, woher du kommst", antwortete ihnen Jesus: „Jetzt wird euer Unglaube angeklagt!…"

Joh 7,30: „Da suchten sie ihn zu ergreifen, doch niemand legte Hand an ihn, denn seine Stunde war noch nicht gekommen."

Mk 1,40–44 schildert die Begebenheit auf ähnliche Weise, es fehlen aber Aussagen des Aussätzigen über seine Ansteckung. Der fragmentarische Abschluß der Episode hat wohl Mk 1,44 entsprochen: „Gib acht, daß du es niemand sagst, sondern geh hin, zeige dich den Priestern und opfere für deine Reinigung, was Moses angeordnet hat, ihnen zum Zeugnis!"

(1 r) … sie trugen Steine zusammen, um ihn zu steinigen. Ihre Hände legten die Führer an ihn, um ihn zu ergreifen und der Volksmenge auszuliefern. Sie konnten ihn aber nicht gefangennehmen, weil für ihn noch nicht die Stunde der Auslieferung gekommen war. So entkam der Herr ihren Händen und entfernte sich von ihnen.
Und siehe, ein Aussätziger kam zu ihm und sagte: „Lehrer Jesus, ich hatte Umgang mit Aussätzigen, habe mit ihnen im Gasthaus gegessen und bin nun selbst an Aussatz erkrankt. Wenn du also willst, werde ich geheilt."
Der Herr aber sprach zu ihm: „Ich will! Werde rein!" Und sofort verließ ihn der Aussatz. Da sagte der Herr zu ihm: „Geh, zeige dich den Priestern…"

(2 r) … traten zu ihm und versuchten ihn auf die Probe zu stellen, indem sie sagten: „Lehrer Jesus, wir

wissen, daß du von Gott gekommen bist. Denn das, was du tust, zeugt für dich über alle Propheten hinaus. Sag uns also: Ist es erlaubt, den Königen zu übergeben, was ihnen als der Obrigkeit zusteht? Dürfen wir ihnen geben oder nicht?"

Doch Jesus, der ihre Absicht durchschaute, fuhr sie an mit den Worten: „Was nennt ihr mich mit eurem Mund Lehrer, wo ihr ja doch nicht hört, was ich sage! Treffend hat über euch Jesaja prophezeit, indem er sagte: ‚Dieses Volk verehrt mich nur mit seinen Lippen, aber ihr Herz ist weit von mir entfernt. Vergeblich dienen sie mir, Gebote von Menschen lehren sie…'"

(2 v) „…an einem Ort eingeschlossen,… und seine Fülle unermeßlich?" … Und als jene noch verlegen waren über seine merkwürdige Frage, ging Jesus umher und stellte sich an das Ufer des Flusses Jordan, und mit seiner ausgestreckten rechten Hand schöpfte er Wasser und verstreute es auf dem Strand. Und da sog die Erde das ausgestreute Wasser auf… Und sie wurde erfüllt vor ihnen und brachte Frucht hervor… viel… zur Freude…

Joh 3,2: „Meister, wir wissen, du bist von Gott gekommen als Lehrer; denn niemand vermag diese Zeichen zu tun, die du tust, wenn nicht Gott mit ihm ist." Zur Frage siehe Mt 22,16–17; Mk 12,14–15; Lk 20,21–22.

Mk 7,6–7: „Treffend hat Isaias von euch Heuchlern geweissagt, wie geschrieben steht: ‚Dieses Volk ehrt mich mit den Lippen, ihr Herz aber ist fern von mir. Vergeblich aber verehren sie mich; ihre Lehrsprüche, die sie vortragen, sind nichts als Satzungen von Menschen.'" (Jes 29,13)

DAS GEHEIME
MARKUSEVANGELIUM

*G*eheimsache: geheimes Markusevangelium" – so kann man die Umstände dieses Fundes eines antiken Textes mit gutem Recht umschreiben. Es war der amerikanische Historiker Morton Smith, der einen Hinweis auf die Existenz eines geheimen Markusevangeliums Ende der fünfziger Jahre entdeckte, ihn aber fünfzehn Jahre für sich behielt, bevor er ihn der Öffentlichkeit präsentierte.

Im Sommer des Jahres 1958 erhielt der Forscher von Benedikt, dem Patriarchen von Jerusalem, die Erlaubnis zu Studien im griechisch-orthodoxen Kloster Mar Saba, rund 15 Kilometer südöstlich von Jerusalem. Bei der Lektüre eines auf das Jahr 1646 datierten Manuskriptes einer Ausgabe der Werke des Ignatius von Antiochien stieß er zufällig auf einen wahrscheinlich etwas jüngeren handschriftlichen Eintrag auf den unbedruckten Seiten am Ende des Buches. Es war, wie er feststellte, die Abschrift eines aus zweieinhalb Seiten bestehenden Fragments eines Briefes des Clemens von Alexandrien an einen sonst nicht näher bekannten Theodoros. Clemens wendet sich darin gegen die Karpokratianer, eine vermutlich von Karpokrates aus Alexandrien begründete gnostische Sekte, die im 2. Jahrhundert in Ägypten bezeugt ist und die sich durch „große Zügellosigkeit, Güter- und Weibergemeinschaft" ausgezeichnet haben soll. Clemens warnt in seinem Brief vor einem gefälschten „Geheimen Markusevangelium", das die Karpokratianer verwendet haben sollen. Seinerseits kenne er nämlich das echte „Geheime Markusevangelium", ein Evangelium des Petrusschülers Markus, das geistlicher sei als das im Kanon enthaltene und zum Gebrauch derer bestimmt sei, die nach Vollkommenheit streben.

Aus diesem „echten" Evangelium zitiert Clemens in dem Fragment seines Briefes. Nun ist der auf der zweiten und dritten Seite erhaltene Abschnitt mit 17 Textzeilen zwar keineswegs umfangreich, doch der Inhalt scheint trotzdem sensationell zu sein. Morton Smith zumindest meinte, wenn der Brief tatsächlich von Clemens, also aus dem Ende des 2. Jahrhunderts stamme, seien die Konsequenzen für die Geschichte der Frühen Kirche und für die Kritik des Neuen Testaments revolutionär. So behauptet er, aus dem Textstück des Geheimen Markusevangelium ergäbe sich, daß Jesus ein geistbesessener Magier gewesen sei, der ethisch-moralische Freizügigkeit gepredigt habe.

In der Tat stellt der Auszug einen durchaus eigenwilligen Jesus dar. Der Text schildert eine Totenerweckung – sie ist zwischen den Synoptikern und Johannes anzusiedeln – und anschließend, wie Jesus bei dem Auferweckten gastlich aufgenommen wird. In einer mehr als zweideutig geschilderten Szene wird der Jüngling von Jesus nachts in die Geheimnisse des Gottesreiches eingeweiht. Nachdem vorher davon die Rede ist, daß der Auferweckte Jesus lieb gewann, als er ihn erblickte, und er dann nur mit einem Leinenüberwurf bekleidet zu Jesus kommt, ist hier offensichtlich Spielraum für Vermutungen über eine homosexuelle Beziehung zwischen Jesus und dem Jüngling, die Morton Smith auch zielsicher anstellt. Der Text endet damit, daß Jesus den Mann verläßt und nach Jericho kommt, wo er mit Frauen zusammentrifft, die er nicht willkommen heißen will.

Morton Smith fotografierte – seiner eigenen Aussage zufolge – die entsprechenden Seiten sofort, ließ sich aber mit der Veröffentlichung des Fragments reichlich viel Zeit. Und wie es der Zufall wollte: Als er seine Textausgabe 1973 veröffentlichte, war das Manuskript in Mar Saba nicht mehr zu finden. Eine Nachprüfung des Textes durch andere Wissenschaftler und die zeitliche Bestimmung der Handschrift waren also unmöglich.

Das Fragment des Clemensbriefes – eine Fälschung oder eine bedeutende Entdeckung? Diese Frage wird immer wieder gestellt, letzte Sicherheit können wir aber erst erhalten, wenn sich das Manuskript wiederfindet. Ob das je der Fall sein wird?

Der Text wird in der folgenden Übersetzung so angeordnet, wie er gemäß der Fotografie von Morton Smith im Clemensbrief erhalten ist. Die vorangestellten Zahlen beziehen sich auf die Seiten, die eingerückten Zahlen auf die Zeilen der Abschrift.

Bethanien liegt in der Nähe von Jerusalem und dient im Markusevangelium (Mk 11,1. 11. 12; 14,3) Jesus während seines letzten Aufenthalts in Jerusalem als Unterkunft.

Nach Joh 19,41 befand sich auch das Grab Jesu in einem Garten.

Mk 5,21–24. 35–43, besonders V. 41: „Er ergriff die Hand des Kindes und sprach zu ihm: ‚Talita kum‘, was übersetzt heißt: ‚Mädchen, ich sage dir, steh auf!‘" Vgl. die Erweckung des Lazarus in Joh 11.

Lk 18,23

Mk 4,11

Mk 10,1

Mk 1,29; 10,35–41

2 23 Und sie kamen nach Bethanien. Dort war eine Frau, deren Bruder ge-

24 storben war, und sie kam, warf sich vor Jesus nieder und sagte zu ihm: „Sohn Da-

25 vids, erbarme dich meiner!" Aber die Jünger fuhren sie an, und darüber aufgebracht

26 ging Jesus mit ihr weg in den Garten, wo sich das Grabmal (des Bruders) befand. Und

3 1 sofort war aus dem Grab ein mächtiges Grollen zu hören. Jesus trat heran, wälz-

2 te den Stein vom Eingang des Grabmals weg, ging sofort dort hinein, wo sich der Jüngling

3 befand, streckte seine Hand aus und erweckte ihn, indem er ihn fest

4 an der Hand nahm. Der Jüngling aber blickte ihn an und gewann ihn lieb.

5 Und er lud ihn ein, bei ihm zu bleiben. Als sie hinausgingen

6 aus dem Grabmal, begaben sie sich in das Haus des Jünglings. Er war nämlich wohlhabend. Und nach

7 sechs Tagen gab ihm Jesus Anweisungen, und als es Abend geworden war, kam

8 der Jüngling zu ihm, bekleidet mit einem Leinengewand auf dem nackten Körper,

9 und blieb bei ihm jene Nacht. Es lehrte ihn nämlich

10 Jesus das Geheimnis der Königsherrschaft Gottes. Als er aber von dort aufgebrochen war,

11 wendete er sich an das jenseitige Ufer des Jordan.

12 [...] und Jakobus und Johannes kamen zu ihm.

[…]

14 Und er kam nach Jericho […], und es
15 war dort die Schwester des Jünglings, den
Jesus liebte, und seine Mutter und Salome, er
aber hieß sie nicht willkommen.

Salome ist nach Mk 15,40 und 16,1 eine Frau aus der Gefolgschaft Jesu, die zu den Frauen gehört, die das leere Grab entdecken. Zu ihrer Person vgl. Thomasevangelium 61.

DAS THOMASEVANGELIUM

*F*ür die Apokryphen-Forschung ist die Entdeckung des koptisch verfaßten Thomasevangeliums in Nag Hammadi geradezu ein Meilenstein. Zwar wußte man bis dahin schon lange von der Existenz eines nach Thomas benannten gnostischen Evangeliums – so gibt es zahlreiche Hinweise darauf bei den altchristlichen Schriftstellern, angefangen bei Hippolyt und Origenes –, aber seine Gestalt und sein Inhalt waren, da nur ein kurzes Zitat bei Hippolyt vorlag, so gut wie unbekannt. Das änderte sich schlagartig, als man das komplette Evangelium im zweiten Codex von Nag Hammadi entdeckte und durch seine Erstveröffentlichung im Jahre 1956 allgemein zugänglich machte. Da zeigte sich auch, daß man schon seit gut 50 Jahren Teile dieses Evangeliums in Händen gehalten hatte, ohne zu wissen, daß es sich um Passagen des Thomasevangeliums handelte. Die Rede ist von drei der Papyri aus Oxyrhynchos in Ägypten, die Ende des 19. Jahrhunderts gefunden worden waren. Papyrus 1, 654 und 655 enthalten, wie man nun erkannte, verschiedene Sprüche des Thomasevangeliums in einer griechischen Version, die teilweise gewisse inhaltliche Unterschiede, teilweise auch eine andere Abfolge der Sprüche aufweist.

Damit war sofort klar, daß das Thomasevangelium zu den älteren apokryphen Evangelien gehört. Denn obwohl der Codex aus Nag Hammadi zwischen 350 und 400 n. Chr. entstanden sein dürfte, ist durch die Papyri aus Oxyrhynchos, die noch in das 2. Jahrhundert gehören, das hohe Alter des Thomasevangeliums gesichert.

Dieses Werk nimmt unter den apokryphen Evangelien eine gewisse Sonderstellung ein. Darf man es überhaupt Evangelium nennen? – Im Sinne der Gattung „Evangelium" als einer Erzählung über Jesu Leben, Verkündigung, Leiden, Tod und Auferstehung keinesfalls, im Sinne des Begriffs „Evangelium" als Verkündigung jedoch völlig zurecht. Es handelt sich beim Thomasevangelium um eine Sammlung von 114 teils synoptischen, teils gnostischen und teils bisher unbekannten Jesus-Sprüchen. Diese sind ohne ein übergreifendes Gestaltungsprinzip angeordnet und lediglich durch gelegentliche Stichwortassoziationen verbunden und gruppiert (z. B. Sprüche 25–26: „Auge" 58–61: „Leben"; 96–99: „Reich"). Größtenteils bieten sie Worte Jesu, eingeleitet durch „Jesus sagte" (wörtlich: „Das Sagen von Jesus"), gelegentlich finden sich Dialoge, die zumeist durch eine Frage der Jünger eingeleitet werden. Die Sammlung dieser Worte gibt sich durch den ersten Spruch und auch durch den nachgestellten Buchtitel „Das Evangelium des Thomas" eindeutig als Verkündigung zu erkennen.

Fragen wir nach dem Verfasser des Thomasevangeliums, sind wir zwar auf den Apostel Thomas verwiesen, der als „ungläubiger Thomas" (Joh 20,24–29) sprichwörtlich geworden ist, doch ist dies natürlich keine zuverlässige Zuweisung. Die in der Überschrift verwendete Namensform „Didymos Judas Thomas" führt uns nicht zum Verfasser, aber wenigstens in die Region, in der das Thomasevangelium Verbreitung fand und vielleicht auch abgefaßt wurde, nämlich nach Ostsyrien. Dort ist sie gebräuchlich gewesen und taucht in anderen Thomas zugeschriebenen apokryphen Werken auf. Beim Thomasevangelium kann man schon aufgrund seines Sammelcharakters davon ausgehen, daß es nicht von einem einzigen Verfasser stammt, sondern über einen längeren Zeitraum zu seinem in Nag Hammadi vorgefundenen Textbestand angewachsen ist. Darauf weisen ja auch die griechischen Fragmente der Papyri aus Oxyrhynchos mit ihren Abweichungen hin. Seine Entstehungsgeschichte zu klären, ist immer noch nicht zufriedenstellend gelungen, es ist aber möglich, einige Schneisen in den Wald der Forschungsthesen zu schlagen: 1. In seiner in Nag Hammadi gefundenen Form ist das Thomasevangelium eine gnostische Offenbarungsschrift, die aufgrund seiner Eigenart in die Frühgeschichte der Gnosis gehört. 2. Die Sammlung ist nicht einheitlich, sondern besteht aus älteren Sammlungen, wie sich an Wiederholungen von Sprüchen (z. B. Spruch 5 und 6; Spruch 56 und 80) und unterschiedlichen Schwerpunktsetzungen, z. B. in der Frage der Führungsposition bei den Jüngern, zeigt (Jakobus in Spruch 12, Thomas in Spruch 13). 3. Die Sprüche des Thomasevangeliums sind zeitlich unterschiedlich einzuordnen. Es gibt eher spätes Material, nämlich bestimmte gnostische Sprüche und solche, die sich deutlich als Umformungen der kanonischen Evangelien zu erkennen geben. Es gibt aber auch Sprüche, die selbst gegenüber den Synoptikern als ursprünglicher wirken (Sprüche 31; 64) und solche, die ohne Parallelen sind, aber hohes Alter verraten (Spruch 98).

Kommen wir der Verkündigung Jesu bei einzelnen Sprüchen des Thomasevangeliums näher als bei den Synoptikern? – Eine spannende Frage, und sie dürfte in Einzelfällen in der Tat zu bejahen sein. Das Thomasevangelium führt uns teilweise vielleicht so nahe an den historischen Jesus heran wie die Logien- oder Spruchquelle Q, die ja nur aus den Evangelien des Matthäus und Lukas erschlossen ist. Zumindest aber ist das Thomasevangelium dieser Spruchquelle der Form nach sehr ähnlich und bestätigt damit die These, daß es solche Spruch-"Evangelien" wie Q in der Frühgeschichte des Christentums tatsächlich gegeben hat.

"Wer die Auslegung dieser Worte findet, wird den Tod nicht kosten." – Der erste Spruch des Thomasevangeliums gibt uns einen ersten Hinweis darauf, was für eine Art Evangelium hier vorliegt. Die Sprüche Jesu offenbaren die Wahrheit des Vaters, und doch ist diese Wahrheit, die das Evangelium zu vermitteln hat, nicht jedermann zugänglich. Nur der, der es versteht, in das tiefere Verständnis der Schrift einzudringen, wird wirklich "verstehen". So gleicht das Thomasevangelium einer esoterischen Lehre, lädt aber – unter anderem durch den mehrfachen, auch variierten Weckruf "Wer Ohren hat, soll hören!" (Sprüche 8, 21, 24, 63, 65, 96) – seine Leser gleichzeitig dazu ein, seinen Code zu knacken. Der Verschlüsselung entsprechend, enthält das Thomasevangelium neben einfachen Worten, die aber einen verborgenen Sinn haben, einige unverständlich erscheinende Sprüche, Doppeldeutigkeiten und – oberflächlich betrachtet – auch einige Widersprüche. Ein Beispiel für Letztgenanntes: In Spruch 22 sagt Jesus, daß der Unterschied von männlich und weiblich aufgehoben werden müsse, in Spruch 114 aber will Jesus Maria angesichts des Vorschlags von Petrus, sie fortzuschicken, männlich machen. Das Befremdliche, Frauenfeindliche, auch widersprüchlich Erscheinende löst sich dem Leser auf, der erkennt, daß es in beiden Fällen um die Aufhebung der Geschlechtsunterschiede geht. Jesus will Maria Magdalena also dazu bringen, daß sie "das Männliche und Weibliche zu einem Einzigen macht": Daß der Verfasser des Textes dabei auch in der Formulierung auf dem Hintergrund der bestehenden gesellschaftlichen, patriarchalischen Wirklichkeit denkt, wird man ihm nicht vorwerfen können. Er ist, wie die biblischen Schriftsteller auch, ein Kind seiner Zeit.

Anders als bei den kanonischen Evangelien spielt im Thomasevangelium die Passion Jesu eine allenfalls untergeordnete Nebenrolle (Spruch 55 und 65), und auch eschatologische, das Endschicksal des Menschen betreffende Züge der Botschaft Jesu, sind ausgeblendet, ebenso die apokalyptischen Aussagen, die sich auf das Wiederkommen des Menschensohnes beziehen. Die Verkündigung des Reiches Gottes dagegen steht wie bei den Synoptikern auch hier im Zentrum, jedoch in ganz unterschiedlicher Bedeutung. Ist das Reich Gottes dort ein Heilsgut der Zukunft, das im Wirken Jesu schon teilweise anbricht und sichtbar wird, so ist es im Thomasevangelium eigentlich schon da: „Das Königreich des Vaters ist auf der Erde ausgebreitet, und die Menschen sehen es nicht" (Spruch 113). Erreichen können dieses Reich nur sehr wenige, „einer aus Tausend, zwei aus Zehntausend" (Spruch 23). Sie sind die Einzelnen und Auserwählten (Sprüche 49; 75), jene, die aus dem Licht entstanden sind (Spruch 50), denn nur ihnen ist es möglich, wieder dorthin zurückzukehren. Doch in der Welt haben diese Erleuchteten ihren Ursprung vergessen. Jesus erinnert sie daran und ermöglicht ihnen damit den Weg ins Reich. Dieser Weg der Erkenntnis (= Gnosis) führt über Selbsterfahrung zur Verwerfung der Welt ebenso wie zur Verwerfung des Fleisches, mit dem der Mensch an diese Welt gebunden ist. „Wer die Welt erkannt hat, fand eine Leiche, und wer eine Leiche fand, dessen ist die Welt nicht würdig" (Spruch 56).

Das Reich Gottes selbst, in das nur der, der die Wahrheit erkannt hat und wieder wie ein Kind geworden ist, eintreten kann, wird als Ruhe beschrieben, als ein Zustand der erreichten Selbsterkenntnis und der Identität, der in der Welt immer wieder gefährdet ist und gefährdet bleibt. Menschliche Unterstützung kommt dem Erwählten dabei nicht zu. Das Thomasevangelium hat keinen Gemeinde- oder Kirchenbegriff, und dies aus gutem Grund. Auch bei den Jüngern selbst gibt es Unterschiede, jeder steht für sich, als Einzelner.

Der Unterschied zwischen dem Reich des lebendigen Vaters und der Welt ist Ausdruck eines scharfen Dualismus', der in der Gnosis allenthalben besonderes Gewicht hat und sich auch im Thomasevangelium in zahlreichen Wortpaaren wie Licht und Finsternis, Leib und Seele, Leben und Tod zeigt. Und doch gibt es im Thomasevangelium auch Zwischentöne, die in eine andere Richtung zu weisen scheinen. Als Aufhebung des Dualismus' läßt sich Spruch 48 deuten: „Wenn zwei miteinander in ein und demselben Haus Frieden machen, können sie zum Berg sagen: ‚Beweg dich fort!', und er wird sich fortbewegen." Und auch die Welt wird nicht generell einseitig als das zu Überwindende gedacht: So breitet sich ja auch das „Königreich" schon „in dieser Welt" (Spruch 113) aus, ohne daß es erkannt wird, und noch deutlicher und rätselhafter, da an eine pantheistische Vorstellung erinnernd, bringt es Spruch 77 zum Ausdruck: „Ich bin das Licht, das über ihnen allen ist. Ich bin das All. Aus mir ist das All hervorgegangen, und zu mir ist das All gelangt. Spaltet ein Holz, ich bin dort, hebt einen Stein hoch, und ihr werdet mich dort finden."

Bei der folgenden Übersetzung wurde auf eine möglichst getreue Wiedergabe des koptischen Textes geachtet und auf interpretierende Übertragungen soweit als möglich verzichtet. Denn die Wahrheit des Evangeliums kann nach der Maßgabe des Thomas nicht von einem interpretierenden Übersetzer weitergegeben, sondern allein vom Leser erreicht werden. Daß dadurch einiges vielleicht schwer verständlich ist, muß in Kauf genommen werden, denn das Thomasevangelium ist eben nicht so einfach zu verstehen. Bei alledem bleibt ein großer Vorbehalt: Das Thomasevangelium hat einen immensen Wahrheitsanspruch, die Kirche hat diesen jedoch für nicht gültig erklärt. Das Evangelium hat im gnostisch orientierten Christentum und bei den Manichäern Verbreitung gefunden, jener persischen Bewegung, die die verschiedensten Religionen in sich aufnahm und verschmolz. Die Großkirche stand diesem Evangelium deshalb strikt ablehnend gegenüber, und die Kirche hat diese Position bewahrt – angesichts der geringen Bedeutung des Heilswerkes Christi und des Fehlens eines Kirchenbegriffes im Thomasevangelium auch mit Recht.

DIES SIND DIE VERBORGENEN WORTE, DIE DER LEBENDIGE JESUS SAGTE, UND DIE DIDYMOS JUDAS THOMAS AUFGESCHRIEBEN HAT.

(Joh 8,51) – Spruch 18, 19; vgl. 85.

(1) Und er sagte: „Wer die Auslegung dieser Worte findet, wird den Tod nicht kosten."

Spruch 94 (Mt 7,7–8)

(2) Jesus sagte: „Nicht aufhören zu suchen soll der Suchende, bis er findet. Und wenn er findet, wird er verwirrt sein, und wenn er verwirrt ist, wird er sich wundern, und er wird Herr sein über die Welt."

(3) Jesus sagte: „Wenn aber die, die euch führen, zu euch sagen: ‚Seht, das Königreich ist im Himmel‘, dann werden die Vögel im Himmel vor euch da sein. Wenn sie aber zu euch sagen: ‚Es ist im Meer‘, werden die Fische vor euch da sein. Denn das Königreich ist in eurem Inneren und in eurem Äußeren. Wenn ihr euch selbst erkennt, dann wird man euch erkennen, und ihr werdet wissen, daß ihr die Kinder des lebendigen Vaters seid. Wenn ihr aber nicht zum Verständnis eurerselbst gelangt, dann werdet ihr in Armut sein, und ihr werdet die Armut selbst sein.“

Spruch 113 (Dtn 30,11–14)

Lk 17,21: „Denn seht, das Reich Gottes ist in eurer Mitte.“

Mt 5,45

(4) Jesus sagte: „Ein Greis wird auch in seinem Alter nicht zögern, ein kleines, sieben Tage altes Kind nach dem Ort des Lebens zu fragen, und er wird leben. Denn viele Erste werden die Letzten sein, und sie werden zu einem Einzigen werden.“

(Mt 11,25)

Mt 19,30: „Viele Erste aber werden Letzte sein und Letzte Erste.“

(5) Jesus sagte: „Erkenne das, was dir vor Augen liegt, und das, was vor dir verborgen ist, wird sich dir enthüllen. Denn es gibt nichts Verborgenes, das sich nicht offenbaren wird.“

Spruch 6

(6) Seine Jünger fragten und sprachen zu ihm: „Willst du, daß wir fasten? Wie sollen wir beten, sollen wir Almosen geben? Welche Speisevorschriften sollen wir beachten?“
Jesus sagte: „Ihr sollt nicht lügen und nichts tun, was ihr haßt, weil sich alles vor dem Himmel offenbart. Denn es gibt nichts Verborgenes, das nicht offenbar wird, und nichts Verdecktes, das nicht enthüllt wird.“

Mt 6,1–18 (Spruch 14, 27, 104)

Mk 4,22: „Denn nicht ist etwas verborgen, das nicht offenbar würde, und nichts wurde versteckt, das nicht aufgedeckt würde.“

(7) Jesus sagte: „Selig ist der Löwe, den der Mensch ißt – denn dadurch wird der Löwe zum Menschen. Und verflucht ist der Mensch, den der Löwe frißt – denn dadurch wird der Löwe zum Menschen."

Mt 13,47–50: „Ferner ist das Himmelreich gleich einem Netz, das ins Meer geworfen wurde (…)."

(8) Und er sagte: „Ein Mensch ist mit einem klugen Fischer zu vergleichen, der sein Netz ins Meer warf und es voller kleiner Fische aus dem Meer herauszog. Darunter fand der kluge Fischer einen großen, guten Fisch. Er warf die kleinen Fische allesamt ins Meer zurück und wählte mühelos den großen Fisch. Wer Ohren hat zu hören, der soll hören!"

Mt 11,15; Mk 4,9; Lk 8,8 und öfter; Spruch 21, 24, 63, 65, 96.

Mt 13,39; Mk 4,3–8; Lk 8,5–8

(9) Jesus sagte: „Siehe, der Sämann ging hinaus, nahm eine Handvoll (Samenkörner) und säte aus. Einige aber fielen auf den Weg, da kamen Vögel und pickten sie auf. Andere fielen auf Felsen, konnten keine Wurzeln nach unten in die Erde schlagen und keine Ähren nach oben in den Himmel treiben. Andere fielen in die Dornen, und die erstickten den Samen, und Würmer fraßen sie. Wieder andere fielen auf gute Erde. Sie brachte gute Frucht hervor und trug das Sechzigfache und das Hundertzwanzigfache."

Mk 4,8: „dreißigfältig und sechzigfältig und hundertfältig."

Lk 12,49: „Feuer auf die Erde zu werfen, bin ich gekommen, und wie sehr wünschte ich, es würde schon brennen!"

(10) Jesus sagte: „Ich habe ein Feuer auf die Welt geworfen, und siehe, ich hüte es, bis es lodert."

Mk 13,31: „Himmel und Erde werden vergehen, meine Worte aber werden nicht vergehen." (Vgl. Spruch 111)

Spruch 22, 48, 106

(11) Jesus sagte: „Dieser Himmel wird vergehen, und der über ihm wird vergehen. Die Toten leben nicht, und die Lebendigen werden nicht sterben. In den Tagen, als ihr Totes gegessen habt, habt ihr es lebendig gemacht. Wenn ihr im Licht sein werdet, was werdet ihr dann tun? An dem Tag, an dem ihr eins

wurdet, wurdet ihr zwei. Wenn ihr aber zwei werdet,
was werdet ihr dann tun?"

(12) Die Jünger sagten zu Jesus: „Wir wissen, daß du
von uns gehen wirst. Wer wird dann unser Führer
sein?"
Jesus sagte zu ihnen: „Wo immer ihr dann seid, sollt
ihr zu Jakobus, dem Gerechten gehen, wegen dem
Himmel und Erde entstanden sind."

Zum Herrenbruder
Jakobus siehe besonders
Gal 1,19; 2,9–12.

(13) Jesus sagte zu seinen Jüngern: „Vergleicht mich
mit jemandem und sagt mir, wem ich gleiche!"
Da sagte Simon Petrus zu ihm: „Du gleichst einem
gerechten Engel." Matthäus sagte zu ihm:
„Du gleichst einem klugen Philosophen."
Da sagte Thomas zu ihm: „Meister, völlig unfähig
bin ich, in Worte zu fassen, wem du gleichst."
Jesus sagte: „Ich bin nicht dein Meister. Denn du
hast getrunken und wurdest betrunken von der spru-
delnden Quelle, die ich ausgemessen habe." Und er
nahm ihn beiseite, zog sich mit ihm zurück und sagte
ihm drei Worte.
Als Thomas zu seinen Freunden zurückkam, fragten
sie ihn: „Was hat Jesus zu dir gesagt?"
Da sagte Thomas zu ihnen: „Wenn ich euch nur
eines der Worte sage, die er mir sagte, werdet ihr
Steine nehmen und sie nach mir werfen, und ein
Feuer wird aus den Steinen herauskommen und euch
verbrennen."

Mk 8,27–29: „Für wen
halten mich die Leute?'
Sie erwiderten ihm: ,Für
Johannes den Täufer,
andere für Elias, andere für
einen Propheten.' Da fragte
er sie: ,Ihr aber, für wen
haltet ihr mich?' Petrus
antwortete: ,Du bist der
Messias!'"

(14) Jesus sagte zu ihnen: „Wenn ihr fastet, schafft
ihr euch nur Sünde. Und wenn ihr betet, wird man
euch verurteilen. Und wenn ihr Almosen gebt, wer-

Spruch 6

Lk 10,8–9: „Betretet ihr eine Stadt und nimmt man euch auf, so eßt, was euch vorgesetzt wird; heilt die Kranken in ihr (…).“

Mk 7,15: „Nicht was von außen in den Menschen hineingeht, kann ihn verunreinigen; sondern was vom Menschen herauskommt, verunreinigt den Menschen.“

det ihr eurem Geist Schaden zufügen. Und wenn ihr in irgendein Land geht und die Gebiete durchwandert, wenn man euch dort aufnimmt, dann eßt, was man euch vorsetzt und heilt die Kranken unter ihnen! Denn das, was in den Mund hineinkommt, wird euch nicht unrein machen, sondern das, was aus dem Mund herauskommt, ist es, was euch unrein machen wird.“

(15) Jesus sagte: „Wenn ihr den seht, der nicht aus der Frau geboren ist, werft euch auf euer Gesicht und verehrt ihn. Er ist euer Vater.“

Lk 12,51–53: „Meint ihr, ich sei gekommen, Frieden auf die Erde zu bringen? Nein, sage ich euch, sondern Entzweiung. Denn von nun an werden fünf in einem Haus entzweit sein, drei gegen zwei und zwei gegen drei; es wird entzweit sein der Vater mit dem Sohn und der Sohn mit dem Vater (…).“

(16) Jesus sagte: „Vielleicht denken die Menschen, daß ich gekommen bin, Frieden auf die Welt zu bringen. Sie erkennen nicht, daß ich gekommen bin und die Entzweiung auf der Erde gebracht habe: Feuer, Schwert, Krieg. Denn fünf werden in einem Haus sein, drei gegen zwei und zwei gegen drei, der Vater gegen den Sohn und der Sohn gegen den Vater, und sie werden je für sich einzeln stehen.“

1 Kor 2,9: „Was kein Auge sah und was kein Ohr vernahm und was in eines Menschen Herz nicht drang (…).“ Jes 64,3; Jer 3,16

(17) Jesus sagte: „Ich werde euch geben, was kein Auge je gesehen und kein Ohr je gehört hat, was keine Hand je berührt hat und noch nie in eines Menschen Herz gedrungen ist.“

(18) Die Jünger sagten zu Jesus: „Sage uns, wie unser Ende sein wird!“
Jesus sagte: „Habt ihr denn schon den Anfang aufgedeckt, daß ihr nach dem Ende sucht? Denn dort, wo der Anfang ist, wird auch das Ende sein. Selig, wer

sich an den Anfang stellen wird, er wird das Ende
erkennen, und er wird den Tod nicht kosten.“

Spruch 1

(19) Jesus sagte: „Selig ist, wer wurde, bevor er
geworden ist. Wenn ihr meine Jünger werdet und auf
meine Worte hört, werden diese Steine euch dienen.
Denn für euch gibt es fünf Bäume im Paradies, die

Offb 2,7; Gen 2–3

sich nicht verändern, weder im Sommer noch im
Winter, und deren Blätter nicht herabfallen. Wer sie
erkennt, wird den Tod nicht kosten.“

Spruch 1

(20) Die Jünger sagten zu Jesus: „Sag uns doch,
womit das Königreich des Himmels zu vergleichen
ist!“
Er antwortete ihnen: „Es ist zu vergleichen mit
einem Senfkorn, dem kleinsten aller Samenkörner.
Wenn es aber auf die beackerte Erde fällt, bringt es
einen großen Zweig hervor, der den Vögeln des
Himmels zum Schutz dient.“

Mk 4,30–32: „Womit sollen wir das Gottesreich vergleichen oder in welchem Gleichnis es darstellen? Es ist wie ein Senfkorn. Wenn es ausgesät wird auf die Erde, ist es das kleinste unter allen Samenkörnern auf Erden; wenn es aber ausgesät ist, geht es auf und wird größer als alle Kräuter und treibt große Zweige, so daß die Vögel des Himmels in seinem Schatten wohnen können.“

(21) Maria sagte zu Jesus: „Mit wem sind deine Jünger zu vergleichen?“
Er sagte: „Sie gleichen kleinen Kindern, die sich auf
einem Feld niedergelassen haben, das ihnen nicht
gehört. Wenn die Besitzer des Feldes kommen, werden sie sagen: ‚Gebt uns unser Feld zurück!‘
Sie ziehen sich in ihrem Beisein aus, damit sie es
ihnen lassen und ihnen ihr Feld geben. Darum sage
ich: Wenn der Hausherr weiß, daß der Dieb kommt,
wird er es bewachen vor dessen Kommen und es
nicht zulassen, daß er in das Haus, das sein Reich ist,
eindringt und seinen Besitz nimmt. Ihr aber seid auf
der Hut vor der Welt! Gürtet euch über euren Hüf-

Mt 24,43: „Wenn der Hausherr wüßte, zu welcher Stunde der Nacht der Dieb kommt, würde er wachen und nicht einbrechen lassen in sein Haus.“

Lk 12,35–40

ten mit großer Kraft, daß die Räuber keinen Weg finden, zu euch zu kommen, denn den Lohn, den ihr erwartet, werden sie finden. Möge unter euch ein verständiger Mann sein! Als die Frucht reif war, kam er eilends mit seiner Sichel in seiner Hand und schnitt sie ab. Wer Ohren hat zu hören, der soll hören!"

Mk 4,29: „Und wenn die Frucht es zuläßt, legt er alsbald die Sichel an; denn die Ernte ist da."

Mk 10,15: „Wahrlich, ich sage euch: Wer das Reich Gottes nicht annimmt wie ein Kind, wird nicht hineinkommen."

(22) Jesus sah Kinder, die gestillt wurden. Er sagte zu seinen Jüngern: „Diese Kleinen, die gestillt werden, sie sind wie die, die in das Königreich eingehen."
Sie fragten ihn: „Wenn wir also wie Kinder werden, werden wir in das Königreich eingehen?"
Jesus sagte zu ihnen: „Wenn ihr zwei zu einem macht und wenn ihr das Innere wie das Äußere macht und das Äußere wie das Innere, und das, was oben ist, wie das, was unten ist, und wenn ihr das Männliche und Weibliche zu einem einzigen macht, damit nicht männlich männlich und weiblich weiblich sei, wenn ihr ein Auge durch ein Auge ersetzt, eine Hand durch eine Hand, einen Fuß durch einen Fuß und ein Bild durch ein Bild, dann werdet ihr in das Königreich eingehen."

(23) Jesus sagte: „Ich werde euch einen aus tausend erwählen und zwei aus zehntausend, und sie werden stehen wie ein einziger."

Joh 14,5: „Da sagte Thomas zu ihm: ‚Herr wir wissen nicht, wohin du gehst.'"

(24) Seine Jünger sagten: „Zeige uns den Ort, wo du bist, denn es ist für uns notwendig, ihn zu suchen."
Er sagte zu ihnen: „Wer Ohren hat, soll hören! Es wird Licht im Innern eines Menschen des Lichts, und er leuchtet der ganzen Welt. Wenn er aber nicht leuchtet, ist Finsternis."

(25) Jesus sagte: „Liebe deinen Bruder wie deine Seele und behüte ihn wie deinen Augapfel!"

> Mt 19,19: „Liebe deinen Nächsten wie dich selbst!" Dtn 32,10; Ps 17,8

(26) Jesus sagte: „Den Splitter im Auge deines Bruders, den siehst du, aber den Balken in deinem Auge, den siehst du nicht. Wenn du den Balken aus deinem Auge herausgezogen hast, dann wirst du (klar genug) sehen, um den Splitter aus dem Auge deines Bruders herauszuziehen."

> Mt 7,3. 5: „Was siehst du den Splitter im Auge deines Bruders, und den Balken in deinem Auge beachtest du nicht? (…) Du Heuchler! Zieh erst den Balken aus deinem Auge, und dann sieh zu, wie du den Splitter aus deines Bruders Auge ziehest!"

(27) Jesus sagte: „Wenn ihr nicht fastet in bezug auf die Welt, werdet ihr das Königreich nicht finden. Wenn ihr den Sabbat nicht (wirklich) zum Sabbat macht, werdet ihr den Vater nicht sehen."

(28) Jesus sagte: „Ich habe mich in die Mitte der Welt gestellt und mich ihnen im Fleisch offenbart. Ich fand sie allesamt betrunken und ich fand keinen unter ihnen, der Durst hatte. Meine Seele empfand Schmerz wegen der Menschenkinder, weil sie blind in ihrem Herzen sind und nicht sehen, daß sie leer zur Welt gekommen sind und sich leer wieder daraus zu entfernen versuchen. Aber jetzt sind sie betrunken.
Wenn sie ihren Wein abschütteln, dann werden sie sich bekehren."

(29) Jesus sagte: „Wenn das Fleisch wegen des Geistes entstanden ist, dann ist es ein Wunder. Wenn aber der Geist wegen des Fleisches entstanden ist, dann ist es ein Wunder der Wunder. Aber ich, ich bin verwundert darüber, wie sich dieser große Reichtum in dieser Armut niederlassen konnte."

Mt 18,20

(30) Jesus sagte: „Wo drei Götter sind, da sind sie Götter. Wo zwei sind oder einer, bin ich mit ihm."

Lk 4,23–24: „Sicher werdet ihr mit das Sprichwort entgegenhalten: Arzt, heile dich selbst! (…) Wahrlich, ich sage euch: Kein Prophet ist willkommen in seiner Vaterstadt."

(31) Jesus sagte: „Kein Prophet wird in seinem (eigenen) Dorf akzeptiert. Kein Arzt heilt die, die ihn kennen."

Mt 5,14: „Es kann eine Stadt nicht verborgen bleiben, die droben liegt auf dem Berge."

(32) Jesus sagte: „Eine Stadt, die auf einem hohen Berg erbaut und die befestigt ist, kann nicht zu Fall gebracht werden und nicht verborgen bleiben."

(33) Jesus sagte: „Was du mit deinem Ohr hörst, predige es auf euren Dächern einem anderen Ohr! Denn keiner, der eine Lampe anzündet, stellt sie unter den Scheffel, noch stellt er sie an einen verborgenen Platz, sondern er setzt sie auf den Leuchter, damit jeder, der kommt und geht, ihr Licht sieht."

Mt 5,15: „Auch zündet man nicht eine Lampe an und stellt sie unter den Scheffel, sondern auf den Leuter, und sie leuchtet allen, die im Hause sind."

Mt 15,14; Lk 6,39

(34) Jesus sagte: „Wenn ein Blinder einen anderen Blinden führt, fallen beide in die Grube."

Mk 3,27: „Niemand kann in das Haus des Starken eindringen und seine Habe plündern, wenn er nicht vorher den Starken gefesselt hat; dann erst wird er sein Haus plündern."

(35) Jesus sagte: „Unmöglich ist es für jemanden, in das Haus eines Starken einzudringen und es mit Gewalt zu nehmen, es sei denn, er fesselt vorher dessen Hände. Dann (erst) wird er sein Haus ausräumen können."

Mt 6,25

(36) Jesus sagte: „Sorgt euch nicht von morgens bis abends und von abends bis morgens, was ihr anziehen sollt."

(37) Seine Jünger fragten: „Wann wirst du dich uns offenbaren, und wann werden wir dich sehen?" Jesus sagte: „Wenn ihr euch nackt auszieht, ohne euch zu schämen, und eure Kleider nehmt, sie unter eure Füße legt und darauf wie kleine Kinder herumtrampelt, dann werdet ihr den Sohn des Lebendigen sehen, und ihr werdet euch nicht fürchten."

(38) Jesus sagte: „Häufig habt ihr euch gewünscht, diese Worte zu hören, die ich zu euch sage, und ihr habt niemanden sonst, von dem ihr sie hören könnt. Tage werden kommen, da werdet ihr nach mir suchen, mich aber nicht finden!"

Joh 7,34: „Ihr werdet mich suchen, jedoch nicht finden."

(39) Jesus sagte: „Die Pharisäer und Schriftgelehrten haben die Schlüssel der Erkenntnis erhalten und sie versteckt. Selbst sind sie nicht hineingegangen, aber sie ließen auch die, die hineingehen wollten, nicht hinein. Aber ihr, seid klug wie die Schlangen und unverdorben wie die Tauben!"

Mt 23,13. Der für Erkenntnis verwendete Begriff ist das griechische „Gnosis".

Mt 10,16

(40) Jesus sagte: „Ein Weinstock ist außerhalb des Vaters gesetzt worden und, da er nicht befestigt ist, wird er an seiner Wurzel ausgerissen und eingehen."

(41) Jesus sagte: „Wer etwas in seiner Hand hat, dem wird dazu gegeben, und wer nichts hat, dem wird das Wenige, das er hat, auch noch genommen werden."

Mt 13,12: „Denn wer hat, dem wird gegeben werden, und er wird in Überfluß haben; wer aber nicht hat, dem wird auch das, was er hat, genommen werden."

(42) Jesus sagte: „Werdet Vorübergehende!"

(43) Seine Jünger sagten zu ihm: „Wer bist du, daß du uns dieses sagst?"

Jesus antwortete ihnen: „Aus dem, was ich euch sage, erkennt ihr nicht, wer ich bin? – Stattdessen seid ihr wie die Juden geworden. Sie lieben den Baum und hassen seine Früchte, und sie lieben die Früchte und hassen den Baum."

Mt 12,31: „Jede Sünde und Lästerung wird den Menschen vergeben; aber die Lästerung des Geistes wird nicht vergeben werden."

(44) Jesus sagte: „Beleidigt einer den Vater, wird man ihm verzeihen, und beleidigt einer den Sohn, wird man ihm (auch) verzeihen. Beleidigt einer aber den Heiligen Geist, wird man ihm nicht verzeihen, weder auf der Erde noch im Himmel."

Lk 6,44–45: „Denn jeden Baum erkennt man an seiner Frucht. Man sammelt doch von Disteln nicht Feigen, und von einem Dornstrauch pflückt man keine Traube. Der gute Mensch bringt aus dem guten Schatz seines Herzens das Gute hervor, und der böse bringt aus dem bösen das Böse hervor; denn wovon das Herz voll ist, davon redet sein Mund."

(45) Jesus sagte: „Weintrauben werden nicht von Dornen geerntet, noch Feigen vom Kameldorn gepflückt, denn sie bringen keine Frucht. Ein guter Mensch bringt Gutes hervor aus seinem Schatz. Und ein übler Mensch bringt Schlechtes aus seinem verdorbenen Schatz hervor, der in seinem Herzen ist, und sagt Schlechtes, denn aus dem Überfluß seines Herzens bringt er Schlechtes hervor."

Mt 11,11

Spruch 22

(46) Jesus sagte: „Von Adam bis Johannes dem Täufer gibt es unter den von Frauen Geborenen niemanden, der Johannes den Täufer überragt und vor dem er seine Augen senken müßte.

Ich aber habe gesagt: ‚Wer von euch klein (wie ein Kind) wird, wird das Königreich erkennen und sich über Johannes erheben.'"

Mt 6,24: „Niemand kann zwei Herren dienen; denn

(47) Jesus sagte: „Unmöglich ist es für einen Menschen, (gleichzeitig) zwei Pferde zu besteigen und

zwei Bögen zu spannen, und unmöglich ist es für einen Sklaven, zwei Herren zu dienen. Den einen wird er verehren und den anderen verächtlich behandeln. Kein Mensch trinkt alten Wein und will darauf sofort neuen Wein trinken. Und neuer Wein wird nicht in alte Schläuche gefüllt, damit sie nicht platzen, und alter Wein wird nicht in einen neuen Schlauch gefüllt, damit er nicht verdirbt. Ein alter Flicken wird nicht auf ein neues Kleid genäht, weil sonst ein Riß entsteht."

(48) Jesus sagte: „Wenn zwei miteinander in ein und demselben Haus Frieden machen, können sie zum Berg sagen: ‚Beweg dich fort!', und er wird sich fortbewegen."

(49) Jesus sagte: „Selig sind die Einzelgänger und die Erwählten. Denn ihr werdet das Königreich finden; da ihr von dort stammt, werdet ihr wieder dorthin zurückkehren."

(50) Jesus sagte: „Wenn sie euch fragen: ‚Woher seid ihr gekommen?', dann antwortet ihnen: ‚Wir sind aus dem Licht gekommen, von dem Ort, wo das Licht aus sich selbst geworden ist. Es hat sich hingestellt und in ihrem Bild offenbart.'
Wenn sie euch fragen: ‚Seid ihr es?', antwortet: ‚Wir sind seine Söhne und die Erwählten des lebendigen Vaters.'
Wenn sie euch fragen: ‚Was ist das Zeichen eures Vaters, das in euch ist?', antwortet ihnen: ‚Es ist eine Bewegung und eine Ruhe.'"

entweder wird er den einen hassen und den andern lieben, oder er wird sich dem einen zuneigen und den anderen verachten. Ihr könnt nicht Gott dienen und dem Mammon."
Mk 2,21–22: „Niemand näht einen Fleck von ungewalktem Tuch auf ein altes Kleid; sonst reißt das neu eingesetzte Stück vom alten weg, und der Riß wird ärger. Und niemand gießt jungen Wein in alte Schläuche (…)."

Mt 17,20: „Wenn ihr Glauben habt wie ein Senfkorn, so werdet ihr zu diesem Berg sagen: Geh von da weg dorthin!, und er wird weggehen, und nichts wird euch unmöglich sein."

Sprüche 16 und 75

137

(51) Seine Jünger fragten ihn: „Wann wird die Ruhe der Toten eintreten, und wann die neue Welt anbrechen?"

Er sagte zu ihnen: „Das, was ihr erwartet, ist schon gekommen, aber ihr erkennt es nicht."

Joh 5,39–40

(52) Seine Jünger sagten zu ihm: „Vierundzwanzig Propheten haben in Israel gesprochen, und sie haben alle von dir gesprochen."

Er sagte zu ihnen: „Ihr habt den in eurer Gegenwart Lebendigen links liegen lassen und von Toten gesprochen."

(53) Seine Jünger fragten ihn: „Ist die Beschneidung nützlich oder nicht?"

Er sagte zu ihnen: „Würde sie nützen, dann würde ihr Vater sie in ihrer Mutter beschnitten entstehen lassen. Die wahre Beschneidung im Geiste aber, sie erwies sich durchaus als nützlich."

Lk 6,20: „Selig ihr Armen, denn euer ist das Reich Gottes." Vgl. Mt 5,3

(54) Jesus sagte: „Selig sind die Armen, denn euch gehört das Himmelreich."

Lk 14,26–27: „Wenn jemand zu mir kommt und er sagt sich nicht los von Vater und Mutter (...), ja selbst von seinem eigenen Leben, der kann nicht mein Jünger sein. Und wer nicht sein Kreuz trägt und mir nachfolgt, der kann nicht mein Jünger sein."

(55) Jesus sagte: „Wer nicht seinen Vater und seine Mutter haßt, kann nicht mein Jünger werden, und wer nicht seine Brüder und seine Schwestern haßt und sein Kreuz nicht auf sich nimmt wie ich, der wird meiner nicht würdig sein."

(56) Jesus sagte: „Wer die Welt erkannt hat, fand eine Leiche, und wer eine Leiche fand, dessen ist die Welt nicht würdig."

(57) Jesus sagte: „Das Königreich des Vaters ist mit einem Mann zu vergleichen, der guten Samen hatte. Da kam nachts sein Feind und streute Unkraut unter den guten Samen. Der Mann erlaubte ihnen (seinen Arbeitern) nicht, das Unkraut zu jäten. Er sagte zu ihnen: ,Daß ihr nicht daran geht, das Unkraut zu jäten und dabei auch den Weizen ausreißt! Denn am Tag der Ernte wird das Unkraut zum Vorschein kommen. Dann wird es ausgerissen und verbrannt werden.'"

Mt 13,24–30. Spruch 57 ist eine Kurzfassung der Geschichte. Bei Matthäus ist auch ein Gespräch zwischen dem Mann und den Dienern überliefert: Auf deren Frage – V. 29: „Willst du, daß wir hingehen und es sammeln?", antwortet der Mann ähnlich wie in der Rede des Spruches.

(58) Jesus sagte: „Selig ist der Mensch, der gelitten hat. Er hat das Leben gefunden."

(59) Jesus sagte: „Blickt auf den Lebendigen, während ihr am Leben seid, damit ihr nicht sterbt und ihn zu sehen sucht, ihn dann aber nicht sehen könnt!"

(60) Sie sahen einen Samariter, der ein Lamm trug und nach Judäa ging. Er fragte seine Jünger: „Was tut der mit dem Lamm?"
Sie sagten zum ihm: „Schlachten und essen."
Er sagte zu ihnen: „Solange es lebt, wird er es nicht essen, erst wenn er es tötet und es zu einer Leiche wird."
Sie erwiderten: „Eine andere Möglichkeit hat er nicht."
Er sagte zu ihnen: „Ihr, ja auch ihr, sucht einen Ort für euch zur Ruhe, damit ihr nicht zur Leiche und gegessen werdet."

Lk 10,33

Lk 17,34: „In jener Nacht werden zwei sein auf einem Lager; der eine wird hinweggenommen, der andere zurückgelassen werden." Zu Salome vgl. Protevangelium des Jakobus 19,3–20,3.

(61) Jesus sagte: „Zwei werden sich ausruhen auf einem Bett. Der eine wird sterben, der andere leben." Da sagte Salome: „Wer bist du, Mann, wessen Sohn, daß du auf mein Lager gekommen bist und von meinem Tisch gegessen hast?"

Jesus sagte zu ihr: „Ich bin der, der geworden ist aus dem, was gleich ist, und man gab mir aus dem, was meinem Vater gehört."

[…] „Ich bin deine Jüngerin."

[…] „Deswegen sage ich: Wenn er zerstört wird, wird er voller Licht sein. Wenn er aber geteilt wird, wird er voller Finsternis sein."

Mt 6,3: „Wenn aber du Almosen gibst, so soll deine Linke nicht wissen, was deine Rechte tut."

(62) Jesus sagte: „Ich sage meine Geheimnisse denen, die meiner Geheimnisse würdig sind. Was immer deine rechte Hand tut, laß deine linke Hand nicht wissen, was sie tut!"

Lk 12,16–21 bietet eine ausführlichere Version, die auch am Ende (V. 20f) stärker moralisiert: „Doch da sprach Gott zu ihm: Du Tor! Noch in dieser Nacht wird man dein Leben von dir fordern; was du nun aufgespeichert hast, für wen wird es sein? So geht es dem, der Schätze sammelt für sich und nicht reich ist vor Gott."

Lk 14,15–24;
Mt 22,1–10

(63) Jesus sagte: „Es war ein reicher Mann, der viel Vermögen hatte. Er sagte: ‚Ich will mein Vermögen aufwenden, um zu säen, zu ernten, zu pflanzen und meine Scheune mit Früchten zu füllen, auf daß es mir an nichts fehlen wird.'

Solchermaßen waren seine Herzensabsichten, und in derselben Nacht verstarb er. Wer Ohren hat, soll hören!"

(64) Jesus sagte: „Ein Mann hatte (vor) Gäste (einzuladen), und als er das Mahl bereitet hatte, schickte er seinen Diener, um die Gäste einzuladen. Er ging zum ersten und sagte zu ihm: ‚Mein Herr lädt dich ein.' Er aber sagte: ‚Ich habe Geld(angelegenheiten) mit Kaufleuten zu regeln. Sie werden am Abend zu mir

kommen. Ich werde daran gehen, ihnen meine For-
derungen stellen. Ich bitte, mich für das Mahl zu
entschuldigen.'

Er ging zu einem anderen und sagte zu ihm: ,Mein
Herr hat dich eingeladen.' Der antwortete ihm: ,Ich
habe ein Haus gekauft, und da bin ich einen Tag
gefordert. Ich werde keine Zeit haben.'

Er kam zu einem anderen und sagte zu ihm: ,Mein
Herr lädt dich ein.' Er sagte zu ihm: ,Mein Freund
will heiraten, und ich treffe die Vorbereitungen für
das Mahl. Ich werde nicht kommen. Ich bitte, mich
für das Mahl zu entschuldigen.'

Er ging zu einem anderen und sagte zu ihm: ,Mein
Herr lädt dich ein.' Der antwortete ihm: ,Ich habe
ein Landgut gekauft und werde gehen, um die Pacht
einzutreiben. Ich werde nicht kommen und bitte um
Entschuldigung.'

Da kam der Diener und sagte zu seinem Herrn: ,Alle,
die du zum Mahl eingeladen hast, lassen sich entschuldigen.'

Der Herr sagte zu seinem Diener: „Geh nach
draußen auf die Straßen und bringe die herein, die
dir über den Weg laufen, damit sie speisen. Händler
und Kaufleute werden nicht hereinkommen an den
Ort meines Vaters.'"

(65) Er sagte: „Ein redlicher Mann hatte einen Wein-
berg. Er übergab ihn an Winzer, damit sie ihn bearbeiteten und er seinen Ertrag aus ihrer Hand erhielte.
Er schickte seinen Diener, damit die Winzer ihm den
Ertrag des Weinbergs geben sollten. Sie ergriffen seinen Diener und schlugen ihn. Es fehlte nicht viel,
und sie hätten ihn erschlagen.

Mt 21,33–39; Mk 12,1–8;
Lk 20,3–15

Der Diener ging und berichtete es seinem Herrn. Sein Herr sagte: ‚Vielleicht haben sie ihn nicht erkannt.‘ Er schickte einen anderen Diener, (doch) die Winzer schlugen auch diesen.

Daraufhin schickte der Herr seinen Sohn. Er meinte: ‚Vielleicht werden sie ihm, meinem Sohn, Respekt zollen.‘ Als die Winzer erkannten, daß er der Erbe des Weinbergs war, ergriffen sie ihn und töteten ihn. Wer Ohren hat, soll hören!"

Spruch 8

Mt 21,42: „Der Stein, den die Bauleute verwarfen, ist zum Eckstein geworden." (Ps 118,22)

(66) Jesus sagte: „Zeigt mir jenen Stein, den die Bauleute abgewiesen haben. Er ist der Eckstein."

(67) Jesus sagte: „Wer die Welt versteht, während er selbst Mangel leidet, leidet Mangel an jedem Ort."

Mt 5,11: „Selig seid ihr, wenn sie euch schmähen und verfolgen und lügnerisch alles Böse gegen euch sagen um meinetwillen."

(68) Jesus sagte: „Selig seid ihr, wenn sie euch hassen und verfolgen werden, und sie werden keinen Platz an dem Ort finden, an dem sie euch verfolgen."

(69) Jesus sagte: „Selig sind die, die in ihrem Herzen verfolgt worden sind. Sie sind es, die den Vater in Wahrheit erkannt haben. Selig sind die, die hungern, denn der Bauch dessen, der es wünscht, wird gesättigt werden."

Lk 6,21: „Selig ihr, die ihr jetzt hungert, denn ihr werdet gesättigt werden."

(70) Jesus sagte: „Wenn ihr jenes in euch hervorbringt, wird euch das, was ihr habt, retten. Wenn ihr jenes (aber) nicht in euch habt, wird euch das, was ihr nicht in euch habt, töten."

(71) Jesus sagte: „Ich werde dieses Haus umstürzen, und niemand wird es (wieder) aufbauen können." […].

Joh 2,19

(72) Ein Mann sagte zu ihm: „Rede mit meinen Brüdern, damit sie den Besitz meines Vaters mit mir teilen!"
Er antwortete ihm: „Oh, Mann, wer hat mich zum Teiler gemacht?"
Er wendete sich zu seinen Jüngern und fragte sie: „Oder bin ich etwa ein Teiler?"

Lk 12,13–14: „Einer aus dem Volke sagte zu ihm: ‚Meister, sag meinem Bruder, er soll mit mir das Erbe teilen.' Er aber erwiderte ihm: ‚Mensch, wer hat mich zum Richter oder Erbteiler über euch gesetzt?'"

(73) Jesus sagte: „Die Ernte ist zwar groß, aber es gibt nur wenige Arbeiter. Bittet also den Herrn, daß er Arbeiter zur Ernte senden möge!"

Mt 9,37–38: „Die Ernte ist groß, doch die Arbeiter sind wenige. Bittet daher den Herrn der Ernte, daß er Arbeiter aussende zu seiner Ernte."

(74) Er sagte: „Herr, viele drängen sich um den Brunnen, aber nichts ist im Brunnen."

Andere Übersetzungsmöglichkeit: „aber niemand ist im Brunnen."

(75) Jesus sagte: „Es gibt viele, die vor der Tür stehen, aber die Einzelnen sind es, die in den Hochzeitssaal eintreten werden."

Mt 25,1–12; zu den Einzelnen siehe Sprüche 16 und 49.

(76) Jesus sagte: „Das Königreich des Vaters ist mit einem Kaufmann zu vergleichen, der Frachtgut hatte und eine Perle fand. Dieser Kaufmann war klug, er veräußerte sein Frachtgut und kaufte sich diese eine Perle. Auch ihr, sucht einen Schatz, der nicht verdirbt und der dort bleibt, wo sich keine Motte nähert, ihn zu fressen, und kein Wurm ihn zerstört."

Mt 13,45–46

Mt 6,19–20

(77) Jesus sagte: „Ich bin das Licht, das über ihnen allen ist. Ich bin das All. Aus mir ist das All hervorge-

Joh 8,12; 9,5: „Ich bin das Licht der Welt."

gangen, und zu mir ist das All gelangt. Spaltet ein Holz, ich bin dort, hebt einen Stein hoch, und ihr werdet mich dort finden."

Mt 11,7–8: „Was zu sehen seid ihr hinausgegangen in die Wüste? Ein Schilfrohr, vom Winde hin und her bewegt? Oder was zu sehen seid ihr hinausgegangen? Einen Menschen in weichlichen Kleidern? Seht, die weichliche Kleider tragen, sind in den Palästen der Könige.
Lk 11,27–28: „Selig der Leib, der dich getragen, und die Brüste, die dich genährt haben.' Er aber sprach: ‚Ja, doch selig, die das Wort Gottes hören und es bewahren.'" Lk 23,29: „Denn seht, es werden Tage kommen, an denen man sagen wird: Selig die Unfruchtbaren und die Leiber, die nicht geboren, und die Brüste, die nicht genährt haben."

(78) Jesus sagte: „Weshalb seid ihr auf das Feld herausgekommen? – Um ein Schilfrohr zu sehen, das sich im Wind wiegt? Oder um einen Mann zu sehen, der ein weiches Gewand trägt? Seht, eure Könige und eure Großen, die tragen weiche Kleider, aber sie werden die Wahrheit nicht erkennen."

(79) Eine Frau aus dem Volk sagte zu ihm: „Gepriesen der Mutterleib, der dich getragen, und die Brüste, die dich genährt haben."
Er antwortete ihr: „Gepriesen sind die, die das Wort des Vaters gehört und es wahrhaftig bewahrt haben. Denn es werden Tage kommen, da werdet ihr sagen: ‚Gepriesen der Mutterleib, der nicht empfangen, und die Brüste, die keine Milch gegeben haben!'"

(80) Jesus sagte: „Wer die Welt verstanden hat, fand den Leib, wer aber den Leib verstanden hat, dessen ist die Welt nicht würdig."

(81) Jesus sagte: „Wer ein reicher Mann geworden ist, soll König werden, und wer die Macht erreicht hat, soll sie aufgeben."

(82) Jesus sagte: „Wer mir nah ist, ist dem Feuer nah, und wer mir fern ist, ist dem Königreich fern."

(83) Jesus sagte: „Die Bilder sind dem Menschen offenbar, und das Licht in ihnen ist verborgen im

Bild des Lichtes des Vaters. Er wird sich enthüllen, und sein Bild wird verborgen bleiben durch sein Licht."

(84) Jesus sagte: „Wenn ihr euer Abbild seht, werdet ihr euch freuen. Wenn ihr aber eure Bilder seht, die vor euch entstanden sind, die weder sterben noch sich offenbaren, wieviel werdet ihr dann ertragen?"

(85) Jesus sagte: „Adam ist aus großer Kraft und großem Reichtum entstanden, und (dennoch) wurde er eurer nicht würdig. Denn wäre er würdig gewesen, hätte er den Tod nicht gekostet."

(86) Jesus sagte: „Die Füchse haben ihre Höhlen, und die Vögel haben für sich ein Nest, der Menschensohn aber hat keinen Platz, an dem er sein Haupt hinlegen und ausruhen kann."

> Mt 8,20: „Die Füchse haben Höhlen und die Vögel des Himmels Nester, der Menschensohn aber hat nichts, wohin er sein Haupt lege."

(87) Jesus sagte: „Elend ist der Leib, der von einem Leib abhängig ist, und eine Mühsal ist die Seele, die von diesen beiden abhängig ist."

(88) Jesus sagte: „Die Engel und die Propheten werden zu euch kommen und euch geben, was euch gehört, und ihr, gebt ihnen, was in euren Händen ist, und sagt zu euch selbst: ‚Wann kommen sie, um das zu erhalten, was ihnen zusteht?'"

> Mt 23,25: „Wehe ihr Schriftgelehrten und Pharisäer, ihr Heuchler! Ihr reinigt das Äußere des Bechers und der Schüssel, innen aber sind sie angefüllt mit Raub und Unmäßigkeit."

(89) Jesus sagte: „Weshalb wascht ihr den Becher außen? Versteht ihr nicht, daß der, der das Innere hergestellt hat, auch das Äußere hergestellt hat?"

Mt 11,29: „Nehmt mein Joch auf euch und lernt von mir, denn ich bin sanftmütig und demütig von Herzen, und ihr werdet Erquickung finden für eure Seelen."

(90) Jesus sagte: „Kommt zu mir, denn mein Joch ist angenehm und meine Herrschaft menschenfreundlich, und ihr werdet für euch Ruhe finden."

Lk 12,56: „Ihr Heuchler! Das Aussehen der Erde und des Himmels wißt ihr zu deuten; weshalb macht ihr euch keine Gedanken über die jetzige Zeit?"

(91) Sie sagten zu ihm: „Sag uns, wer du bist, damit wir an dich glauben!"
Er antwortete ihnen: „Ihr prüft das Gesicht des Himmels und der Erde, aber den, der vor euch ist, habt ihr nicht erkannt, und diesen Moment versteht ihr nicht zu prüfen."

Spruch 94

(92) Jesus sagte: „Sucht, und ihr werdet finden, aber was ihr mich in diesen Tagen gefragt habt und was ich euch nicht gesagt habe, das will ich euch am heutigen Tag sagen, und ihr sucht nicht danach."

Mt 7,6: „Gebt das Heilige nicht den Hunden und werft eure Perlen nicht vor die Schweine, damit sie nicht diese zertreten unter ihren Füßen und sich umwenden und euch zerreißen."

(93) Jesus sagte: „Gebt den Hunden nichts Heiliges, damit sie es nicht auf den Mist werfen! Werft keine Perlen vor die Säue, damit sie nicht [...]."

(94) Jesus sagte: „Wer sucht, der wird finden; dem, der anklopft, wird man öffnen."

Lk 6,34f.

(95) Jesus sagte: „Wenn ihr Geld habt, leiht es nicht gegen Zinsen aus, sondern gebt es dem, von dem ihr es nicht mehr zurückbekommt."

Mt 13,53; Lk 13,20–21

(96) Jesus sagte: „Das Königreich des Vaters ist mit einer Frau zu vergleichen. Sie nahm ein wenig Sauerteig, vermengte es im Teig und machte daraus große Brote. Wer Ohren hat, soll hören!"

Spruch 8

(97) Jesus sagte: „Das Königreich des Vaters ist mit einer Frau zu vergleichen, die einen mit Mehl angefüllten Krug trug. Sie ging auf die Straße und war noch weit (von ihrem Haus entfernt), als der Henkel des Kruges brach. Das Mehl rieselte hinter ihr auf die Straße, ohne daß sie es merkte. Sie hatte das Mißgeschick nicht wahrgenommen. Als sie nach Hause gekommen war, stellte sie den Krug ab und fand ihn leer."

(98) Jesus sagte: „Das Königreich des Vaters ist mit einem Menschen zu vergleichen, der einen mächtigen Mann töten wollte. Er zog das Schwert in seinem Haus und stieß es durch die Wand, um zu prüfen, ob seine Hand stark (genug) sei. Dann tötete er den Mächtigen."

(99) Seine Jünger sagten zu ihm: „Deine Brüder und deine Mutter stehen draußen."
Er sagte zu ihnen: „Diese hier, die den Willen meines Vaters tun, sie sind meine Brüder und meine Mutter, und sie sind es, die in das Königreich meines Vaters eingehen werden."

Mk 3,32–35; Mt 12,47–50; Lk 8,20–21; Ebjonitenevangelium 4.

(100) Sie zeigten Jesus eine Münze und sagten zu ihm: „Die Männer des Kaisers verlangen von uns Steuern."
Er sagte zu ihnen: „Gebt dem Kaiser das, was dem Kaiser gehört, gebt Gott das, was Gott gehört, und das, was mir gehört, gebt mir!"

Mt 17,17.21; vgl. Papyrus Egerton 2, 2r.

(101) Jesus sagte: „Wer seinen Vater und seine Mutter nicht haßt, wie ich es tue, kann nicht mein

Spruch 55

147

Jünger werden. Und wer seinen Vater und seine Mutter nicht liebt, wie ich es tue, kann nicht mein Jünger werden. Denn meine Mutter ist die [...]. Aber meine wahre Mutter, sie gab mir das Leben."

Spruch 39

(102) Jesus sagte: „Wehe ihnen, den Pharisäern! Denn sie gleichen einem Hund, der auf der Krippe bei den Rindern schläft. Weder er (selbst) frißt, noch läßt er die Rinder fressen."

Spruch 21

(103) Jesus sagte: „Selig ist der Mensch, der weiß, in welchem Teil (des Hauses bzw. der Nacht) die Diebe hereinkommen werden, so daß er aufsteht, das sammelt, was ihm untersteht, und sich gürtet über seiner Hüfte, bevor sie eindringen."

(104) Sie sagten zu Jesus: „Komm, laß uns heute beten und fasten!"
Jesus sagte: „Was ist denn die Sünde, die ich getan

Mt 9,15: „Es werden aber Tage kommen, da ihnen der Bräutigam genommen ist; dann werden sie fasten."

habe, und worin bin ich besiegt? – Vielmehr, wenn der Bräutigam das Brautgemach verlassen hat, dann sollen sie fasten und beten."

(105) Jesus sagte: „Den, der Vater und Mutter erkannt hat, wird man Sohn einer Hure nennen."

(106) Jesus sagte: „Wenn ihr zwei zu einem macht, werdet ihr Menschensöhne sein, und wenn ihr

Spruch 48

(dann) sagt: ‚Berg, beweg dich fort!', wird er sich fortbewegen."

Mt 18,12–14; Lk 15,3–6

(107) Jesus sagte: „Das Königreich ist mit einem Hirten zu vergleichen, der hundert Schafe hatte.

Eins von ihnen ging verloren – es war das größte. So ließ er die neunundneunzig zurück und suchte nach jenem einen, bis er es fand.
Nachdem er sich (erfolgreich) abgemüht hatte, sagte er zu dem Schaf: ‚Ich liebe dich mehr als die neunundneunzig.'"

(108) Jesus sagte: „Wer von meinem Mund trinkt, wird werden wie ich. Ich selbst werde er werden, und das Verborgene wird sich ihm offenbaren."

(109) Jesus sagte: „Das Königreich ist mit einem Mann zu vergleichen, der auf seinem Feld einen Schatz hatte, der versteckt war und von dem er nicht wußte. Und als er starb, hinterließ er ihn seinem Sohn. (Auch) der Sohn wußte nicht davon. Er nahm jenes Feld und verkaufte es. Und der, der es gekauft hatte, kam und pflügte und fand den Schatz. Er begann, Geld gegen Zinsen auszuleihen an jeden, den er wollte."

Mt 13,44

(110) Jesus sagte: „Wer die Welt gefunden hat und reich geworden ist, soll auf die Welt verzichten."

(111) Jesus sagte: „Himmel und Erde werden in eurer Gegenwart aufgerollt werden, und wer lebt von dem, der lebt, wird den Tod nicht sehen. Sagt nicht Jesus: ‚Dem, der sich selbst findet, ist die Welt nicht würdig.'?"

Spruch 11. Zur zugrunde liegenden apokalyptischen Aussage siehe z. B. Jes 51,6: „der Himmel wird zerfetzt wie Rauch, und die Erde zerfällt wie ein Kleid, ihre Bewohner sterben wie Mücken."

(112) Jesus sagte: „Wehe dem Fleisch, das an der Seele hängt, und wehe der Seele, die am Fleisch hängt."

(113) Seine Jünger fragten ihn: „Wann wird das Königreich kommen?"

Spruch 3; Mt 24,23; Lk 17,20–21.

Jesus sagte: „Es wird nicht kommen, während man darauf wartet. Man wird (auch) nicht sagen: ‚Siehe, hier ist es!', oder ‚Siehe, dort ist es!'. Sondern das Königreich des Vaters ist auf der Erde ausgebreitet, und die Menschen sehen es nicht."

(114) Simon Petrus sagte zu ihm: „Maria soll von uns weggehen, denn die Frauen sind des Lebens nicht würdig."

Spruch 22

Jesus sagte: „Seht, ich werde sie anleiten, um sie männlich zu machen, damit sie zu einem lebendigen Geist wird, der euch Männern gleicht. Denn jede Frau, die sich männlich macht, wird eintreten in das Königreich im Himmel."

Das Evangelium
nach Thomas

DAS PETRUSEVANGELIUM

*B*ei einer Grabung im oberägyptischen Akhmim machte eine französische Archäologengruppe unter der Leitung von Silvain Grébaut im Winter 1886/87 eine sensationelle Entdeckung. Im Grab eines Mönches aus dem 8. oder 9. Jahrhundert fand man neben griechischen Fragmenten der Petrusapokalypse und des Henochbuches einen beidseitig mit insgesamt 45 Zeilen beschriebenen Bogen, der offensichtlich aus einem Evangelienbuch stammt. Der Text schildert Passion und Auferstehung Jesu und gibt sich ausdrücklich als Erzählung des Petrus zu erkennen. Man hatte das Petrusevangelium wiedergefunden.

Die Existenz eines Evangeliums des Petrus war zwar schon bekannt, denn altkirchliche Schriftsteller erwähnten es gelegentlich, doch bis 1886/87 waren keine Textstellen davon überliefert, so daß man nahezu nichts darüber wußte. So berichtet Origenes zwar von einem Petrusevangelium, vermittelt aber den Eindruck, es nur vom Hörensagen zu kennen. Auch bestätigen unter anderen der Kirchenschriftsteller Eusebius, Hieronymus und das Decretum Gelasianum die Existenz dieser Schrift. Eusebius nennt auch den wichtigsten Zeugen für die Benutzung des Evangeliums, nämlich Bischof Serapion von Antiochien. Dieser soll dazu in einem Brief an die Gemeinde von Rhossos aus dem Jahr 200 n. Chr. Stellung genommen haben.

Die wenigen Informationen, die man bis dahin vom Petrusevangelium hatte, wurden durch den Fund in Akhmim beträchtlich erweitert. Und doch liegt auch hier offensichtlich nur ein kleiner Teil des ursprünglichen Werkes vor, denn die Abschrift, die der Pergamentbogen aus dem Grab in Akhmim bietet, beginnt und endet mitten im Satz. Sie ist außerdem durch Ornamente gerahmt, durch die der Abschreiber des Textes andeutete, daß ihm selbst der Text nur noch fragmentarisch zur Verfügung stand.

Das in Akhmim entdeckte Petrusevangelium enthält Erzählungen über Leiden, Tod und Auferstehung Jesu. Der überlieferte Text beginnt mit dem Ende der Verhandlung vor Pilatus, schildert dann die Kreuzigung, die Auferstehung und damit verbundene Episoden und endet abrupt, wahrscheinlich mit der Einleitung einer Erscheinung Jesu am See Genezareth.

Vergleicht man dieses Fragment nach den Angaben des Bischofs Serapion mit dem Petrusevangelium, dann ist es wohl um die Mitte des 2. Jahrhunderts entstanden. Und angesichts seines Wirkungsbereiches ist es vermutlich in Syrien geschrieben worden. Ob es jedoch auch aus dem judenchristlichen Umfeld stammt, ist in der Forschung immer noch umstritten. Für dieses Umfeld sprechen einige Zitate aus alttestamentlichen Schriften, dagegen aber die Unkenntnis der Verhältnisse in Palästina zur Zeit Jesu. Sicher ist, daß die Gemeinde, in der es um 200 n. Chr. nach Auskunft des Eusebius benutzt wurde, keiner häretischen Gruppe angehörte, sondern Teil der Großkirche war.

Diese Einschätzung ergibt sich aus den Informationen über Serapion. Der Bischof von Antiochien gestattete laut Eusebius der Gemeinde von Rhossos zunächst die Verwendung des Petrusevangeliums, verbot es jedoch später nach Durchsicht des Evangeliums vor allem aufgrund seiner doketischen Züge. Doketismus bezeichnet eine Lehre, die davon ausgeht, daß die gesamte historisch-menschliche Gestalt Jesu nur Schein war, d. h. dieser einen Scheinleib annahm und daher niemals als Mensch geboren wurde und wie ein Mensch leiden konnte. Nun zeigt das Petrusevangelium gerade in der Passion Jesu, daß es doketischen Anschauungen durchaus nahezustehen scheint. Jesus wird bei der Kreuzigung ohne Schmerzempfindung dargestellt (4,10), und sein einziger Satz „Meine Kraft, Kraft! du hast mich verlassen!" (5,19), die das „Mein Gott, mein Gott, warum hast du mich verlassen?" der kanonischen Evangelien in bezeichnender Weise abwandelt, ist durchaus so zu verstehen, daß der präexistente Herr in diesem Moment seinen Scheinleib verlassen hat. Jedoch lassen sich diese Aussagen auch anders verstehen, die erste nämlich so, daß damit zum Ausdruck gebracht werden sollte, daß Jesus seine Leiden standhaft ertrug, die zweite, daß der Verfasser an der Aussage Jesu, von Gott verlassen zu sein, Anstoß nahm. So ist es nicht sicher, ob man im Zusammenhang mit dem Petrusevangelium tatsächlich von Doketismus sprechen kann, zumal ja auch die kanonischen Evangelien von den Anhängern des Doketismus in ihrer Weise verstanden wurden. Diese Wirkungsgeschichte zeigt einmal mehr, wie fließend die Grenzen zwischen den erlaubten kanonischen und den verbotenen nicht-kanonischen Schriften sein konnten.

Für die Frage nach der Entstehung des Petrusevangeliums ist sein Verhältnis zu den kanonischen Evangelien entscheidend. Entgegen anderslautender Meinungen wird man daran festzuhalten haben, daß es von den kanonischen Evangelien abhängig ist. Dies zeigt sich an der Abfolge der Darstellung, die weitgehend der des Matthäusevangeliums folgt, und auch an den Bezugnahmen auf die drei anderen kanonischen Evangelien. Beispielsweise stammt von Lukas das Wort des Verbrechers an Jesus am Kreuz (4,13), von Markus die Flucht und das Schweigen der Frauen (13,57; vgl. 14,58) und von Johannes die Datierung des Todestages (2,5).

Und doch ist das Petrusevangelium nicht nur ein von den kanonischen Evangelien abhängiges, jüngeres Werk. Zum einen nimmt es die kanonischen Evangelien nicht sklavisch und harmonisierend auf, sondern setzt durchaus eigene Akzente. Zum anderen aber beinhaltet es auch ursprünglichere, „archaische" Elemente. Dazu zählt z. B. die Verwendung von Zitaten aus dem Alten Testament ohne Zitateinführung in der Erzählung (z. B. 3,7 und 5,18). Hier wird eine Predigttradition greifbar, die gegenüber den kanonischen Evangelien als älter und ursprünglicher anzusehen ist. Und doch muß man sich fragen, ob es sich um eine genuine Tradition handelt, oder ob der Verfasser des Petrusevangeliums nicht bewußt „archaisiert", um seinen Text älter erscheinen zu lassen und ihm dadurch größere Geltung zu verschaffen.

Mit Petrus, dem Ersten der Apostel, verleiht der Verfasser seinem Werk Autorität und stellt es den bereits vorhandenen Evangelien als Konkurrenz zur Seite. Gleichzeitig schließt er eine Lücke: Warum ist von Petrus kein Evangelium erhalten? – Diese schon früh gestellte Frage, die etwa Papias von Hierapolis um 130 n. Chr. dadurch beantwortet, daß er Markus zum Sekretär des Petrus erklärt, wird durch das Petrusevangelium gegenstandslos.

Fazit: Trotz seiner auf frühe Überlieferung hinweisenden Elemente ist das Petrusevangelium im Ganzen ein von den kanonischen Evangelien abhängiges, späteres Werk.

Neben apologetischen, d. h. rechtfertigenden Zügen, zeigt sich in diesem Evangelium ein starker Hang zum Erzählerischen. Auch unbedeutend erscheinende Ereignisse werden ausführlich dargestellt. Durch Wunder, insbesondere die mythische Darstellung von der Auferstehung Jesu, soll die Glaubwürdigkeit des Geschehenen unterstrichen werden. Besonders hier zeigt sich eine Nähe zum volkstümlichen

Glauben, die auch andere apokryphe Evangelien von den kanonischen unterscheidet. Theologisch gesehen rücken im Petrusevangelium Kreuz und Auferstehung Jesu in den Vordergrund. In Abgrenzung von den Juden wird deren Schuld am Tode Jesu und damit die Unschuld des Pilatus stärker herausgestellt. Diese Tendenz, die schon urchristlich zu sein scheint (1 Thess 2,15), wirkt nach und findet auch im Nikodemusevangelium seine Fortsetzung.

Die folgende Übersetzung folgt der üblichen Einteilung des Petrusevangeliums in Kapitel und fortlaufende Verse.

1. KAPITEL

Die Händewaschung des Pilatus (Mt 27,24) geht dem Geschilderten offensichtlich voraus. Zu Herodes siehe Lk 23,6–12, der dort aber keineswegs mit den Machtkompetenzen ausgestattet ist, die ihm das Petrusevangelium zuschreibt.

(1) [...] Von den Juden aber wusch sich niemand die Hände, weder Herodes noch einer seiner Richter. Und da sie sich nicht waschen wollten, erhob sich Pilatus. (2) Daraufhin befahl König Herodes, daß der Herr abgeführt werden solle, und er sagte zu ihnen: „Tut alles, was ihm zu tun ich euch befohlen habe!"

2. KAPITEL

Nikodemusevangelium 11,3, hier aber anders als sonst vor dem Tode Jesu.

Dtn 21,22–23: „Wird jemand für ein todeswürdiges Verbrechen hingerichtet, und man hängt ihn an einem Pfahle auf, dann soll

(3) Josef, ein Freund des Pilatus und des Herrn, aber befand sich dort, und weil er wußte, das sie ihn kreuzigen würden, ging er zu Pilatus und bat um den Leib des Herrn für sein Begräbnis. (4) Pilatus schickte zu Herodes und erbat seinen Leib. (5) Herodes antwortete: „Bruder Pilatus, auch wenn ihn niemand verlangt hätte, würden wir ihn begraben, denn der Sabbat bricht an. Schließlich steht im Gesetz

geschrieben, daß die Sonne nicht über einem Hingerichteten untergehen soll."

Und er übergab ihn dem Volk einen Tag vor dem
Fest der Ungesäuerten Brote.

sein Leichnam nicht über
Nacht an dem Pfahl hän-
gen bleiben, sondern man
begrabe ihn noch am glei-
chen Tage."

3. KAPITEL

(6) Sie aber übernahmen den Herrn, stießen ihn
im Laufen und sprachen: „Laßt uns den Sohn
Gottes fortschleifen, jetzt, da wir Macht über ihn
haben."

(7) Und sie warfen ihm ein purpurrotes Gewand
über, ließen ihn auf dem Richterstuhl Platz nehmen und sprachen: „Urteile gerecht, König von
Israel!"

(8) Und einer von ihnen brachte eine Dornenkrone
und setzte sie auf das Haupt des Herrn. (9) Andere,
die dabei standen, spuckten ihm ins Gesicht, und
einige gaben ihm Ohrfeigen, wieder andere stachen
ihn mit dem Rohrstab, und einige peitschten ihn aus
und höhnten dabei: „Mit dieser Ehrerbietung wollen
wir den Sohn Gottes ehren."

Mk 15,16–20a

Jes 58,2: „Wie ein Volk,
das Gerechtigkeit tut und
das Recht seines Gottes
nicht aufgibt, fordern sie
von mir gerechte Gerichte,
nach Gottes Nähe verlan-
gen sie."

4. KAPITEL

(10) Dann führten sie zwei Verbrecher herbei und
kreuzigten den Herrn in ihrer Mitte. Er selbst aber
schwieg, als ob er keinen Schmerz habe. (11) Und
als sie das Kreuz aufgestellt hatten, schrieben sie
darauf: „Dies ist der König Israels."

(12) Sie legten die Kleider vor ihm nieder, teilten

Mt 27,26

Ps 22,19

Lk 23,39–43

sie und warfen darüber das Los. (13) Einer von jenen Verbrechern aber beschimpfte sie mit den Worten: „Wir haben zu leiden wegen der Straftaten, die wir begangen haben, er aber, der der Retter der Menschen geworden ist, was hat er euch für ein Unrecht angetan?"

(14) Und voller Ärger über ihn ordneten sie an, daß man ihm nicht die Schenkel brechen sollte, damit er qualvoll sterbe.

5. KAPITEL

Mt 27,45: „Von der sechsten Stunde an trat Finsternis ein über das ganze Land bis zur neunten Stunde." (Vgl. 6,22)
Zum Schriftzitat 2,5.

Ps 69,22; Mt 27,34; dort heißt es aber: „er kostete davon, wollte aber nicht trinken."
Zur Vorstellung von Sünden, die über den Kopf wachsen, siehe Ps 40,13 und Esr 9,6.

Jes 59,9–10

Ps 22,2; Mk 15,34: „Mein Gott, mein Gott, warum hast du mich verlassen?"

Mk 15,37–38

(15) Es war aber Mittag, und Finsternis breitete sich über ganz Judäa aus. Da gerieten sie in Angst und waren in Sorge darüber, daß die Sonne bereits untergegangen, er aber noch am Leben war. Denn es steht für sie geschrieben, daß die Sonne nicht über einem Hingerichteten untergehen soll. (16) Und einer von ihnen sagte: „Gebt ihm Wermut mit Weinessig zu trinken!"

Und nachdem sie es abgemischt hatten, gaben sie es ihm zu trinken. (17) Sie erfüllten (damit) alles und machten die Sünden auf ihrem Haupt vollzählig.

(18) Aber viele liefen mit Lampen herbei, da sie meinten, daß es Nacht sei und sie stürzen könnten.

(19) Und der Herr schrie auf und rief: „Meine Kraft, Kraft! Du hast mich verlassen!"

Nachdem er das gesagt hatte, wurde er aufgenommen. (20) Zur selben Stunde aber riß der Vorhang des Tempels von Jerusalem entzwei.

6. KAPITEL

(21) Daraufhin zogen sie die Nägel aus den Händen des Herrn heraus und legten ihn auf die Erde. Da erbebte die ganze Erde, und (jedermann) packte großes Entsetzen. (22) Danach leuchtete die Sonne (wieder) auf, und es zeigte sich, daß es die neunte Stunde war. (23) Da wurden die Juden (wieder) fröhlich und übergaben dem Josef seinen Leib, damit er ihn bestatte, da er ja Zuschauer bei allem gewesen war, was er Gutes getan hatte. (24) Er aber nahm den Herrn, wusch ihn, hüllte ihn in ein Leinentuch und brachte ihn in sein eigenes Grab, das Garten Josefs genannt wurde.

Mt 27,50

5,15

Mt 27,57–60

7. KAPITEL

(25) Als die Juden, die Ältesten und Priester einsahen, welch großes Übel sie sich selbst angetan hatten, begannen sie, heftig zu trauern und zu sagen: „Wehe unseren Sünden! Nahe ist das Gericht und das Ende Jerusalems."
(26) Ich aber trauerte mit den Gefährten, und mit blutendem Herzen hielten wir uns verborgen. Wir wurden nämlich von ihnen gesucht wie Verbrecher und als ob wir beabsichtigt hätten, den Tempel anzuzünden. (27) Wegen all dieser Dinge fasteten wir und saßen trauernd und weinend, nachts und tagsüber, bis zum Sabbat.

Vgl. Nikodemusevangelium 14,3.

8. KAPITEL

(28) Die Schriftgelehrten, die Pharisäer und die Ältesten traten zusammen und erfuhren, daß das ganze Volk murrte, man sich an die Brust schlug und sprach: „Wenn bei seinem Tod diese großartigen Zeichen geschehen sind, seht, wie gerecht er ist!"

Mt 27,62–66

(29) Da bekamen die Ältesten Angst, und sie gingen zu Pilatus, um ihm folgende Bitte zu unterbreiten: (30) „Stelle uns Soldaten zur Verfügung, damit wir sein Grab drei Tage lang bewachen können! Sonst könnten seine Jünger kommen und ihn stehlen, und das Volk würde annehmen, er sei von den Toten auferstanden, und uns dann übel mitspielen."

(31) Pilatus ordnete für sie den Hauptmann Petronius mit Soldaten zur Bewachung des Grabes ab. Mit diesen gingen auch Älteste und Schriftgelehrte zum Grab. (32) Und alle, die dort waren, rollten zusammen mit dem Hauptmann und den Soldaten einen riesigen Stein herbei und setzten ihn vor den Eingang des Grabes. (33) Und sie brachten sieben Siegel an, schlugen ein Zelt auf und hielten Wache.

Offb 5,1. Sieben Siegel symbolisiert vollständige Versiegelung.

9. KAPITEL

(34) Frühmorgens, als der Sabbat anbrach, kamen viele aus Jerusalem und aus der Umgebung, um sich das versiegelte Grab anzusehen. (35) Während der Nacht vor Anbruch des Herrentages, als die Soldaten jeweils zu zweit als Posten Wache standen, erhob sich gewaltiger Donner im Himmel. (36) Und sie sahen, wie sich der Himmel öffnete und zwei Männer, von

Mt 28,2

einem großen Licht umgeben, von dort herabstiegen und sich dem Grab näherten. (37) Jener Stein aber, der vor dem Eingang lag, kam von selbst ins Rollen und entfernte sich ein Stück weit. Das Grab öffnete sich, und die beiden Jünglinge gingen hinein.

10. KAPITEL

(38) Als jene Soldaten das sahen, weckten sie den Hauptmann und die Ältesten – denn diese waren auch anwesend, um Wache zu halten. (39) Und während sie noch erzählten, was sie gesehen hatten, sahen sie erneut, wie drei Männer aus dem Grab herauskamen, die zwei den einen stützten, und ein Kreuz ihnen folgte. (40) Das Haupt der ersten beiden reichte bis zum Himmel, das (Haupt) dessen aber, der von ihnen gehalten wurde, überragte den Himmel. (41) Und eine Stimme hörten sie vom Himmel fragen: „Hast du den Entschlafenen verkündigt?"
(42) Und die Antwort kam vom Kreuz: „Ja!"

> Die hier belegte Vorstellung des verselbständigten Kreuzes hat nur im späteren apokryphen Schrifttum Parallelen, z. B. Epistula Apostolorum 16.

11. KAPITEL

(43) Da beratschlagten sie miteinander, wegzugehen und es dem Pilatus zu melden. (44) Und während sie noch überlegten, zeigte sich der Himmel wiederum geöffnet, und ein Mensch stieg herab und ging in das Grab hinein. (45) Als die Männer des Hauptmanns das sahen, liefen sie mitten in der Nacht fluchtartig zu Pilatus, das Grab verlassend, das sie zu bewachen hat-

> Mt 27,54; Mk 15,39; Worte, die dort aber direkt

nach dem Tode Jesu gesprochen werden.

Mt 27,24 (beim Urteilsspruch durch Pilatus)

Mt 28,11–15

ten, erzählten alles, was sie gesehen hatten, in großer Angst und sagten: „Er war wahrhaftig Gottes Sohn." (46) Pilatus antwortete und sagte: „Ich bin rein vom Blut des Sohnes Gottes, ihr aber habt es so gewollt." (47) Nach und nach kamen alle herbei, baten ihn und riefen ihn an, dem Hauptmann und den Soldaten zu befehlen, niemandem zu erzählen, was sie gesehen hatten. (48) „Denn es ist besser für uns," sagten sie, „uns der größten Sünde vor Gott schuldig zu machen, als in die Hände des Volkes der Juden zu fallen und gesteinigt zu werden."
(49) Also erteilte Pilatus dem Hauptmann und den Soldaten Redeverbot.

12. Kapitel

Mk 16,1–6

(50) In der Morgenfrühe des Herrentages aber nahm Maria Magdalena, die Jüngerin des Herrn, – aus Furcht vor den vor Zorn glühenden Juden hatte sie am Grab des Herrn nicht das getan, was Frauen an den von ihnen geliebten Toten zu tun pflegten –, (51) die Freundinnen mit sich und ging zum Grab, wo man ihn hingelegt hatte. (52) Trotz ihrer Angst, die Juden könnten sie sehen, sagten sie: „Wenn wir auch nicht an jenem Tag, an dem er gekreuzigt wurde, weinen und trauern konnten, so wollen wir

Mk 16,3

das doch jetzt an seinem Grabe nachholen. (53) Wer aber wird uns denn den Stein, der vor dem Eingang des Grabes liegt, wegrollen, damit wir hineingehen, uns neben ihn setzen und unsere Verpflichtungen erfüllen können? (54) – Gewaltig war nämlich der Stein. – Auch haben wir Angst, daß uns jemand sieht. Und wenn wir es nicht können, wollen wir zumindest vor den Eingang legen, was wir zur Erinnerung an ihn mitbringen, wollen weinen und klagen, bis wir wieder nach Hause gehen."

13. KAPITEL

(55) Bei ihrer Ankunft fanden sie das Grab geöffnet. Als sie näher traten und sich dorthin vorbeugten, sahen sie da inmitten des Grabes einen Jüngling sitzen, schön und mit einem leuchtenden Gewand bekleidet, der zu ihnen sprach: (56) „Warum seid ihr gekommen? Wen sucht ihr? Doch nicht etwa jenen Gekreuzigten? Er ist auferstanden und weggegangen. Wenn ihr es aber nicht glaubt, so beugt euch vor und schaut den Platz an, an dem er lag: Er ist nicht da. Denn er ist auferstanden und dorthin gegangen, woher er gesandt worden ist."
(57) Da ergriffen die Frauen entsetzt die Flucht.

Mk 16,6

14. KAPITEL

(58) Am letzten Tag der Ungesäuerten Brote machten sich viele auf den Heimweg, als das Fest zu Ende war. (59) Wir aber, die zwölf Jünger des Herrn, weinten und trauerten, und ein jeder zog sich voll Trauer über das, was sich zugetragen hatte, in sein Haus zurück. (60) Ich aber, Simon Petrus, und mein Bruder Andreas gingen mit unseren Netzen ans Meer, und mit uns war Levi, der Sohn des Alphäus, den der Herr […]

Joh 21,1–4

Zu Andreas als Bruder von
Petrus siehe Mt 10,2;
zu Levi Mk 2,14.

DAS NIKODEMUSEVANGELIUM

*I*n dem heute vorliegenden Nikodemusevangelium sind zwei ursprünglich selbständige Teile zu einer Einheit verschmolzen. Der erste mit dem Titel Pilatusakten, beschäftigt sich mit dem Prozeß Jesu vor Pilatus, der Kreuzigung und Auferstehung; der zweite erzählt von der Höllenfahrt Christi und wurde auch so genannt. Während die Pilatusakten aus einer sehr frühen Tradition, vermutlich aus dem 2. Jahrhundert stammen – der Kirchenvater Justin aus Rom erwähnt sie in einer seiner Schriften –, beruht die Höllenfahrt Jesu auf einer späten, rein legendarischen Tradition.

Das den Pilatusakten nachträglich vorangesetzte Vorwort versucht ihnen Autorität zu verleihen, indem behauptet wird, bei der vorliegenden Schrift handle es sich um die griechische Übersetzung eines hebräischen Originals, das unter Pontius Pilatus erstellt wurde. Sicher ist aber, daß das Original nicht in Hebräisch, sondern in Griechisch abgefaßt war. Heute liegen neben zwei unterschiedlichen griechischen Fassungen lateinische, koptische, syrische, armenische und altslawische Übersetzungen aus dem Griechischen vor. Die Höllenfahrt Christi ist nur in einer griechischen Fassung und zwei lateinischen Übersetzungen überliefert.

Nikodemusevangelium wurde diese Schrift genannt, weil Nikodemus der Verfasser des Werkes sein soll. Im späteren Vorwort gibt sich nämlich Ananias, ein zum Christentum konvertierter Leibgardist mit jüdischem Namen als Übersetzer der Schrift zu erkennen. Seiner Auskunft nach hat er im Jahr 425 n. Chr. die Erinnerungen des Nikodemus, die dieser im Jahr 28/29 (nach anderer Lesart und wahrscheinlicher 32/33) n. Chr. auf Hebräisch verfaßt haben soll, ins Griechische übersetzt „damit sie allen bekannt werden, die den Namen unseres Herrn Jesus Christus anrufen".

Wer ist dieser Nikodemus? – Das Johannesevangelium, das als einzige neutestamentliche Schrift von ihm berichtet, sieht in ihm einen jüdischen Ratsherrn und zeichnet ihn als eine Gestalt, die Jesus durchaus kritisch, da verständnislos gegenübersteht (Joh 3,1. 10), ihm aber auch Sympathie entgegenzubringen scheint, wie *sein Eintreten für Jesus im Synhedrium in Joh 7,50f, vor allem aber seine Begräbnisgaben für Jesus (Joh 19,39) zeigen. Im Nikodemusevangelium dagegen wird aus der eher versteckten Sympathie für Jesus Jüngerschaft: Der einflußreiche jüdische Ratsherr ist Fürsprecher Jesu beim Prozeß und stellt sich den Juden auch später in Sachen Jesus immer wieder kritisch entgegen. Wenn er auch mit seinem Versuch, die Kreuzigung Jesu zu verhindern, scheitert, so hat sein Wort doch Gewicht, und seine Person ist den Juden offensichtlich unantastbar. An einigen wichtigen Stellen des Evangeliums meldet er sich zu Wort und erreicht es mehrfach, den Geschehnissen eine entscheidende Wende zu geben (Kapitel 5,1–2; 12,1; 15,1. 5; 16,1 vgl. 9,1; 15,4) Nikodemus ist damit so etwas wie die geheime Hauptfigur, und nach dieser Hauptfigur ist das Evangelium auch benannt, ohne daß dies den historischen Abfassungsverhältnissen entsprechen würde.*

Von der Höllenfahrt Christi abgesehen, die als späte Ergänzung des Evangeliums in der vorliegenden Übersetzung nicht enthalten ist, gliedert sich das Nikodemusevangelium in drei Teile: Kapitel 1–9 bieten eine breite Schilderung des Prozesses Jesu vor Pilatus, in Kapitel 10 und 11 werden Kreuzigung und Begräbnis Jesu dargestellt, und der dritte Teil (Kapitel 12–16) widmet sich den Ereignissen nach der Auferstehung. Neben dem Prozess Jesu vor Pilatus, dessen Eigenart darin besteht, daß er zahlreiche Inhalte der kanonischen Evangelien aus der Zeit der Wirksamkeit Jesu einflechtet, ist vor allem der dritte Teil interessant. Hier werden nämlich die Geschehnisse nach der Auferstehung Jesu nicht, wie sonst üblich, aus der Perspektive der Jünger Jesu, sondern aus der des Synhedriums in Jerusalem dargestellt. Die Ratsversammlung der Juden sieht sich damit konfrontiert, daß Jesus von Josef aus Aritmathäa begraben wird, daß die Wachen des Grabes Jesu von seiner Auferstehung berichten und daß Juden aus Galiläa Jesu Auferstehung und Himmelfahrt bezeugen. Der Hohe Rat versucht diesen Problemen zuerst mit Gewalt gegen Josef von Arimathäa, mit Schweigegeld für die Wachen und Redeverbot für diese und die galiläischen Juden beizukommen, wird aber durch die wunderbare Befreiung Josefs aus dem Gefängnis schließlich zum Eingeständnis ihrer Schuld am Tod Jesu und zur Anerkennung der Auferstehungszeugen geführt.

Die Pilatusakten als erster Teil des Nikodemusevangeliums zeigen eine starke Abhängigkeit von den kanonischen Evangelien. Der Stoff dieser Evangelien in bezug auf den Prozeß, Kreuzigung, Auferstehung Jesu sowie die Erscheinungen des

Auferstandenen ist bis auf einzelne Episoden vollständig, teilweise auch im gleichen Wortlaut aufgenommen. Die Darstellung der Passion Jesu ist gekennzeichnet durch die vielfach geschickte Kombination der Evangelien und ihre stilistische Variation. So werden einerseits Geschichten unterschiedlicher Evangelien teilweise nur durch kleine Einfügungen miteinander verknüpft, andererseits Episoden, die von den Evangelien als Geschehnisse erzählt werden, zu Augenzeugenberichten umgewandelt. Über diese Verarbeitung des Stoffes der kanonischen Evangelien hinaus bietet das Evangelium vor allem in seinem dritten Teil (Kapitel 12–16) reichhaltigen Stoff eigenständiger Prägung.

Theologisch betrachtet geht es dem Nikodemusevangelium – ähnlich wie dem Petrusevangelium – auch darum, die Auferstehung Jesu als beweisbares Faktum darzustellen. Zweifel, die sich an der Zuverlässigkeit der Auferstehungszeugen erhoben haben, sollen ausgeräumt werden. Sind in den kanonischen Evangelien primär Frauen die Erstzeugen der Auferstehung Jesu, so erhalten sie im Nikodemusevangelium durchaus neutrale Rückendeckung. Gemäß dem in Kapitel 7 ausgesprochenen jüdischen Gesetz „eine Frau nicht als Zeugin zuzulassen", verbürgen sich nicht Frauen für die Auferstehung Jesu, sondern die Wachen am Grab Jesu als mittelbare Augenzeugen. Damit werden die Römer zu Offenbarungszeugen, die auch den Juden ihre Unfähigkeit zu glauben deutlich machen (13,2). In ähnlicher Weise ist auch Pilatus, der römische Statthalter, charakterisiert. Bei ihm tritt eine theologische Tendenz, die schon in den kanonischen Evangelien angelegt ist, besonders stark in Erscheinung: Die Schuld am Tod Jesu trifft einzig und allein die Juden. Die Römer, repräsentiert durch Pilatus, tragen keinerlei Verantwortung für die Ereignisse. So ist Pilatus nicht ein uninteressierter Richter oder gar strenger Statthalter, sondern unternimmt zahlreiche Anstrengungen, das Vorhaben der Juden, Jesus zu töten, zu verhindern. Er unterstreicht mehrmals die Schuldlosigkeit Jesu, spricht sich von der Verantwortung für den Tod Jesu los und gibt sich damit nahezu als heimlicher Jünger Jesu zu erkennen. Dieses Bild von Pilatus hat durchaus weiter gewirkt. Wir erkennen es wieder in der Literatur, so etwa in Gertrud von Le Forts Novelle „Die Frau des Pilatus", aber zum Beispiel auch in der koptischen Kirche, wo Pilatus noch heute als Christ und Heiliger verehrt wird.

Sind damit die Römer, was den Tod Jesu betrifft, aus dem Schneider, so geht nun die Schuld am Tode Jesu ausschließlich auf das Konto der Juden. Angesichts der ver-

heerenden Wirkungsgeschichte des unsäglichen Slogans von den Juden als Gottes-
mördern sind hier aber einige Klarstellungen nötig: Das Nikodemusevangelium
unterscheidet vielfach zwischen den Juden und ihren Führern. So gibt es erstens zu
erkennen, daß unter den beim Prozeß Jesu Versammelten zahlreiche Juden sind, die
Jesu Tod nicht wollen, ja sogar – wie es in Kapitel 4,5 heißt – angesichts der Aus-
sicht auf eine Verurteilung Jesu weinen. Zweitens sind die Fürsprecher Jesu beim
Prozeß allesamt Juden, unter ihnen mit Nikodemus sogar ein Mitglied des Synhe-
driums, und drittens zielt das Evangelium ja darauf ab, daß die Juden, die für den
Tod Jesu verantwortlich sind, durch die Geschehnisse nach der Auferstehung zur
Anerkennung Jesu kommen. Der Tod Jesu ist zwar nicht mehr rückgängig zu
machen, aber es scheint doch so, daß die Schuldigen nicht die auf ewig Verdamm-
ten sind, sondern bei Gott immer noch eine Chance haben. Am Ende des 20. nach-
christlichen Jahrhunderts ist freilich auch diese Heilsperspektive durch Bekehrung
für Juden wie für Christen nicht mehr zeitgemäß, eine christliche Judenmission auf
dieser Grundlage nach dem Holocaust mehr als problematisch.

PILATUSAKTEN

PROLOG

Ich, Ananias, Leibgardist im Rang eines Präfekten, ein Gesetzeskundiger, habe aus den Heiligen Schriften unseren Herrn Jesus Christus erkannt, bin zum Glauben gekommen und wurde auch der heiligen Taufe für würdig befunden. Ich forschte auch nach den Akten, die in jener Zeit über unseren Herrn Jesus Christus aufgesetzt wurden, und nach dem, was die Juden unter Pontius Pilatus niederlegten. Diese Akten fand ich auf Hebräisch, und Gottes Willen gemäß habe ich sie ins Griechische übersetzt, damit

Zu Ananias
siehe die Einführung.

sie allen bekannt werden, die den Namen unseres Herrn Jesus Christus anrufen, im 17. Jahr der Königsherrschaft unseres Herrn Flavius Theodosius und im 6. des Flavius Valentinus, in der 8. Indiktion.

Ihr alle also, die ihr es lest und in ein anderes Buch übertragt, gedenkt meiner und betet für mich, damit Gott mir gnädig sei und mir meine Sünden erlasse, die ich gegen ihn begangen habe.

Friede den Lesern und Hörern und ihren Mitbewohnern. Amen.

Lk 3,1

Im 15. Jahr der Herrschaft des Cäsar Tiberius, des Königs der Römer, und des Herodes, des Königs von Galiläa, im 19. Jahr von seinem Beginn, am 8. Tag vor den Kalenden des April, also am 25. März, unter dem Konsulat von Rufus und Rubellio, im 4. Jahr der 202. Olympiade, unter dem Hohenpriester der Juden Josef Kajafas.

Zu Nikodemus siehe die Einführung.

Was Nikodemus über das Kreuz und Leiden des Herrn berichtet hat, hat Nikodemus den Hohenpriestern und den anderen Juden überliefert. Zusammengestellt hat es dieser Nikodemus aber auf Hebräisch.

1. KAPITEL

Mt 26,3–5; vgl. Apg 4,1

(1) Rat hielten die Hohenpriester und Schriftgelehrten Annas, Kajafas, Semes, Dathaes und Gamaliel, Judas, Levi, Naphtali, Alexander, Jairus und die übrigen Juden, und dann gingen sie zu Pilatus und klagten Jesus wegen zahlreicher Vergehen an: „Wir wissen von diesem, daß er Sohn von Josef, dem Zimmer-

Mt 13,55

mann, und von Maria geboren ist, und da sagt er von sich selbst, er sei der Sohn Gottes und ein König. Darüber hinaus entweiht er den Sabbat und will das Gesetz unserer Väter abschaffen."

Joh 9,13–34

Pilatus fragte: „Und was tut er, und was will er abschaffen?"

Die Juden antworteten: „Wir haben ein Gesetz, niemanden am Sabbat zu heilen. Er aber hat Lahme, Krüppel und Ausgezehrte, auch Blinde, Gelähmte und von Dämonen Besessene am Sabbat mit üblen Praktiken geheilt."

Pilatus fragte sie: „Mit welchen üblen Praktiken?"

Sie antworteten ihm: „Ein Zauberer ist er, und durch Beelzebul, den Fürsten der bösen Geister, treibt er Dämonen aus, und alles gehorcht ihm."

Pilatus entgegnete: „Man treibt nicht mit einem unreinem Geist Dämonen aus, sondern mit dem Gott Asklepios."

Zu Beelzebul vgl.
Mt 12,24: „Als aber die Pharisäer es hörten, sagten sie: ‚Dieser treibt die Dämonen nicht anders aus als durch Beelzebul, den Fürsten der Dämonen.'" Beelzebul gilt im NT als oberster Teufel. Sein Name bedeutete ursprünglich „Erhabener Herr" (Baal zebul), wurde aber häufig in Beelzebub, „Herr der Fliegen" bzw. „Mistgott" verballhornt.

(2) Die Juden sagten zu Pilatus: „Wir halten es deiner Größe angemessen, daß er vor deinen Richterstuhl geführt und angehört wird."

Asklepios, lateinisch Äskulap, ist ein griechischer Gott, der von den Römern seit einer Seuche im Jahre 293 v. Chr. als Gott der Heilkunst verehrt wurde.

Pilatus rief sie zu sich und sagte: „Sagt mir, wie kann ich, der ich ein Statthalter bin, einen König verhören?"

Sie erwiderten ihm: „Wir sagen nicht, daß er ein König ist, sondern er sagt es von sich selbst."

Pilatus rief den Boten herbei und sagte zu ihm: „Mit Milde soll Jesus hergebracht werden!"

Der Bote ging hinaus, und als er ihn erkannte, huldigte er ihm auf den Knien. Er nahm sein Handtuch, breitete es auf dem Boden aus und sagte zu ihm: „Herr, schreite darauf und geh hinein, denn der Statthalter ruft dich."

Als aber die Juden sahen, was der Bote tat, beschwerten sie sich lautstark bei Pilatus: „Warum hast du ihn nicht durch einen Herold herzitieren lassen, sondern durch einen Boten? Denn der Bote hat sich, als er ihn erblickte, vor ihm niedergeworfen und sein Tuch auf dem Boden ausgebreitet und hat ihn wie einen König wandeln lassen."

(3) Pilatus rief den Boten herbei und sagte zu ihm: „Warum hast du das getan, dein Tuch auf den Boden ausgebreitet und Jesus veranlaßt, darauf zu schreiten?"

Der Bote antwortete ihm: „Herr Statthalter, als du mich nach Jerusalem zu Alexander gesandt hast, sah ich ihn auf einem Esel reiten, und die Kinder der Hebräer hatten Zweige in ihren Händen und riefen, andere aber breiteten ihre Gewänder aus und sagten: ‚Errette uns, du in der Höhe! Gepriesen sei, der da kommt im Namen des Herrn!'"

(4) Da schrien die Juden auf und entgegneten ihm: „Die Kinder der Hebräer haben auf Hebräisch gerufen, woher weißt du's auf Griechisch?"

Da antwortete der Bote: „Ich habe einen Juden gefragt: ‚Was bedeutet denn das, was sie auf Hebräisch rufen?' Und er hat es mir übersetzt."

Pilatus fragte sie: „Was riefen sie denn auf Hebräisch?"

Die Juden antworteten ihm: „Hosanna membrome baruchamma adonaj!"

„Und wie wird dieses Hosanna und so weiter übersetzt?"

„Errette uns, du in der Höhe! Gepriesen sei, der da kommt im Namen des Herrn!"

Pilatus sagte zu ihnen: „Wenn ihr die Rufe bestätigt,

Sach 9,9; Mt 21,6–9: „Die Jünger (…) brachten den Esel mit dem Füllen (…), und er setzte sich darauf. Viele aus der Volksmenge breiteten ihre Mäntel auf den Weg; andere hieben Zweige von den Bäumen und streuten sie auf den Weg. Die Scharen (…) riefen: ‚Hosanna dem Sohne Davids! Gepriesen sei, der da kommt im Namen des Herrn. Hosanna in der Höhe.'"

Der aramäische Wortlaut des Satzes ist nicht richtig wiedergegeben.

die von den Kindern gesagt worden sind, welchen
Fehler hat dann der Bote gemacht?"
Da schwiegen sie. Also sagte der Statthalter zum
Boten: „Geh hinaus und führe ihn herein, wie es dir
beliebt!"
Da ging der Bote hinaus, verhielt sich wie beim
ersten Mal und sagte zu Jesus: „Herr, komm herein,
der Statthalter ruft dich!"
(5) Als Jesus hineinging und die Bannerträger die
Banner hielten, verbeugten sich die Brustbilder auf
den Bannern und huldigten Jesus. Als die Juden dieses Verhalten der Banner sahen, wie sie sich verbeugten und Jesus huldigten, schrien sie über die Maßen
gegen die Bannerträger. Pilatus aber fragte die Juden:
„Wundert ihr euch etwa darüber, wie sich die Brustbilder verbeugten und Jesus huldigten?"
Die Juden antworteten Pilatus: „Wir haben gesehen,
wie sich die Bannerträger verbeugt und ihm gehuldigt haben."
Da zitierte der Statthalter die Bannerträger her und
sprach zu ihnen: „Weshalb habt ihr so gehandelt?"
Sie antworteten dem Pilatus: „Wir sind Griechen
und außerdem Tempelsklaven, weshalb sollten wir
ihm huldigen? Vielmehr: Als wir die Brustbilder hielten, haben sie sich von selbst verbeugt und ihm
gehuldigt."
(6) Pilatus sagte zu den Synagogenvorstehern und
Ältesten des Volkes: „Wählt euch starke und kräftige
Männer aus! Sie sollen die Banner halten, dann werden wir sehen, ob sie sich von selbst verbeugen."
Und die Ältesten der Juden suchten zwölf kräftige
und starke Männer aus. Je sechs ließen sie die Banner
halten, und diese stellten sich vor dem Stuhl des

Statthalters auf. Pilatus sprach zum Boten: „Führe ihn aus dem Prätorium hinaus und dann so, wie es dir beliebt, wieder herein!"

Jesus und der Bote verließen das Prätorium. Da rief Pilatus die, die vorher die Brustbilder gehalten hatten, und sagte zu ihnen: „Beim Heil des Kaisers! Wenn sich die Banner (jetzt) nicht beugen, sobald Jesus hereinkommt, werde ich euch köpfen lassen!"

Der Statthalter befahl, daß Jesus ein zweites Mal hereinkommen sollte. Der Bote verhielt sich wie beim ersten Mal und bat Jesus laut, daß er seinen Fuß auf sein Tuch setzen möge. Und er trat darauf und kam herein. Als er aber hereinkam, verneigten sich die Banner wiederum und huldigten Jesus.

2. KAPITEL

(1) Als Pilatus das sah, wurde er von Angst gepackt und wollte vom Richterstuhl aufstehen. Als er noch überlegte aufzustehen, schickte ihm seine Frau folgende Botschaft: „Nichts sei zwischen dir und diesem gerechten Mann! Denn vieles habe ich wegen ihm in der Nacht erlitten."

Mt 27,19: „Während er auf dem Richterstuhl saß, schickte seine Frau zu ihm und ließ sagen: ‚Habe nichts zu schaffen mit diesem Gerechten; denn ich habe heute seinetwegen viel im Traum gelitten.'"

Da rief Pilatus alle Juden herbei und sagte zu ihnen: „Ihr wißt, daß meine Frau gottesfürchtig ist und lieber nach jüdischer Sitte mit euch leben würde."

Sie antworteten ihm: „Das wissen wir!"

Pilatus sagte zu ihnen: „Seht, meine Frau schickte zu mir und ließ mir sagen: ‚Nichts sei zwischen dir und diesem gerechten Mann! Denn vieles habe ich wegen ihm in der Nacht erlitten.'"

Die Juden antworteten dem Pilatus: „Haben wir dir nicht gesagt, daß er ein Zauberer ist? Sieh hin, deiner Frau hat er einen Traum geschickt."

(2) Pilatus aber ließ Jesus zu sich rufen und sagte zu ihm: „Was sagen diese nur über dich aus? Willst du denn nichts erwidern?"

Jesus sprach: „Wenn sie nicht die Macht hätten, würden sie auch nichts vorbringen. Denn ein jeder hat Macht über seinen Mund, Wahres und Falsches zu reden. Sie werden es selbst sehen."

Joh 19,11

(3) Die Ältesten der Juden antworteten und fragten Jesus: „Was werden wir sehen? Erstens, daß du aus Unzucht geboren bist; zweitens, daß deine Geburt in Bethlehem zur Ermordung von Kleinkindern geführt hat; drittens, daß dein Vater Josef und deine Mutter Maria nach Ägypten geflohen sind, weil sie im Volk nicht anerkannt waren."

Zu den Vorwürfen 1: Mt 1,18–25; 2: Mt 2,16–18 und 3: Mt 2,13–15.

(4) Einige der Zuschauer, gottesfürchtige Juden, sagten: „Wir bestreiten, daß er aus Unzucht geboren worden ist, denn wir wissen, daß Josef Maria geheiratet hat und er nicht aus Unzucht geboren ist."

Mt 1,18

Pilatus sagte zu den Juden, die behauptet hatten, er sei aus Unzucht geboren: „Eure Aussage ist nicht wahr, denn es gab eine Hochzeit, so wie es auch eure Volksgenossen bestätigen."

Annas und Kajafas sagten zu Pilatus: „Wir, die ganze Menge, schreien wir's, und es wird uns kein Glauben geschenkt, daß er aus Unzucht geboren ist. Diese aber sind Proselyten und seine Jünger."

Pilatus rief Annas und Kajafas heran und fragte sie: „Was sind denn Proselyten?"

„Als griechische Kinder wurden sie geboren, und jetzt sind sie Juden geworden."

Die, die bestritten hatten, daß er aus Unzucht geboren sei, nämlich Lazarus, Asterius, Antonius, Jakobus, Annes, Zeras, Samuel, Isaak, Phinees, Krispus,
Agrippa und Judas, sagten: „Wir sind keine Proselyten, sondern Kinder von Juden, und wir sprechen
die Wahrheit. Denn bei der Hochzeit von Josef und
Maria waren wir dabei."

(5) Da rief Pilatus diese zwölf Männer her, die
bestritten hatten, daß er aus Unzucht geboren sei,
und sagte zu ihnen: „Ich lasse euch beim Heil des
Kaisers schwören: Entspricht es der Wahrheit, was ihr
gesagt habt, daß er nicht aus Unzucht geboren ist?"
Sie antworteten Pilatus: „Wir haben ein Gesetz, nicht
zu schwören, weil es Sünde ist. Sie selbst sollen
schwören beim Heil des Kaisers, daß es sich nicht so
verhält, wie wir sagen, und wenn wir schuldig sind,
sollen wir des Todes sein."

Pilatus richtete nun das Wort an Annas und Kajafas:
„Wollt ihr darauf nichts antworten?"

Annas und Kaiphas sagten zu Pilatus: „Diesen Zwölf
wird geglaubt, daß er nicht aus Unzucht geboren sei.
Wir aber, die ganze Menge, schreien wir's, daß er aus
Unzucht geboren ist, daß er ein Zauberer ist und sich
selbst Sohn Gottes und einen König nennt, und uns
wird kein Glauben geschenkt."

(6) Pilatus befahl der ganzen Menge herauszugehen,
außer den zwölf Männern, die bestritten hatten, daß
er aus Unzucht geboren sei, und er ordnete an, daß
auch Jesus fortgebracht werde. Dann sprach Pilatus
zu ihnen: „Aus welchem Grund wollen sie ihn
töten?"

Sie antworteten Pilatus: „Sie sind außer sich, weil er
am Sabbat heilt."

Mt 5,33–37, vor allem
V. 34: „Ich aber sage euch:
Schwört überhaupt nicht,
auch nicht beim Himmel,
denn er ist der Thron
Gottes."

„Wegen eines guten Werkes wollen sie ihn töten?"

„So ist es."

3. KAPITEL

(1) Voll Zorn verließ Pilatus das Prätorium und sagte zu ihnen: „Ich habe die Sonne zum Zeugen, daß ich keine Schuld an diesem Mann finden kann."

Joh 19,6

Die Juden antworteten dem Statthalter: „Wenn er kein Übeltäter wäre, hätten wir ihn dir nicht ausgeliefert."

Pilatus sagte: „Dann nehmt ihr ihn doch und verurteilt ihn nach eurem Gesetz!"

Die Juden aber entgegneten Pilatus: „Uns ist es nicht erlaubt, jemanden zu töten."

„Euch befahl Gott, niemanden zu töten, und mir?"

Joh 18,30–31: „Sie antworteten und sagten zu ihm: ‚Wäre dieser nicht ein Verbrecher, hätten wir ihn dir nicht überliefert.' Pilatus nun sagte zu ihnen: ‚Nehmt ihr ihn und richtet ihn nach eurem Gesetz!' Die Juden aber erwiderten ihm: ‚Uns ist es nicht erlaubt, jemand zu töten.'"

(2) Pilatus ging wieder in das Prätorium hinein, rief Jesus beiseite und fragte ihn: „Bist du der König der Juden?"

Jesus antwortete dem Pilatus: „Fragst du das von dir aus, oder haben es dir andere über mich erzählt?"

Pilatus entgegnete Jesus: „Bin ich denn ein Jude? Dein Volk und die Hohenpriester haben dich mir ausgeliefert. Was hast du getan?"

Jesus antwortete: „Mein Königreich ist nicht von dieser Welt. Denn wenn mein Königreich von dieser Welt wäre, hätten meine Diener gekämpft, damit ich nicht den Juden ausgeliefert werde. Nun ist aber mein Königreich nicht von hier."

Pilatus fragte ihn: „Also bist du doch ein König?"

Jesus antwortete ihm: „Du sagst es. Ich bin ein König. Denn dazu bin ich geboren und gekommen,

Joh 18,33–37 ist hier fast wortwörtlich aufgenommen. Nur der Schluß ist anders: Eine Antwort auf seine Frage „Was ist Wahrheit?", erwartet Pilatus in 18,37–38 nicht, sondern beendet abrupt das Gespräch und verläßt das Prätorium.

damit jeder, der aus der Wahrheit ist, auf meine Stimme hört."

Pilatus fragte ihn: „Was ist Wahrheit?"

Jesus antwortete ihm: „Wahrheit vom Himmel!"

Pilatus fragte: „Ist die Wahrheit nicht auf der Erde?"

Jesus sagte zu Pilatus: „Du siehst doch, wie die, welche die Wahrheit sagen, von denen verurteilt werden, die die Macht auf der Erde haben."

4. KAPITEL

Joh 18,38

(1) Und Pilatus ließ Jesus im Prätorium zurück, ging hinaus zu den Juden und sagte zu ihnen: „Ich finde keine Schuld an ihm."

Mt 26,61

Die Juden entgegneten ihm: „Er hat gesagt: ‚Ich habe die Macht, diesen Tempel zu zerstören und ihn in drei Tagen wiederaufzubauen.'"

Pilatus fragte: „Welchen Tempel?"

Die Juden antworteten: „Den, den Salomo in 46 Jahren erbaut hat. Dieser aber sagt, ihn zu zerstören und in drei Tagen wiederaufzubauen."

Mt 27,24–25: „Als Pilatus sah, daß er nichts ausrichtete, sondern der Lärm größer wurde, nahm er Wasser, wusch seine Hände vor dem Volk und sprach: ‚Ich bin unschuldig am Blute dieses Gerechten. Seht ihr zu!' Das ganze Volk aber rief als Antwort: ‚Sein Blut komme über uns und unsere Kinder.'"

Pilatus sagte zu ihnen: „Unschuldig bin ich am Blut dieses gerechten Menschen. Ihr aber, seht euch vor!"

Die Juden antworteten: „Sein Blut komme über uns und unsere Kinder!"

(2) Pilatus rief die Ältesten, Priester und Leviten zu sich und sprach heimlich mit ihnen: „Handelt nicht so! Denn für nichts von dem, was ihr zur Anzeige gebracht habt, verdient er den Tod. Eure Anklage besteht doch nur in Heilungen und der Entweihung des Sabbats."

Die Ältesten, Priester und Leviten antworteten:
„Wenn einer über den Kaiser lästert, verdient er dann
den Tod?"

Pilatus sagte: „Ja, er verdient ihn."

Da sprachen die Juden zu Pilatus: „Wenn einer über
den Kaiser lästert, verdient er den Tod. Dieser aber
hat Gott gelästert."

Mt 26,65

(3) Der Statthalter befahl den Juden, das Prätorium
zu verlassen, ließ Jesus rufen und fragte ihn: „Was
soll ich mit dir tun?"

Jesus antwortete Pilatus: „Wie es dir bestimmt ist!"

Pilatus fragte: „Und wie ist es mir bestimmt?"

Jesus antwortete: „Moses und die Propheten haben
meinen Tod und meine Auferstehung vorherge-
sagt."

Die Juden, die gelauscht und es mitbekommen
hatten, sagten zu Pilatus: „Willst du dir sein Lästern
noch länger anhören!"

Pilatus entgegnete den Juden: „Wenn das eine Läster-
rede war, nehmt ihr ihn doch wegen Lästerung fest,
führt ihn in eure Synagoge ab und verurteilt ihn
nach eurem Gesetz!"

Die Juden antworteten Pilatus: „In unserem Gesetz
steht: Wenn sich ein Mensch gegen einen anderen
versündigt, ist es rechtens, ihm 40 (Schläge) weniger
einem zu erteilen, wenn einer aber Gott lästert,
dann, ihn durch Steinigung zu steinigen."

Dtn 25,1–3 setzt für die
Prügelstrafe das Höchst-
maß von 40 Schlägen fest.
Zur Sicherheit reduzierte
man in der Praxis die
Anzahl auf 39, vgl. 2 Kor
11,24.

(4) Pilatus sagte zu ihnen: „Nehmt ihr ihn und ver-
geltet ihm , wie ihr wollt!"

Die Juden antworteten Pilatus: „Wir wollen, daß er
gekreuzigt wird."

Mt 27,22

Pilatus entgegnete: „Er verdient es nicht, gekreuzigt
zu werden."

(5) Als sich der Statthalter in der Menge der jüdischen Zuschauer umschaute, sah er viele der Juden weinen. Da sprach er: „Nicht die ganze Menge will, daß er stirbt."

Die Ältesten der Juden aber erwiderten: „Doch, deshalb sind wir – die ganze Menge – hergekommen, daß er stirbt!"

Pilatus fragte die Juden: „Weshalb soll er sterben?"

Sie antworteten: „Weil er behauptet hat, daß er der Sohn Gottes und ein König sei."

5. KAPITEL

Joh 3,1–10; 7,50–51; 19,39

(1) Nikodemus aber, ein jüdischer Mann, stellte sich vor den Statthalter und sagte: „Ich bitte, Erhabener, erlaube mir einige wenige Worte zu sprechen!"

Pilatus antwortete: „Sprich!"

Nikodemus sagte: „Ich habe den Ältesten, den Priestern, den Leviten und der ganzen Menge der Juden in der Synagoge erklärt: ‚Was führt ihr gegen diesen Menschen im Schilde? Dieser Mensch vollbringt viele Zeichen und Wunder, welche noch nie jemand getan hat, noch je wieder tun wird. Laßt ihn in Ruhe und beschließt nichts Unrechtes gegen ihn! Wenn die Zeichen, die er vollbringt, von Gott sind, werden sie Bestand haben; wenn sie aber von Menschen sind, werden sie zunichte. Denn als Moses von Gott nach Ägypten gesandt wurde, vollbrachte auch er viele Zeichen, die Gott ihm vor dem Pharao, dem König Ägyptens, zu tun gebot. Dort waren Männer, Diener des Pharao, Jannes und Jambres, und auch sie vollbrachten Zeichen, kaum geringer als die, die Moses

Ex 7–11

Ex 7,11: „Da ließ der Pharao die Weisen und Zauberkünstler rufen. Vermöge ihrer Geheimkünste vollbrachten die Wahrsagepriester Ägyptens dasselbe." Zu den Namen dieser ägyptischen Zauberer vgl. 2 Tim 3,8.

tat, und die Ägypter hielten sie, Jannes und Jambres, für Götter. Aber weil die Zeichen, die sie wirkten, nicht von Gott waren, kamen sie und die, die ihnen glaubten, um. Und jetzt, laßt diesen Menschen in Ruhe, denn er verdient nicht den Tod!'"

(2) Die Juden sprachen zu Nikodemus: „Du bist sein Jünger geworden und stellst dich deshalb auf seine Seite."

Nikodemus entgegnete ihnen: „Ist etwa auch der Statthalter sein Jünger geworden und stellt sich (deshalb) auf seine Seite? Hat ihn nicht der Kaiser zu diesem hohen Amt bestellt?"

Die Juden aber schnaubten und knirschten mit den Zähnen gegen Nikodemus. Da sprach Pilatus zu ihnen: „Was knirscht ihr mit den Zähnen gegen ihn, da ihr doch die Wahrheit hört?"

Die Juden aber drohten Nikodemus: „Nimm du dir nur seine Wahrheit, aber dann auch seinen Teil!"

Nikodemus antwortete: „Amen, Amen, ich nehme es so, wie ihr sagt."

6. KAPITEL

(1) Einer der Juden aber trat vor und bestand darauf, ein Wort an den Statthalter zu richten. Der Statthalter sprach: „Wenn du etwas zu sagen hast, dann sprich!"

Und der Jude sagte: „Ich lag 38 Jahre auf einer Bahre mit ungeheuren Schmerzen. Als Jesus kam, wurden viele von Dämonen Besessene und von zahlreichen Krankheiten Geplagte von ihm geheilt. Einige junge Männer, die Mitleid mit mir hatten, trugen mich auf

Mt 9,1–7, wo aber anders als im hier Folgenden kein Bezug zum Sabbat, sondern stattdessen zur Sündenvergebung vorliegt. Mt 9,5: „Was ist denn leichter? Zu sagen: Vergeben

177

sind deine Sünden, oder zu sagen: Steh auf und geh umher? Ihr sollt aber wissen, daß der Menschensohn Macht hat, Sünden zu vergeben auf Erden' – und er sprach zum Gelähmten: ‚Steh auf, nimm dein Bett und geh nach Hause!'"

der Bahre und führten mich zu ihm. Als Jesus mich sah, erbarmte er sich meiner und sprach zu mir: ‚Nimm dein Bett und geh umher!' Und ich nahm mein Bett und ging umher."

Die Juden sagten dem Pilatus: „Frag ihn doch, an welchem Wochentag er geheilt wurde!"

Der Geheilte antwortete: „Am Sabbat."

Da sprachen die Juden: „Haben wir es nicht so geschildert, daß er am Sabbat heilt und Dämonen austreibt?"

Mk 10,46–47; Lk 18,36–40

(2) Und ein weiterer Jude trat vor und sprach: „Ich bin blind geboren, hörte wohl Stimmen, konnte aber keine Gesichter sehen. Als Jesus vorüberging, rief ich mit lauter Stimme: ‚Hab Mitleid mit mir, Sohn Davids!' Und er hatte Mitleid mit mir, legte seine Hände auf meine Augen, und da konnte ich sehen."

Und ein anderer Jude trat vor und sprach: „Krumm war ich, und er hat mich durch ein Wort gerade gemacht."

Und ein anderer sagte: „Ich war aussätzig, und er hat mich durch ein Wort geheilt."

7. KAPITEL

Mk 5,25–34. Bernike, der Name der Frau, ist im NT nicht bezeugt, In den lateinischen Versionen des Nikodemusevangeliums heißt die Frau Veronika.

Und eine Frau mit Namen Bernike rief aus der Entfernung: „Ich war blutflüssig, und ich ergriff den Saum seines Gewandes, und der Blutfluß, an dem ich zwölf Jahre gelitten hatte, hörte auf."

Da sagten die Juden: „Wir haben ein Gesetz, eine Frau nicht als Zeugin zuzulassen."

8. KAPITEL

Und einige andere aus der Menge, Männer wie
Frauen, riefen: „Dieser Mensch ist ein Prophet. Die
Dämonen gehorchen ihm."
Pilatus fragte die, die von ihm behaupteten, daß die
Dämonen ihm gehorchten: „Warum haben ihm
dann nicht auch eure Lehrer gehorcht?"
Sie antworteten Pilatus: „Das wissen wir nicht."
Andere aber sagten: „Er hat den verstorbenen Lazarus   Joh 11,17–44.
nach vier Tagen aus dem Grab erweckt." Da begann
der Statthalter zu zittern und sprach zur ganzen
Menge der Juden: „Was wollt ihr unschuldiges Blut
vergießen?"

9. KAPITEL

(1) Er rief Nikodemus zu sich sowie die zwölf
Männer, die bestritten hatten, daß er aus Unzucht
geboren sei, und fragte sie: „Was soll ich tun? Das
Volk wird rebellisch."
Sie antworteten ihm: „Das wissen wir nicht. Sie
sollten sich vorsehen!"
Wiederum rief Pilatus die ganze Menge der Juden   Mt 27,15–26
vor sich und sprach: „Ihr wißt, daß es unsere
Gewohnheit ist, euch anläßlich des Festes der Unge-   Joh 18,39
säuerten Brote einen Gefangenen freizulassen. Ich
habe einen verurteilten Gefangenen in Haft, einen
Mörder, genannt Barabbas, und diesen Jesus, der hier
vor euch steht und an dem ich keine Schuld finden
kann. Wen wollt ihr also, daß ich ihn euch freilasse?"
Sie riefen: „Barabbas!"

Mt 27,22

Pilatus fragte: „Was soll ich dann mit Jesus tun, der Christus genannt wird?"

Die Juden antworteten: „Er soll gekreuzigt werden!"

Joh 19,12: „Wenn du diesen freiläßt, bist du nicht Freund des Kaisers, jeder der sich selbst zum König macht, widersetzt sich dem Kaiser."

Einige der Juden aber sprachen: „Du bist kein Freund des Kaisers, wenn du ihn freiläßt, weil er nämlich von sich selbst sagt, er sei Sohn Gottes und ein König. Also willst du diesen als König und nicht den Kaiser!"

(2) Da wurde Pilatus zornig und sagte zu den Juden: „Stets war euer Volk rebellisch, sogar euren Wohltätern widersprecht ihr!"

Die Juden fragten: „Welchen Wohltätern?"

Ex 12–31

Pilatus sprach: „Wie ich höre, hat euch euer Gott aus dem Land Ägypten aus harter Knechtschaft heraus und euch durch das Meer wie über festes Land rettend geführt. In der Wüste hat er für Nahrung gesorgt, hat euch Manna und Wachteln gegeben, ließ euch Wasser aus einem Felsen trinken, und auch ein Gesetz hat er euch geschenkt. Und trotz allem habt ihr euren Gott zum Zorn gereizt, ein (aus Metall)

Ex 32,1–14

gegossenes Kalb verlangt und euren Gott damit erzürnt, so daß er euch zu töten suchte. Nur auf die Fürsprache von Moses hin wurdet ihr verschont. Und jetzt unterstellt ihr mir, daß ich den König hassen soll!"

(3) Er stand vom Richterstuhl auf und wollte weggehen. Da riefen die Juden: „Wir erkennen als König

Joh 19,15

den Kaiser an und nicht Jesus. Wohl überbrachten

Mt 2,1–18

ihm die Magier aus dem Osten Geschenke wie einem König. Als aber Herodes von den Magiern erfahren hatte, daß ein König geboren sei, fahndete er nach ihm, um ihn zu töten. Sobald aber sein Vater Josef davon erfuhr, nahm er ihn und seine Mutter und floh nach Ägypten. Und als Herodes es hörte, ließ er die (neu)geborenen Kinder der Hebräer in Bethlehem umbringen."

(4) Als Pilatus diese Worte hörte, erschrak er. Er brachte die Menge zum Schweigen, weil sie immer noch lärmten, und fragte sie: „Ist er also der, den Herodes gesucht hat?"

Die Juden bestätigten: „Ja, er ist es."

Da nahm Pilatus Wasser, wusch sich seine Hände in Richtung zur Sonne und sprach: „Unschuldig bin ich am Blut dieses Gerechten. Ihr aber seht euch vor!"

Mt 27,34–25

Wiederum riefen die Juden: „Sein Blut komme über uns und unsere Kinder!"

(5) Daraufhin befahl Pilatus, den Vorhang vor dem Richterstuhl, auf dem er saß, zuzuziehen, und sprach zu Jesus: „Dein eigenes Volk hat dich als König überführt. Deshalb erkläre ich, daß du zuerst gemäß der Sitte der frommen Könige ausgepeitscht und dann am Kreuz aufgehängt wirst, in dem Garten, wo du festgenommen worden bist. Und Dysmas und Gestas, die beiden Verbrecher, sollen mit dir zusammen gekreuzigt werden."

Gemeint ist der Garten Gethsemani nach Mt 26,30–56. Zu den beiden Verbrechern siehe Lk 23,32; Mt 27,38; Mk 15,27. Ihre Namen finden wir in den kanonischen Evangelien nicht.

10. KAPITEL

(1) Jesus verließ das Prätorium, und die beiden Verbrecher mit ihm. Nachdem sie an der (vorgesehenen) Stelle angekommen waren, zogen sie ihm sein Gewand aus, umgürteten ihn mit einem Leinentuch und setzten ihm einen Kranz aus Dornen auf den Kopf. Ebenso kreuzigten sie auch die zwei Verbre-

Joh 19,2; vgl. Petrusevangelium 3,8.

Lk 23,34

cher. Jesus aber sagte: „Vater, vergib ihnen, denn sie wissen nicht, was sie tun!"

Mt 27,35; Petrus-
evangelium 4,12.

Die Soldaten verteilten sein Gewand, und das Volk stand da, um ihm zuzuschauen. Die Hohenpriester und mit ihnen die Vorsteher spotteten über ihn und

Mt 27,40–47

sagten: „Andere hat er gerettet, (jetzt) soll er sich selbst retten. Wenn er der Sohn Gottes ist, soll er doch vom Kreuz herabsteigen!"

Lk 23,36

Ihr Spiel mit ihm trieben auch die Soldaten, die hinzutraten, ihm Weinessig mit Galle anboten und zu ihm sagten: „Wenn du der König der Juden bist, dann rette dich doch selbst!"

Mt 27,37; von einer drei-
sprachigen Inschrift ist in
Joh 19,20 die Rede.

Pilatus aber hatte nach seinem Urteilsspruch befohlen, seine Schuld in griechischen, römischen und hebräischen Buchstaben auf eine Tafel zu schreiben, so wie sie die Juden angegeben hatten, daß er (nämlich) der König der Juden sei.

Lk 23,39–43.

(2) Einer der gekreuzigten Verbrecher sprach zu ihm: „Wenn du der Messias bist, dann rette dich und uns!"

Aber Dysmas fuhr ihn an mit den Worten: „Fürchtest du Gott überhaupt nicht, da das gleiche Urteil über dich verhängt wurde? Und uns geschieht's zu Recht, denn entsprechend dem, was wir verbrochen haben, empfangen wir. Dieser aber hat kein Unrecht getan."

Und er sagte zu Jesus: „Gedenke meiner, Herr, in deinem Königreich!"

Jesus aber sprach zu ihm: „Amen, Amen, ich sage dir: Noch heute wirst du mit mir im Paradies sein."

11. KAPITEL

(1) Ungefähr zur sechsten Stunde breitete sich eine Finsternis über das Land bis zur neunten Stunde, da die Sonne verdunkelt war, und der Vorhang des Tempels riß mittendurch entzwei. Da rief Jesus mit lauter Stimme: „Vater, baddach ephkid rouel", was übersetzt bedeutet: ‚In deine Hände übergebe ich meinen Geist.' Und nachdem er das gesprochen hatte, gab er den Geist dahin. Als aber der Hauptmann sah, was geschehen war, pries er Gott und sprach: „Dieser Mann war gerecht."

Und die ganze Menge, die zu diesem Schauspiel hergekommen war, – sie schlugen sich an die Brust und machten kehrt.

(2) Der Hauptmann informierte den Statthalter über das, was sich ereignet hatte. Als es aber der Statthalter und seine Frau hörten, wurden sie sehr betrübt, und sie aßen und tranken nicht an jenem Tag. Pilatus ließ die Juden kommen und fragte sie: „Habt ihr gesehen, was geschehen ist?"

Sie antworteten: „Eine Sonnenfinsternis hat es gegeben – wie üblich."

(3) Seine Bekannten hatten in einiger Entfernung gestanden, auch Frauen, die ihn aus Galiläa her begleitet hatten, um zuzusehen. Ein Mann aber, mit Namen Josef, ein Ratsherr aus Arimatäa, der auch die Königsherrschaft Gottes erwartete, dieser ging zu Pilatus und erbat den Leib Jesu. Als er ihn (vom Kreuz) abgenommen hatte, wickelte er ihn in ein sauberes Leinentuch und legte ihn in ein in den Felsen gehauenes Grab, in dem bisher niemand beigesetzt worden war.

Lk 23,44–46; Petrusevangelium 5,15–20.

Ps 31,6; der aramäische Wortlaut ist wie auch in 1,4 entstellt.

Lk 23,46–48

Lk 23,49

Lk 23,50–53 und Mt 27,57–60; vgl. Petrusevangelium 2,3; 6,23–24.

12. KAPITEL

(1) Als die Juden hörten, daß Josef den Leib Jesu
erbeten hatte, suchten sie ihn und die zwölf, die
bestritten hatten, daß Jesus aus Unzucht geboren sei,
sowie Nikodemus und die vielen anderen, welche vor
Pilatus getreten waren und seine guten Werke
geschildert hatten. Während sich nun alle anderen
verborgen hielten, zeigte sich ihnen allein Nikodemus, weil er ein führender Mann der Juden war. Und
Nikodemus fragte sie: „Weshalb seid ihr in die Synagoge gekommen?"

Die Juden antworteten ihm: „Und du, weshalb bist
du in die Synagoge gekommen? Weil du sein Kom-
plize bist, wirst du auch seinen Teil im zukünftigen
Weltalter erhalten."

Nikodemus sprach: „Amen, Amen!"

Ähnlich sprach auch Josef, der herangetreten war, zu
ihnen: „Was seid ihr böse auf mich, daß ich den Leib
Jesu erbeten habe? Seht, in meinem neuen Grab habe
ich ihn beigesetzt, ihn in ein sauberes Leinentuch
eingewickelt und einen Stein vor den Eingang der
Höhle gerollt. Ihr habt keineswegs gut an dem
Gerechten gehandelt, (nicht genug), daß ihr nicht
bereut habt, ihn gekreuzigt zu haben, habt ihr ihn
darüber hinaus auch noch mit einer Lanze durch-
bohrt."

Da ergriffen die Juden Josef, befahlen, ihn bis zum
ersten Tag der Woche einzusperren, und sagten zu
ihm: „Nimm zur Kenntnis, daß es die Stunde nicht
zuläßt, etwas gegen dich zu unternehmen, denn der
Sabbat bricht an! Nimm aber auch zur Kenntnis, daß
du keiner Beerdigung würdig sein wirst, sondern wir

Mt 27,60

Sach 12,10;
siehe aber auch 16,7.

dein Fleisch den Vögeln des Himmels vorwerfen
werden!"

Josef antwortete: „Diese Rede des Übermuts gleicht
Goliat, der den lebendigen Gott und den heiligen
David haßte. Denn Gott hat durch den Propheten
gesprochen: ‚Mein ist die Rache, und ich werde
rächen, spricht der Herr.‘ Aber jetzt! – Der im
Fleisch Unbeschnittene, aber im Herzen Beschnit-
tene nahm Wasser, wusch seine Hände in Richtung
zur Sonne und sprach: ‚Unschuldig bin ich am Blut
dieses Gerechten. Ihr aber seht euch vor!‘ Und ihr
habt Pilatus geantwortet: ‚Sein Blut komme über uns
und unsere Kinder!‘ Und jetzt befürchte ich, daß der
Zorn Gottes über euch und eure Kinder kommen
wird, wie ihr es gesagt habt."

Als aber die Juden diese Worte hörten, wurden sie
trotzig, ergriffen Josef, packten ihn und schlossen ihn
in einem fensterlosen Bau ein. Wachposten blieben
vor der Tür, und sie versiegelten die Tür, hinter der
Josef eingeschlossen war.

(2) Am Sabbat bestimmten die Synagogenvorsteher,
die Priester und Leviten, daß sich alle am ersten Tag
der Woche in der Synagoge einfinden sollten. Frühmorgens machte sich die ganze Menge auf, man
beratschlagte über die Art und Weise, wie sie ihn
umbringen sollten. Als sich der Hohe Rat einfand,
befahlen sie, daß er völlig unehrenhaft vorgeführt
werden solle. Als sie aber die Tür öffneten, fanden sie
ihn nicht. Da geriet das ganze Volk außer sich, und
sie erschraken, weil man die Siegel intakt vorfand
und Kajafas den Schlüssel hatte. Und da wagten sie
nicht mehr, ihre Hände gegen die zu erheben, die vor
Pilatus zugunsten Jesu ausgesagt hatten.

1 Sam 17, vor allem
V. 8–10.

Dtn 32,25

Kol 2,11

13. KAPITEL

Mt 28,11–15; Mt 27,62–65; vgl. Petrus-evangelium 8,28–9,37.

Mt 28,2–7

Petrusevangelium 13,55–57

In Mt 27,61 heißt es in Anschluß an die Beerdi-gung Jesu durch Josef von Arimatäa: „Es waren aber auch Maria Magdalena und die andere Maria dabei und saßen dem Grab gegenüber."

(1) Als sie noch in der Synagoge saßen und sich über Josef wunderten, kamen einige der Wächter, die die Juden von Pilatus zur Bewachung des Grabes Jesu erbeten hatten, damit nicht seine Jünger kämen und ihn stehlen könnten. Sie berichteten den Synagogen-vorstehern, den Priestern und Leviten, was geschehen war: „Plötzlich gab es ein mächtiges Erdbeben, und wir sahen einen Engel vom Himmel herabsteigen. Er rollte den Stein von der Öffnung der Höhle und setzte sich darauf. Er leuchtete wie Schnee und wie ein Blitz. Wir fürchteten uns sehr und lagen wie Tote da. Da hörten wir die Stimme des Engels, der zu den Frauen sprach, welche sich am Grab aufhielten: ‚Fürchtet euch nicht! Denn ich weiß, daß ihr Jesus, den Gekreuzigten, sucht. Er ist nicht hier. Er ist auf-erstanden, wie er gesagt hat. Kommt, schaut euch die Stelle an, wo der Herr gelegen hat. Und dann geht sofort und sagten seinen Jüngern, daß er von den Toten auferstanden ist und jetzt in Galiläa weilt."

(2) Die Juden fragten: „Zu welchen Frauen hat er geredet?"

Die Wachen antworteten: „Wir wissen nicht, welche es waren."

„Um welche Stunde war es?"

„Um Mitternacht."

Die Juden fragten: „Und weshalb habt ihr die Frauen nicht festgenommen?"

Die Wachen antworteten: „Wie Tote waren wir geworden vor lauter Angst. Und da wir nicht mehr hoffen durften, das Tageslicht zu sehen, wie hätten wir sie da festnehmen können?"

Da sagten die Juden: „So wahr der Herr lebt, wir glauben euch nicht."

Die Wachen aber entgegneten den Juden: „So große Zeichen habt ihr bei diesem Menschen gesehen und habt doch nicht geglaubt. Wie könntet ihr da uns Glauben schenken? Denn zutreffend habt ihr geschworen: ‚So wahr der Herr lebt!' Ja, er ist am Leben."

Und die Wachen fuhren fort: „Wir haben gehört, daß ihr den, der den Leib Jesu erbeten hat, eingeschlossen und die Tür versiegelt habt, und daß ihr, als ihr geöffnet habt, ihn nicht mehr finden konntet. Gebt ihr uns also den Josef, dann werden wir euch den Jesus geben."

Die Juden sagten: „Josef ist fort in seine Stadt gegangen."

Da entgegneten die Wachen den Juden: „Und Jesus ist auferstanden, wie wir von dem Engel gehört haben, und hält sich in Galiläa auf."

(3) Als die Juden diese Worte hörten, fürchteten sie sich sehr und sprachen: „Daß ja nichts davon durchsickert und sich dann alle zu Jesus bekennen!"

Die Juden faßten einen Beschluß, warfen reichlich Silber zusammen und gaben es den Soldaten mit den Worten: „Sagt: ‚Als wir schliefen, kamen nachts seine Jünger und haben ihn gestohlen.' Und wenn es der Statthalter erfährt, werden wir ihn beschwichtigen und euch entlasten." Sie aber nahmen das Geld und sagten, wie sie angewiesen worden waren.

> Zum Schwur „So wahr der Herr lebt" siehe schon Ri 8,19.

> Mt 28,13–15

187

14. KAPITEL

(1) Phinees aber, ein Priester, der Lehrer Adas und
der Levit Haggai kamen von Galiläa nach Jerusalem
und erzählten den Synagogenvorstehern, den Priestern und Leviten: „Wir haben Jesus und seine Jünger auf einem Berg sitzen sehen, der Mamilch
genannt wird, und er sagte zu seinen Jüngern: ‚Geht
in die ganze Welt und verkündigt jedem Geschöpf!
Wer glaubt und sich taufen läßt, wird gerettet werden. Wer aber nicht glaubt, wird verurteilt werden.
Diese Zeichen aber werden denen, die Glauben
gefunden haben, folgen: In meinem Namen werden
sie Dämonen austreiben, in unbekannten Zungen
werden sie reden, Schlangen aufheben, und wenn sie
etwas Todbringendes trinken, wird es ihnen nicht
schaden. Kranken werden sie die Hände auflegen,
und sie werden gesund.‘ Als Jesus noch zu seinen
Jüngern sprach, sahen wir, wie er in den Himmel
aufgenommen wurde."

(2) Die Ältesten, Priester und Leviten sprachen:
„Gebt dem Gott Israels Ehre und legt ihm das
Bekenntnis ab, daß ihr das gehört und gesehen habt,
was ihr erzählt habt!"

Die, die es erzählt hatten, sagten: „So wahr der Herr
lebt, der Gott unserer Väter Abraham, Isaak und
Jakob: Wir haben es gehört und ihn gesehen, wie er
in den Himmel aufgenommen wurde."

Die Ältesten, Priester und Leviten fragten sie: „Seid
ihr deshalb gekommen, um uns diese frohe Botschaft
zu bringen, oder seid ihr gekommen, um Gott ein
Gebet zu sprechen?"

Sie antworteten: „Gott ein Gebet zu sprechen."

Mt 28,16

Mk 16,15–18

Lk 24,51; Mk 16,19

Da entgegneten ihnen die Ältesten, Hohenpriester und Leviten: „Wenn ihr gekommen seid, zu Gott ein Gebet zu sprechen, weshalb dann dieses leere Gerede, das ihr vor dem ganzen Volk geschwatzt habt?"

Der Priester Phinees, der Lehrer Adas und Levit Haggai antworteten den Synagogenvorstehern, Priestern und Leviten: „Wenn diese Dinge, von denen wir geredet und die wir gesehen haben, Unrecht sind, seht, wir stehen euch zur Verfügung. Verfahrt mit uns, wie es euch richtig erscheint!"

Sie aber nahmen das Gesetz und ließen sie schwören, niemandem von diesen Dingen zu erzählen. Dann gaben sie ihnen zu essen und zu trinken, schickten sie aus der Stadt hinaus, wobei sie ihnen Silber sowie drei Männer als Begleitung mitgaben, und ließen sie bis nach Galiläa wandern. Und sie gingen in Frieden.

(3) Nach dem Aufbruch jener Männer nach Galiläa versammelten sich die Hohenpriester, die Synagogenvorsteher und Ältesten in der Synagoge bei verschlossenen Türen, hoben ein großes Wehklagen an und winselten: „Wozu ist dieses Zeichen in Israel geschehen?"

Annas und Kajafas aber sprachen: „Was lärmt ihr? Was weint ihr? Wißt ihr etwa nicht, daß seine Jünger den Wächtern am Grabe reichlich Gold gegeben und sie angewiesen haben zu sagen, ein Engel sei herabgekommen und habe den Stein vom Eingang des Grabes weggerollt?"

Die Priester und Ältesten warfen ein: „Es wird wohl so sein, daß seine Jünger den Leichnam gestohlen haben. Wie aber ist die Seele (wieder) in den Leib eingegangen, und wie hat sie ihn nach Galiläa gebracht?"

13,3

Da sie darüber keine Antwort fanden, sagten sie endlich mit Mühe: „Es ist uns nicht erlaubt, Unbeschnittenen zu glauben."

15. Kapitel

14,2

(1) Da stand Nikodemus auf und stellte sich vor den Hohen Rat mit den Worten: „Richtig sprecht ihr, Volk des Herrn, ihr kennt die Männer nur zu gut, die von Galiläa hergekommen sind, (wißt,) daß sie Gottesfürchtige sind, Männer des Wohlstandes, die Habgier hassen, sowie Männer des Friedens. Sie haben aber unter Eid ausgesagt: ‚Wir haben Jesus auf dem Berg Mamilch mit seinen Jüngern gesehen‘, daß er gelehrt hat, was ihr von ihnen gehört habt, und (schließlich): ‚Wir haben ihn gesehen, wie er in den Himmel aufgenommen wurde.‘ Aber niemand befragte sie über die Art seiner Aufnahme.

2 Kön 2,13–18

Denn wie uns auch das Buch der Heiligen Schrift gelehrt hat, wurde Elias in den Himmel aufgenommen. Und Elischa rief mit lauter Stimme, da warf Elias sein Schaffell über Elischa, und Elischa legte dessen Schaffell auf den Jordan, überschritt ihn und ging nach Jericho. Prophetenschüler kamen ihm entgegen und fragten: ‚Elischa, wo ist dein Herr Elias?‘ Und er antwortete: ‚Er wurde in den Himmel aufgenommen.‘ Sie aber entgegneten: ‚Daß ihn nicht ein Geist entführt und auf einen der Berge geworfen hat!‘ Und sie überredeten Elischa, und er ging mit ihnen. Sie suchten ihn drei Tage, und fanden ihn nicht. Da erkannten sie, daß er aufgenommen worden war.

Und jetzt, hört auf mich! Laßt uns auf jeden Berg in
Israel schicken und nachsehen, ob Christus von
einem Geist aufgenommen und auf einen der Berge
geworfen worden ist!"
Allen gefiel diese Rede, und so schickten sie auf jeden
Berg Israels und suchten nach Jesus, konnten ihn
aber nicht finden. Stattdessen fanden sie Josef in Arimatäa, doch niemand wagte es, ihn festzunehmen.
(2) Sie machten den Ältesten, den Priestern und
Leviten Meldung: „Wir sind auf jedem Berg in Israel
umhergezogen und konnten Jesus nicht finden. Aber
Josef haben wir in Arimatäa gefunden."
Als sie von Josef hörten, freuten sie sich und gaben
dem Gott Israels Ehre. Und die Synagogenvorsteher,
Priester und Leviten hielten Rat darüber, wie sie sich
mit Josef treffen könnten. Sie nahmen eine Papyrus-
rolle und schrieben Josef folgendes:
„Friede sei mit dir! Wir wissen, daß wir uns gegen
Gott und gegen dich verfehlt haben, und haben
gebetet zum Gott Israels, es für würdig erachtet zu
haben, daß du zu deinen Vätern und Kindern
gekommen bist, weil wir alle betrübt waren. Denn ⌐12,2
als wir die Türe öffneten, fanden wir dich nicht. Wir
wissen, daß wir einen üblen Plan gegen dich
geschmiedet haben, aber der Herr hat sich deiner
angenommen, und der Herr selbst hat unseren Plan
gegen dich vereitelt, verehrter Vater Josef."
(3) Dann wählten sie unter allen Israeliten sieben
Männer aus, Freunde Josefs, die auch Josef selbst als
solche anerkannte. Und die Synagogenvorsteher,
Priester und Leviten wiesen sie an: „Achtet darauf!
Wenn er unseren Brief annimmt und liest, wißt ihr,
daß er mit euch zu uns kommen wird. Wenn er ihn

aber nicht liest, wißt ihr, daß er böse auf uns ist. Dann nehmt in Frieden von ihm Abschied und kehrt zu uns zurück!"

Sie segneten die Männer und entließen sie. Als die Männer bei Josef ankamen, warfen sie sich vor ihm auf die Knie und sprachen zu ihm: „Friede sei mit dir!"

Er erwiderte: „Friede sei mit euch und mit dem ganzen Volk Israel!"

Dann übergaben sie ihm die Briefrolle. Und Josef nahm sie an, las und rollte den Brief wieder zusammen. Er lobte Gott und sprach: „Gepriesen sei Gott, der Herr, der Israel davor bewahrt hat, unschuldiges Blut zu vergießen, und gepriesen sei der Herr, der seinen Engel gesandt hat und mich beschirmt hat unter seinen Flügeln!" Und er lud sie zum Essen ein, sie aßen und tranken und begaben sich dort zur Ruhe.

Zur hier vorliegenden Sprache der Psalmen Ps 94,21 „Sie stellen dem Leben des Gerechten nach, unschuldiges Blut verurteilen sie." und Ps 17,8: „Behüte mich wie deines Auges Stern, birg mich im Schatten deiner Flügel."

(4) Frühmorgens standen sie auf, beteten, und Josef bepackte seinen Esel und brach mit den Männern auf, und sie kamen in die Heilige Stadt Jerusalem. Das ganze Volk kam Josef entgegen und rief: „Friede deinem Kommen!"

Er erwiderte dem ganzen Volk: „Friede sei mit euch!" Alle küßten ihn und beteten mit Josef, und sie waren außer sich vor Freude darüber, Josef zu sehen. Nikodemus nahm ihn gastlich in seinem Haus auf und veranstaltete ein großes Festmahl. Er lud Annas und Kajafas, die Ältesten, Priester und Leviten in sein Haus ein. Sie freuten sich darüber, mit Josef zu essen und zu trinken, und nach einem Loblied ging ein jeder in sein Haus. Josef aber blieb im Haus des Nikodemus.

(5) Am nächsten Tag, dem Rüsttag, machten sich die Synagogenvorsteher, die Priester und Leviten in aller Frühe zum Haus des Nikodemus auf. Da kam ihnen Nikodemus entgegen und grüßte: „Friede sei mit euch!"

Sie erwiderten: „Friede sei mit dir und Josef, mit deinem ganzen Haus und dem Haus Josefs!"

Und er brachte sie in sein Haus. Dort ließ sich der gesamte Hohe Rat nieder, und Josef saß in der Mitte, zwischen Annas und Kajafas. Doch niemand wagte es, ein Wort an ihn zu richten. Da begann Josef: „Warum habt ihr mich hergerufen?"

Auf einen Wink zu Nikodemus hin, Josef zu antworten, öffnete Nikodemus seinen Mund und sagte zu Josef: „Vater, du weißt, daß die verehrten Lehrer, die Priester und Leviten eine Auskunft von dir bekommen möchten."

Josef antwortete: „So fragt!"

Annas und Kajafas nahmen das Gesetz und ließen Josef schwören, indem sie sagten: „Gib dem Gott Israels Ehre und lege ein Bekenntnis ab! Auch Achar hat, als er vor dem Propheten Josua schwor, keinen Meineid geleistet, sondern ihm alles bekannt und nichts verschwiegen. So verheimliche auch du kein einziges Wort!"

Josef schwor: „Ich werde kein einziges Wort vor euch verheimlichen!"

Da sagten sie zu ihm: „Tief betrübt waren wir darüber, daß du den Leib Jesu erbeten hast, ihn in ein sauberes Leintuch eingehüllt und ihn ins Grab gelegt hast. Deshalb haben wir dich eingesperrt in dem fensterlosen Bau. Verschluß und Siegel haben wir an der Tür angebracht, und Wächter hielten Wache,

---

Der Rüsttag ist der Tag vor dem Sabbat (Mk 15,42).

Nach Jos 7 hat sich bei der Landnahme Achar am Banngut für Gott vergriffen. Nach seinem Schuldeingeständnis wurde er im Tal Achor gesteinigt.

11,3

12,1

12,2

dort, wo du eingeschlossen warst. Als wir am ersten Tag der Woche öffneten, fanden wir dich nicht und waren sehr betrübt. Entsetzen befiel das ganze Volk des Herrn bis gestern. Und jetzt erzähle uns, was dir passiert ist!"

(6) Josef sprach: „Am Rüsttag um die zehnte Stunde habt ihr mich eingesperrt, und ich blieb dort den ganzen Sabbat über. Um Mitternacht, als ich aufstand und betete, wurde der Bau, in den ihr mich eingeschlossen hattet, an seinen vier Ecken in die Höhe gehoben, und ich sah etwas wie das Aufblitzen eines Lichtes in meinem Auge. Erschreckt ließ ich mich auf den Boden fallen. Da ergriff jemand meine Hand und hob mich von der Stelle auf, wo ich hingestürzt war. Feuchtes wie Wasser floß von meinem Kopf bis zu meinen Füßen, und ein Geruch von Myrrhe stieg mir in die Nase. Er trocknete mein Gesicht ab, küßte mich und sprach: ‚Fürchte dich nicht, Josef! Öffne deine Augen und sieh, wer es ist, der zu dir spricht!' Als ich aufblickte, sah ich Jesus. Zitternd meinte ich, es sei ein Gespenst, und sagte die Gebote auf, und er sprach sie zusammen mit mir. Nun wißt ihr nur zu gut, daß ein Gespenst, wenn man ihm begegnet und es die Gebote hört, sich auf der Stelle aus dem Staub macht. So redete ich, als ich

Mt 16,14; 27,47

merkte, daß er sie mit mir aufsagte, ihn an: ‚Rabbi Elias!'

Er entgegnete mir: ‚Ich bin nicht Elias.'

Da fragte ich ihn: ‚Wer bist du, Herr?'

11,3

Und er antwortete mir: ‚Ich bin Jesus, dessen Leib du von Pilatus erbeten hast. Du hast mich in ein saube-

Joh 20,67.

res Leinentuch gehüllt und ein Schweißtuch auf mein Gesicht gelegt. Du hast mich in deiner neuen

Grabhöhle beigesetzt und einen gewaltigen Stein vor den Eingang der Höhle gerollt.'

Ich forderte den, der zu mir redete, auf: ‚Zeig mir die Stelle, wo ich dich hingelegt habe!'

Da nahm er mich fort und zeigte mir die Stelle, wo ich ihn hingelegt hatte. Das Leinentuch lag dort und das Schweißtuch, das auf seinem Gesicht (gelegen hatte). Da erkannte ich, daß es Jesus war. Er ergriff meine Hände, stellte mich trotz verschlossener Türen mitten in mein Haus, führte mich zu meinem Bett und sagte zu mir: ‚Friede sei mit dir!' Und er küßte mich und sprach zu mir: ‚Verlasse dein Haus 40 Tage lang nicht! Denn siehe, ich gehe zu meinen Brüdern nach Galiläa.'"

> Zur Aussage, daß die Grabhöhle Josef gehört und für ihn selbst bestimmt ist, siehe 12,1.

16. KAPITEL

(1) Als die Synagogenvorsteher, Priester und Leviten diese Worte von Josef gehört hatten, wurden sie gleichsam wie Tote und fielen zu Boden. Und sie fasteten bis zur neunten Stunde. Zusammen mit Josef rief Nikodemus Annas und Kajafas, die Priester und Leviten an: „Erhebt euch und stellt euch auf eure Füße! Kostet Brot und stärkt eure Seelen, denn morgen ist Sabbat des Herrn."

Da standen sie auf und beteten zu Gott, sie aßen und tranken und gingen schließlich – ein jeder Mann in sein Haus.

(2) Am Sabbat hielten unsere Lehrer, die Priester und Leviten Rat, disputierten miteinander und sprachen: „Was ist das für ein Zorn, der uns erreicht hat? Wir kennen doch seinen Vater und seine Mutter."

Der Lehrer Levi sagte: „Ich weiß, daß seine Eltern gottesfürchtig sind, das Gebet nicht vernachlässigen und den Zehnten dreimal im Jahr entrichten. Und als Jesus geboren war, führten ihn seine Eltern an diesen Ort und brachten Gott Schlacht- und Brandopfer dar. Da nahm ihn der große Lehrer Simeon auf den Arm und sprach: ‚Jetzt entläßt du deinen Diener, Herr, gemäß deinem Wort, in Frieden, denn meine Augen haben dein Heil gesehen, bereitet im Angesicht aller Völker, ein Licht zur Offenbarung für die Völker und zur Ehre für dein Volk Israel.‘

Und Simeon segnete sie und sprach zu Maria, seiner Mutter: ‚Ich verkünde dir eine frohe Botschaft über dieses Kind.‘

Maria sagte: ‚Eine gute, mein Herr?‘

Und Simeon antwortete ihr: ‚Ja, eine gute! Siehe, dieser ist dazu bestimmt, viele in Israel zu stürzen und viele aufzurichten, und zum Zeichen des Widerspruchs. Auch deine eigene Seele wird Schmerz durchdringen, damit sich in vielen Herzen Gedanken offenbaren.‘“

(3) Sie fragten den Lehrer Levi: „Woher weißt du das alles?“

Levi antwortete ihnen: „Wißt ihr denn nicht, daß ich von ihm das Gesetz gelernt habe?“

Der Hohe Rat aber ordnete an: „Wir wollen deinen Vater sehen!“

Und sie ließen seinen Vater kommen. Auf ihre Frage antwortete er ihnen: „Glaubt ihr denn etwa meinem Sohn nicht? – Der selige und gerechte Simeon, er lehrte ihn das Gesetz.“

Da fragte der Hohe Rat: „Rabbi Levi, ist das wahr, was du gesagt hast?“

Lk 2,22–28; zu Simeon vgl. Protevangelium des Jakobus 24,4.

Lk 2,29–32

Lk 2,34–35

Er antwortete: „Ja, es ist wahr."

Da sagten sich die Synagogenvorsteher, die Priester
und Leviten: „Wohlan, laßt uns nach Galiläa zu den
drei Männern schicken, die gekommen waren und
über sein Lehren und seine Aufnahme erzählt haben.
Sie sollen uns berichten, wie sie seine Aufnahme
beobachtet haben." | 14,1

Dieses Wort fand allgemeine Zustimmung, und so
schickten sie die drei Männer, die sie schon nach
Galiläa begleitet hatten, und trugen ihnen auf: „Sagt
Rabbi Adas, Rabbi Phinees und Rabbi Haggai:
‚Friede sei mit euch und allen, die zu euch gehören!
Wegen einer großangelegten Untersuchung im
Hohen Rat wurden wir zu euch gesandt, euch an den
Heiligen Ort Jerusalem zu rufen.'"

(4) Als die Männer nach Galiläa kamen, fanden sie
sie sitzend und in das Gesetz vertieft vor und grüßten
sie in Frieden. Die Männer in Galiläa sprachen zu
den Ankömmlingen: „Friede sei mit ganz Israel!"
Sie erwiderten: „Friede sei mit euch!"
Und ferner fragten sie sie: „Weshalb seid ihr gekommen?"

Die Gesandten antworteten: „Der Hohe Rat ruft
euch in die Heilige Stadt Jerusalem."

Als die Männer hörten, daß sie vom Hohen Rat
gewünscht wurden, beteten sie zu Gott. Sie legten sich
mit den Männern zu Tisch, aßen und tranken, standen dann auf und gingen in Frieden nach Jerusalem.

(5) Am nächsten Tag versammelte sich der Hohe
Rat, und man befragte sie: „Habt ihr wirklich Jesus
gesehen, wie er auf dem Berg Mamilch saß und seine
elf Jünger belehrte, und habt ihr beobachtet, wie er
aufgenommen wurde?" | 14,1

| Mk 16,14

Die Männer antworteten ihnen: „Wie wir seine Aufnahme beobachtet haben, so haben wir es auch berichtet."

(6) Da schlug Annas vor: „Nehmt sie euch einzeln vor, dann werden wir sehen, ob ihre Aussagen übereinstimmen."

Und man trennte sie von einander. Dann riefen sie als ersten Adas und fragten ihn: „Wie hast du die Aufnahme Jesu gesehen?"

Adas antwortete: „Als er noch auf dem Berg Mamilch saß und seine Jünger lehrte, sahen wir eine Wolke ihn und seine Jünger überschatten. Die Wolke führte ihn in den Himmel hinauf, und seine Jünger lagen mit dem Gesicht auf dem Boden."

Daraufhin riefen sie den Priester Phinees und fragten auch ihn: „Wie hast du die Aufnahme Jesu gesehen?" Und er antwortete genauso. Schließlich fragten sie Haggai, und auch er sagte dasselbe. Da sprach der Hohe Rat: „Im Gesetz des Mose steht: ‚Aufgrund der Aussage von zwei oder drei Zeugen soll jede Sache gültig sein.'"

Da sagte der Lehrer Abuthem: „Es steht geschrieben im Gesetz: ‚Und Henoch wandelte mit Gott, und er war nicht mehr da, denn Gott hat ihn aufgenommen.'"

Der Lehrer Jairus sprach: „Auch haben wir vom Tod des heiligen Mose gehört, und wissen doch nicht, wie er starb. Denn es steht geschrieben im Gesetz des Herrn: ‚Und Moses starb gemäß (der Bestimmung) des Mundes des Herrn, und kein Mensch kennt sein Grab bis auf den heutigen Tag.'"

Und Rabbi Levi sprach: „Weshalb sagte Rabbi Simeon, als er Jesus sah: ‚Siehe, dieser ist dazu

Apg 1,9: „Nach diesen Worten wurde er vor ihren Augen emporgehoben, und eine Wolke entzog ihn ihren Blicken." Vgl. Lk 24,52.

Dtn 19,15: „Ein einziger Zeuge soll gegen niemand aufkommen, wenn es sich um ein Verbrechen, ein Vergehen oder irgendeine Verfehlung handelt; nur auf die Aussage von zwei oder drei Zeugen soll eine Sache gelten." Gen 5,24: „Henoch wandelte mit Gott, und dann war er nicht mehr, denn Gott hatte ihn entrückt."

Dtn 34,5–6

bestimmt, viele in Israel zu stürzen und viele aufzurichten, und zum Zeichen des Widerspruchs?'"
Und Rabbi Isaak sprach: „Es steht geschrieben im Gesetz: ‚Siehe, ich entsende meinen Engel vor dein Angesicht, der dir vorangehen wird, dich zu behüten auf jedem guten Weg. Denn mein Name ist über ihm ausgerufen.'"

Ex 23,20

(7) Da sprachen Annas und Kajafas: „Treffend habt ihr das im Gesetz Geschriebene zitiert, daß niemand den Tod des Henochs kennt und niemand den Tod des Mose nannte. Jesus aber mußte sich vor Pilatus verantworten. Wir sahen: Er hat Schläge erhalten und wurde in sein Gesicht bespuckt; die Soldaten setzten ihm einen Kranz aus Dornen auf; er wurde ausgepeitscht und empfing das Urteil von Pilatus; er wurde auf der Schädelstätte gekreuzigt und zwei Verbrecher mit ihm; man ließ ihn Weinessig mit Galle trinken; der Soldat Longinus durchbohrte mit einer Lanze seine Seite; Josef, unser verehrter Vater, erbat seinen Leichnam; er ist, wie er sagt, auferstanden; die drei Lehrer sagen: ‚Wir haben ihn gesehen, wie er in den Himmel aufgenommen wurde.' Rabbi Levi sprach und bezeugte die Aussage von Rabbi Simeon, und daß er gesagt hat: ‚Siehe, dieser ist dazu bestimmt, viele in Israel zu stürzen und viele aufzurichten, und zum Zeichen des Widerspruchs?'"

Die folgende Rekapitulation bringt neben den im Evangelium angeführten auch neue Elemente: Die Schläge für Jesus (Joh 18,20), die Schädelstätte, Golgotha, als Ort der Hinrichtung (Joh 19,17) und die Durchbohrung der Seite (Joh 19,34), wobei der Name Longinus im NT nicht bezeugt ist.

Und alle Lehrer sagten daraufhin zum ganzen Volk des Herrn: „Wenn das alles vom Herrn her geworden ist, und es ist wunderbar in unseren Augen, dann nehmt es ganz genau zur Kenntnis, Haus Jakob. Denn es steht geschrieben: ‚Verflucht ist jeder, der ans Kreuz gehängt wird.' Und eine andere Schrift

Dtn 21,23: „denn verflucht ist ein Aufgehängter."

199

Jer 10,11: „Die Götter, die Himmel und Erde nicht schufen, sollen verschwinden von der Erde und unter dem Himmel."

Zu Jobel, dem Jubeljahr Lev 25,8–54. Es bezeichnet hier wohl einen Zeitraum von 50 Jahren.

lehrt: ‚Götter, welche den Himmel und die Erde nicht gemacht haben, gehen zugrunde.'"

Die Priester und Leviten sagten zueinander: „Wenn bis Sommos, das Jobel genannt wird, sein Gedächtnis bestehen bleibt, erkennt, daß er bis in Ewigkeit herrschen wird und sich ein neues Volk erwecken wird."

Daraufhin verkündeten die Synagogenvorsteher, die Priester und Leviten ganz Israel folgendes: „Verflucht ist jener Mann, der ein Machwerk von Menschen kniefällig verehren wird, und verflucht ist der Mann, der Geschöpfe neben dem Schöpfer kniefällig verehren wird."

Und das ganze Volk sprach: „Amen, Amen."

(8) Da stimmte das ganze Volk dem Herrn ein Loblied an und sang: „Gepriesen sei der Herr, der dem Volk Israel Ruhe verschafft hat gemäß allem, was er gesprochen hat. Kein einziges seiner guten Worte ist verlorengegangen, die er zu Moses, seinem Knecht, geredet hat. Es sei der Herr, unser Gott, mit uns, so wie er es mit unseren Vätern war. Er verlasse uns nicht! Und nicht verlasse er uns (jetzt), da wir ihm unser Herz zuneigen, auf allen seinen Wegen gehen und seine Gebote und Gesetze beachten, die er unseren Vätern mitgeteilt hat. Der Herr sei König über die ganze Welt an jenem Tag! Dann wird ein (einziger) Gott sein, und sein Name ist einer, Herr, unser König! Er wird uns retten. Nichts ist dir gleich, Herr, groß bist du, Herr, und gewaltig ist dein Name. In deiner Kraft heile uns, Herr, und wir werden geheilt sein! Rette uns, Herr, und wir werden gerettet sein. Denn wir sind dein Teil und Erbe. Und nicht verlasse der Herr sein Volk um seines Namens willen, denn der Herr hat begonnen, uns zu seinem Volk zu machen."

Dtn 6,4: „Höre, Israel: Der Herr ist unser Gott, der Herr allein! (…)."
‚Allein', wörtlich: ‚einer, einzig'.

Und als sie das Loblied gesungen hatten, gingen sie
weg, ein jeder in sein Haus, voll des Gotteslobs. –
Seine Herrlichkeit sei in alle Ewigkeit, Amen.

Allgemeine Literaturhinweise

Kurt Aland (Hg.), Synopsis Quattuor Evangeliorum (...), Stuttgart[13] 1984.

Ron Cameron (Ed.) The Other Gospels. Non-Canonical Gospel Texts, Philadelphia 1982.

Henri Daniel-Rops (Hg.), Die Apokryphen Evangelien des Neuen Testaments, Zürich 1956.

Paul Feine/Johannes Behm/Werner Georg Kümmel, Einleitung in das Neue Testament, Heidelberg [16]1970.

Helmut Köster, Einführung in das Neue Testament im Rahmen der Religionsgeschichte und Kulturgeschichte der hellenistischen und römischen Zeit (De Gruyter Lehrbuch), Berlin, New York 1980.

Helmut Köster/James M. Robinson, Entwicklungslinien durch die Welt des frühen Christentums, Tübingen 1971.

Walter Rebell, Neutestamentliche Apokryphen und Apostolische Väter, München 1992.

James M. Robinson (Hg.), The Nag Hammadi Library in English. Translated by members of the Coptic Gnostic Library Project of the Institute for Antiquity and Christianity, Leiden 1977.

Jürgen Roloff, Einführung in das Neue Testament, Stuttgart 1995.

Wilhelm Schneemelcher, Neutestamentliche Apokryphen in deutscher Übersetzung. 6. Auflage der von Edgar Hennecke begründeten Sammlung, Band 1: Evangelien, Tübingen 1990.

Udo Schnelle, Einleitung in das Neue Testament, Göttingen 1994.

Philipp Vielhauer, Geschichte der urchristlichen Literatur. Einleitung in das Neue Testament, die Apokryphen und die Apostolischen Väter, Berlin, New York 1975.

LITERATURHINWEISE ZU DEN EINZELNEN EVANGELIEN

1. Protevangelium des Jakobus

Der Übersetzung des Protevangeliums nach Jakobus ist mit dem Papyrus Bodmer V der älteste Textzeuge zugrundegelegt, und zwar die Version der Erstausgabe des Textes von Michel Testuz (Papyrus Bodmer V. Nativité de Marie, Cologny-Genève 1958). Die längeren, möglicherweise auch ursprünglicheren Versionen wurden nur insoweit berücksichtigt, als sie dem Verständnis des Kurztextes dienen, und durch Kursivschrift markiert. Hierfür wurde die Textausgabe von Gerhard Schneider (Apokryphe Kindheitsevangelien, Fontes Christiani Bd. 18, Freiburg u. a. 1995, S. 95–145) zugrundegelegt, und die Rekonstruktion von Émile de Strycker (La Forme la plus ancienne du Protévangile de Jacques, Subsidia Hagiographica Nr. 33, Brüssel 1961) berücksichtigt. Als in vielfältiger Weise hilfreich erwies sich neben der Übersetzung von Oscar Cullmann in Wilhelm Schneemelchers Apokryphen (S. 338–349) auch die Konkordanz von Albert Fuchs (Konkordanz zum Protevangelium des Jakobus. Unter Mitarbeit von Ch. Eckmair, Studien zum Neuen Testament und seiner Umwelt, Serie B, Bd. 3, Linz 1978).

2. Kindheitsevangelium des Thomas

Für die Übersetzung des Kindheitsevangeliums des Thomas wurde die griechische Textversion A in der Edition von Konstantin von Tischendorf (Evangelia Apocrypha, Lipsia 21876, S. 140–157) herangezogen und die geringfügigen Änderungen von Gerhard Schneider (Apokryphe Kindheitsevangelien, Fontes Christiani, Bd. 18, Freiburg u. a. 1995, S. 148–171) mitberücksichtigt. Neben der Textedition des syrischen Textes durch Aurelio de Santos Otero (Das kirchenslawische Evangelium des Thomas, Patristische Texte und Studien, Band 6, Berlin 1967) und der Einleitung und Übersetzung von Oscar Cullmann in Wilhelm Schneemelchers Apokryphen (S. 349–359) leistete die Konkordanz von Albert Fuchs und Franz Weissengruber (Konkordanz zum Thomasevangelium. Version A und B. Unter Mitarbeit von Ch. Eckmair, Studien zum Neuen Testament und seiner Umwelt, Serie B, Bd. 4, Linz 1978) gute Dienste.

3. Ebjonitenevangelium

Die Übersetzung des Ebjonitenevangeliums wird in der Textversion von Epiphanius' Panarion (Epiphanius, 1. Band, herausgegeben von Karl Holl, in: Die Griechischen Christlichen Schriftsteller der ersten drei Jahrhunderte, Band 25, Leipzig 1915) geboten, wobei auf die Vor- und Zwischenbemerkungen des Epiphanius verzichtet wird. Für die Abfolge der Texteinheiten ist auf Erich Klostermann (Apocrypha II. Evangelien, Kleine Texte für theologische Vorlesungen und Übungen 8, Bonn 1904, S. 8–11) zu verweisen. Über den Stand der Forschung unterrichten P. Vielhauer und Georg Strecker in Wilhelm Schneelmelchers Apokryphen (S. 138–142).

4. Papyrus Egerton 2

Der Text von Papyrus Egerton 2 folgt der Ausgabe von Harold Idris Bell und Theodore C. Skeat (Fragments of an Unknown Gospel and Other Early Christian Papyri, London 1935). Für die Rekonstruktion des teilweise sehr fragmentarischen Textes wurde auch die Edition von Goro Mayeda (Das Leben-Jesu-Fragment Papyrus Egerton 2 und seine Stellung in der urchristlichen Literaturgeschichte, Bern 1946) berücksichtigt.

5. Geheimes Markusevangelium

Die Übersetzung der Passage aus dem „Geheimen Evangelium des Markus" beruht auf der Textausgabe von Morton Smith' „Clement of Alexandria and a Secret Gospel of Mark" (Cambridge / Mass. 1973), wo sich u. a. die Fotografien sowie eine Transskription des Textes finden. Die Zählung folgt den Seiten und Zeilen des Manuskriptes. Zum gleichen Thema nimmt Morton Smith auch in seinem Werk „The Secret Gospel: The Discovery and Interpretation of the Secret Gospel according to Mark" (New York 1973; dt. Auf der Suche nach dem historischen Jesus, Frankfurt u. a. 1974), Stellung. Einen fundierten Einblick in die Bewertung des Fundes gibt Helmut Merkel in seinem Aufsatz „Auf den Spuren des Urmarkus? Ein neuer Fund und seine Beurteilung" (in: Zeitschrift für Theologie und Kirche, Band 71 (1974) S. 123–144). Ein Überblick findet sich u. a. auch bei Walter Rebell (S. 120–124).

6. Thomasevangelium

Der Übersetzung des koptischen Thomasevangeliums ist die Textausgabe von Bentley Layton zugrundegelegt, die als Band 20 der Nag Hammadi Studies unter dem Titel „The Coptic Gnostic Library: Nag Hammadi Codex II, 2–7 (…)", edited by Bentley Layton, Volume I, Leiden u. a. 1989 erschienen ist. Diesem Werk ist die von Johannes Leipoldt schon 1967 gebotene Textausgabe (Das Evangelium nach Thomas. Koptisch und Deutsch, Texte und Untersuchungen zur Geschichte der altchristlichen Literatur, Bd. 101, Berlin 1967) durchaus an die Seite zu stellen.

Von zahlreichen, auch einfachen Übersetzungen sind in wissenschaftlicher Hinsicht die von Ernst Haenchen in Kurt Alands Synopse (S. 517–530) und Beate Blatz in Wilhelm Schneemelchers Apokryphen (S. 98–113) zu empfehlen. Eine eingängige Übersetzung in verständlicher Sprache bieten Otto Betz und Tim Schramm (Perlenlied und Thomasevangelium. Texte aus der Frühzeit des Christentums, Zürich u. a. 1985, S. 59–80). Und schließlich zeichnet sich die Übertragung von Konrad Dietzfelbinger (Apokryphe Evangelien aus Nag Hammadi, Edition Argo. Weisheit im Abendland, Andechs 1988 S. 192–220) dadurch aus, daß sie die Distanz zwischen antikem Evangelium und heutigem Leser zu überbrücken versucht. „The Facsimile Edition of the Nag Hammadi Codices. Codex 2" (Leiden 1974, S. 42–63) bietet Fotografien des Textes aus Nag Hammadi.

7. Petrusevangelium

Für das Petrusevangelium wurde die Textedition von M. G. Mara (Évangile de Pierre. Introduction, Texte Critique, Traduction, Commentaire et Index, Sources Chrétiennes 201, Paris 1973) herangezogen, aber auch die ältere Ausgabe von Erich Klostermann (Apocrypha I: Reste des Petrusevangeliums, der Petrusapokalypse und des Kerygma Petri, Kleine Texte für theologische und philologische Vorlesungen und Übungen, Heft 3, Bonn [2]1908 = 1921, S. 4–8) mitberücksichtigt. Einen Überblick über die literaturwissenschaftlichen Fragen bietet Walter Rebell (S. 92–99). Von Albert Fuchs steht eine Konkordanz zur Verfügung (Das Petrusevangelium. Mit zwei Beiträgen von Franz Weißengruber und unter Mitarbeit von Ch. Eckmair, Studien zum Neuen Testament und seiner Umwelt, Serie B, Bd. 2, Linz 1978).

8. Nikodemusevangelium

Die Übersetzung des Nikodemusevangeliums basiert auf der nach wie vor brauchbaren Textedition der Version A von Konstantin von Tischendorf (Evangelia Apocrypha, Lipsia[2] 1876, S. 210–286). Hinzugezogen wurden die Übersetzungen von Felix Scheidweiler in Wilhelm Schneemelchers Apokryphen (S. 399–414) und die bei Ron Cameron (S. 165–182).

Schriftzitate:

Die am Rand der Evangelientexte gebotenen Zitate aus dem Alten und Neuen Testament richten sich nach der Ausgabe „Die Heilige Schrift des Alten und Neuen Testaments". Vollständige Ausgabe nach den Grundtexten übersetzt und herausgegeben von Vinzenz Hamp, Meinrad Stenzel und Josef Kürzinger, Augsburg [4]1988.